社会科学通识

国际关系通识

General Knowledge of International Relations

邢 悦 詹奕嘉 / 著

图书在版编目（CIP）数据

国际关系通识 / 邢悦，詹奕嘉著. —北京：北京大学出版社，2024.1
（社会科学通识）
ISBN 978-7-301-34576-4

Ⅰ. ①国… Ⅱ. ①邢… ②詹… Ⅲ. ①国际关系－基本知识 Ⅳ. ① D81

中国国家版本馆 CIP 数据核字（2023）第 198617 号

书　　名	国际关系通识 GUOJI GUANXI TONGSHI
著作责任者	邢　悦　詹奕嘉　著
责 任 编 辑	徐少燕
标 准 书 号	ISBN 978-7-301-34576-4
出 版 发 行	北京大学出版社
地　　址	北京市海淀区成府路 205 号　100871
网　　址	http://www.pup.cn
新 浪 微 博	@北京大学出版社　　@未名社科－北大图书
微信公众号	北京大学出版社　　北大出版社社科图书
电 子 邮 箱	编辑部 ss@pup.cn　　总编室 zpup@pup.cn
电　　话	邮购部 010-62752015　　发行部 010-62750672 编辑部 010-62753121
印 刷 者	大厂回族自治县彩虹印刷有限公司
经 销 者	新华书店 650 毫米×965 毫米　16 开本　22.25 印张　310 千字 2024 年 1 月第 1 版　2024 年 6 月第 2 次印刷
定　　价	69.00 元

未经许可，不得以任何方式复制或抄袭本书之部分或全部内容。
版权所有，侵权必究
举报电话：010-62752024　电子邮箱：fd@pup.cn
图书如有印装质量问题，请与出版部联系，电话：010-62756370

目 录

前　言　我们为什么要学习国际关系？　　　　　　　　　　I

第一章　学科概况　　　　　　　　　　　　　　　　001
　　诞生于一战后的新学科　　　　　　　　　　　　　003
　　国际关系学的五个"W"　　　　　　　　　　　　　007
　　国际关系学研究领域的拓展　　　　　　　　　　　011
　　国际关系学在中国的发展　　　　　　　　　　　　013
　　国际关系的分析层次　　　　　　　　　　　　　　017
　　思考：国际关系研究有"门槛"吗？　　　　　　　019

第二章　理论视角　　　　　　　　　　　　　　　　023
　　乐观的理想主义　　　　　　　　　　　　　　　　026
　　悲观的现实主义　　　　　　　　　　　　　　　　029
　　体系层次的新现实主义　　　　　　　　　　　　　032
　　"制度至上"的新自由主义　　　　　　　　　　　036
　　"事在人为"的建构主义　　　　　　　　　　　　040
　　思考：什么国际关系理论最靠谱？　　　　　　　　045

第三章　研究方法　　　　　　　　　　　　　　　　049
　　探究应然的哲学研究方法　　　　　　　　　　　　052
　　并非"经验解释"的历史研究方法　　　　　　　　055

  讲求实证的科学研究方法 058

  科学研究 = 定量分析？ 062

  国际关系可以预测吗？ 066

  思考：国际关系学有最佳研究方法吗？ 070

第四章　世界体系 073

  世界体系及其行为体 075

  世界体系的权力结构——世界格局 079

  世界体系的演变 083

  战争与世界体系的演变 090

  思考：世界权力的转移有可能和平进行吗？ 093

第五章　体系文化 097

  何谓体系文化？ 099

  "黑暗森林"之中的敌对文化 102

  走出丛林法则的竞争文化 106

  国家间如何萌生友谊文化？ 110

  思考：体系文化演进的动力是什么？ 114

第六章　现代国家 119

  现代国家的构成要素 121

  国家主权高于一切？ 124

  战争与现代国家的诞生 128

  民族主义与国家建构 131

  思考：如何看待民族主义？ 134

第七章　国家利益　139

- 如何理解国家利益？　142
- 国家利益的主要内涵　145
- 影响国家利益的因素　148
- 国家利益与世界利益的关系　151
- 思考：国家利益是如何体现的？　154

第八章　国家实力　159

- 实力与权力　161
- 大国实力与世界和平　164
- 国家实力的构成要素　166
- 软实力　172
- 思考：国家实力可以测量吗？　175

第九章　外交与武力　179

- "弱国无外交"？　181
- 有效外交应遵循的基本原则　185
- 运用武力的等级与代价　188
- 核武器对武力使用的复杂影响　191
- 思考：国家能否"动口不动手"？　194

第十章　对外政策　199

- 何谓对外政策？　201
- 霸权政策与均势政策　203
- 结盟、追随和对冲　206
- 对外决策模式　209
- "一把手"在对外决策中的作用　213
- 思考：对外政策是国家的理性选择吗？　217

第十一章　国际组织　221

从国际会议走向国际组织　224
高速发展的政府间国际组织　227
国际非政府组织的由来　231
国际非政府组织能干什么？　233
思考：如何看待联合国？　235

第十二章　国际法　239

国际社会需要国际法　242
谁来执行国际法？　244
国家为何愿意"守法"？　247
哪些国家最可能"违法"？　250
和平解决国际争端的法律方式　252
国际法的发展趋势　254
思考：国际法能改变国际关系吗？　258

第十三章　世界安全　261

两次世界大战的"血的教训"　264
何谓"民主和平论"？　267
和平主义是否管用？　271
非传统安全的兴起　273
恐怖主义与反恐斗争　277
思考：世界能否实现"永久和平"？　280

第十四章　世界经济　283

世界市场对国际关系的影响　285
世界市场的形成　289
经济全球化的倒退　292

世界市场的重启与繁荣　　　　　　　　　　295
　　"反全球化"为何愈演愈烈？　　　　　　　　300
　　思考：全球化还能继续吗？　　　　　　　　304

第十五章　全球治理　　　　　　　　　　　307
　　全球问题的表现及其危害　　　　　　　　　310
　　超越国际合作的全球治理　　　　　　　　　314
　　从理念共识到集体行动　　　　　　　　　　318
　　全球治理为何会陷入"僵局"？　　　　　　　322
　　思考：全球治理的前景何在？　　　　　　　324

结　语　这个世界会好吗？　　　　　　　　327
　　冷战结束是否意味着"历史终结"？　　　　329
　　国际关系理论是否陷入了"停滞"状态？　　331
　　未来国际关系学路在何方？　　　　　　　　334
　　中国要成为一个什么样的世界大国？　　　　336

前 言
我们为什么要学习国际关系?

我们生活的世界充满希望,也充满挑战。我们不能因现实复杂而放弃梦想,不能因理想遥远而放弃追求。没有哪个国家能够独自应对人类面临的各种挑战,也没有哪个国家能够退回到自我封闭的孤岛。

——习近平[①]

在我们这个时代,研究国际关系就等于探求人类的生存之道。

——卡尔·多伊奇[②]

没有人能自全,没有人是孤岛,每人都是大陆的一片,要为本土应卯。……任何人的死亡,都是我的减少,作为人类的一员,我与生灵共老。丧钟在为谁而敲,我本茫然不晓,不为幽明永隔,它正为你哀悼。

——约翰·多恩[③]

[①] 习近平:《决胜全面建成小康社会 夺取新时代中国特色社会主义伟大胜利——在中国共产党第十九次全国代表大会上的报告》,新华社北京2017年10月27日电。

[②] 〔美〕卡尔·多伊奇:《国际关系分析》(周启朋等译),世界知识出版社1992年版,前言第1页。

[③] 转引自〔美〕欧内斯特·海明威:《丧钟为谁而鸣》(刘春芳、李岩峰译),人民文学出版社2013年版,扉页。

国际关系远在天边，近在眼前。它看似距离我们十分遥远，是政治家之间的纵横捭阖，是外交官之间的唇枪舌剑。对我们而言，似乎只是平时闲聊的话题之一。然而，国际关系又与我们每个普通人有着千丝万缕的联系。因为政治家和外交家所商讨和决定的事情不是他们个人之间的私事，而是决定着你我前途与命运的国家大事。简而言之，国际关系是国家之间的事，而国家之间的事从根本上讲就是人民之间的事，所以国际关系与我们每个人都有关系。

个人安全和国际关系中的战争与和平息息相关。随着战争规模的扩大和战争武器杀伤力的不断提升，战争中死亡的平民数量激增。第一次世界大战期间，士兵与平民的死亡数之比是 6:1；第二次世界大战期间，士兵与平民的死亡数之比则是 1:2。①

二战结束之后，世界进入核武器时代。在广岛和长崎落下的两颗原子弹使近 20 万人瞬间灰飞烟灭。在这种大规模杀伤性武器面前，人类不堪一击。在核武器时代，研究国际关系就等于探求人类的生存之道。

诸多非传统安全问题和全球性问题，如恐怖主义、气候变化、公共卫生等，也逐渐成为影响人类安全的新因素。

2001 年的"9·11"恐怖袭击震惊全球；2020 年的新冠肺炎疫情则被称为"非传统安全时代的世界大战"，这场突如其来的疫情席卷全球，200 多个国家和地区都出现了感染病例，全球数亿人被感染，数以百万的被感染者失去生命。

个人和国家的发展也与国际关系紧密联系在一起。经济全球化促

---

① 参见〔美〕约翰·罗尔克编著：《世界舞台上的国际政治（第 9 版）》（宋伟等译），北京大学出版社 2005 年版，第 401 页。

进了世界各国之间的贸易往来、投资和生产分工，许多人都指望靠世界经济的强劲发展和世界贸易的繁荣兴旺来养家糊口、创新创业。

始于 2018 年的中美贸易摩擦引起了全球的关注。如果中美这两个全球最大的经济体"脱钩"，这两个国家恐怕都会有数以千计的企业面临倒闭危机，数以千万计的人面临失业风险。

个人的日常生活也受到国际关系的深刻影响。四十多年前，大多数中国人难以想象他们会因国门开放而可以享受到世界各地的美食和文化产品。

国际关系与我们的生存和发展密切相关，因此，学习和掌握国际关系基本知识，了解国际关系的现状和发展趋势，树立全球意识、具备全球视野，不仅是一个人的兴趣，还应当成为这个时代人们需要具备的基本素质。

生活在 21 世纪的中国人，了解和学习国际关系还有着与其他国家民众不同的深层意义。中国崛起堪称当前最引人关注的国际大事，有人甚至认为一超多强的格局正在向新的两极格局转变。当对国际事务有更多发言权的时候，中国对世界安全和发展也就承担了更多责任。

当代国人固然要关心本民族的前途和命运、维护本国的利益，更要关注人类共同的命运与未来、具有以天下为己任的责任感。如果不能很好地了解世界和国际关系，我们就难以成为合格的大国公民。

为了使对国际关系感兴趣的读者和国际关系的初学者能够轻松地学习和掌握国际关系知识，笔者此前相继撰写了《国际关系：理论、历史与现实》和《国际关系学入门》两本书，均受到国际关系学界师生的好评。

时移世易，近年来世界上发生了一系列令人始料未及的事件：民族主义强势回归，"逆全球化"来势汹汹；新冠肺炎疫情肆虐全球，世界经济陷入严重衰退……尤其是 2022 年年初爆发、至今已持续一年多的俄乌冲突，更是使国际关系的诸多方面都发生了影响深远的变化，不少国际关系理论在学理上和现实中受到质疑或引发争议。

如何看待国际关系的新现象和国际关系研究的新进展？这使笔者萌发了撰写一本国际关系通识的想法。除了诸多知识要"与时俱进"之外，更大的希望是这本书能成为向更多读者普及国际关系知识的通俗读物。

笔者认为，国际关系通识教育的目标是培养兼具世界胸怀、中国情怀和人文关怀的人。他应当能：

从人类和全球的视角思考问题，使国家利益、个人利益与全人类利益相协调；

爱好和平，珍视生命，慎言战争；

以天下为己任，对人类未来有忧患意识和责任感；

掌握国际交往规则，努力以和平、合作的方式维护和促进自身利益；

积极参与全球事务和全球治理，为世界和平与发展做出中国贡献。

我们力争在写作中处理好以下五对关系：

第一，多元与主流。秉持博采众家之长、遵循兼容并蓄的原则，本书力求展示国际关系研究已取得的成就和最新成果的全貌，阐释各种理论视角对重大问题的分析和解读。

第二，事实与理论。为了避免将通识变成一堆晦涩难懂的概念和理论，本书力求将高度简约的理论与鲜活的事实联系在一起，使读者能够在对现实问题的了解、关注和思考中理解、掌握和运用理论。

第三，科学与人文。在探讨国际关系的发展演变和世界面临的问题时，本书既推介国际关系专业理性的研究方法和理论视角，又关注人，从人的生存、安全、需要和人类可持续发展的角度进行思考。

第四，严谨与生动。在确保专业、准确和严谨的前提下，本书尽力避免简单枯燥的知识罗列和僵化刻板的照本宣科，力求用简单明了、深入浅出、通俗易懂的语言来增加可读性与趣味性。

第五，本国与世界。本书采用了大量中国历史和国人较为熟悉的事件作为案例。我们希望这不仅能增强读者对国际关系学科的理解，而且也有助于读者更为深刻地认识中国、了解中国。

本书前言概述了为什么要学习国际关系，结语则主要探讨了国际关系的发展趋势及国际关系学的重要研究议题。

本书除了前言和结语之外，共有15章。这15章从结构上可以分为三大部分。

第一部分是学科介绍，包括第一章至第三章。这三章主要介绍了学科的发展脉络、国际关系的理论视角和主要研究方法。

第二部分是从体系层次和国家层次来分析国际关系，包括第四章到第十章。第四章和第五章主要从体系层次介绍世界体系的性质、体系文化、权力结构及演变过程；第六章到第九章主要从国家层次介绍现代国家的特征、国家主权、国家利益、国家实力、国家实力的运用方式等；第十章则打通了两个层次探讨国家的对外政策。

第三部分是对当前重大国际关系问题的分析，包括第十一章到第十五章。第十一章和第十二章介绍的国际组织和国际法既是国际关系学的重要内容，也是当前国际关系发展的基本趋势和主要特征；第十三章和第十四章分别介绍了当前世界的安全和经济形势；第十五章则聚焦于人类面临的全球问题和治理进展。

本书各章的内容逐层递进、结构完整，同时每一章的内容又具有相对的独立性。读者既可以从头读起，体会由浅入深、从理论到现实、理论与现实相融合的过程，也可以根据自己的兴趣自由挑选阅读内容，对某些问题进行深入思考和钻研。

感谢那些给本书提出宝贵意见的学术界前辈和同行，他们是清华大学的阎学通教授、孙学峰教授、刘丰教授，中国人民大学的宋伟教授、李巍教授，北京外国语大学的张志洲教授。感谢北京大学出版社编辑徐少燕和陈相宜，她们提出的修改建议和一流的编辑水平使本书的质量有了明显提高，她们一丝不苟和精益求精的敬业精神令人印象深刻且深感敬佩。感谢我的研究生刘晓欣同学和博士生苗争鸣同学，他们参与了本书的编辑和校对工作。感谢清华大学本科教育改革项目对本书的大力支持和资助。

国际关系通识面向社会大众，它不仅要求作者有较高的专业水平，而且对作者的写作水平提出了非常高的要求。鉴于本人能力、精力有限，书中难免有不足和疏漏之处，敬请读者谅解并不吝赐教。如果您对本书有任何意见或建议，欢迎发邮件至 xingyue@tsinghua.edu.cn。

邢　悦
2023 年春于清华园明斋

第一章

学科概况

大其心容天下之物，虚其心受天下之善，平其心论天下之事，潜其心观天下之理，定其心应天下之变。

——吕坤[①]

全球政治是一个持续变化的舞台，而且很多人会认为它是加速变革的舞台，然而全球政治的某些方面似乎具有持久不变的特性。

——安德鲁·海伍德[②]

我联合国人民同兹决心，欲免后世再遭今代人类两度身历惨不堪言之战祸，重申基本人权，人格尊严与价值，以及男女与大小各国平等权利之信念，创造适当环境，俾克维持正义，尊重由条约与国际法其他渊源而起之义务，久而弗懈，促成大自由中之社会进步及较善之民生，并为达此目的，力行容恕，彼此以善邻之道，和睦相处，集中力量，以维持国际和平及安全，接受原则，确立方法，以保证非为公共利益，不得使用武力，运用国际机构，以促成全球人民经济及社会之进展。

——《联合国宪章》[③]

[①] （清）叶玉屏辑：《六事箴言》，载童雪译注：《语录四种》，崇文书局2010年版，第99页。
[②] 〔英〕安德鲁·海伍德：《全球政治学》（白云真等译），中国人民大学出版社2014年版，第2页。
[③] 《联合国宪章》序言，https://www.un.org/zh/about-us/un-charter/full-text，2021年11月1日访问。

"修昔底德陷阱"（Thucydides's Trap）是这几年国际关系学界的热门词。这个说法源自古希腊历史学家修昔底德就伯罗奔尼撒战争得出的结论。修昔底德在《伯罗奔尼撒战争史》一书中指出，"雅典日益增长的实力使斯巴达感到恐惧，战争由此不可避免"。书中关于雅典和斯巴达关系的描述，今天经常被用来形容崛起国与霸权国（或守成国）之间的关系。

两千多年前，像修昔底德这样的学者就在关注和研究城邦国家之间的关系，国际关系研究的源远流长由此可见。但是，当我们提及修昔底德的时候，往往称他是"历史学者"，而不会将他视为"国际关系学者"，《伯罗奔尼撒战争史》也是"史学名著"，而不是"国际关系专业著作"。

既然国际关系自古有之，为何国际关系学科迟迟没有建立呢？到什么时候国际关系才成为一门独立学科呢？

诞生于一战后的新学科

古代的国家形态虽然不同于今天，但思想家们和学者们很早就开始探讨国家间的战争与和平，有的成果至今依然闪烁着智慧的光芒。

这些知识散见于历史学和政治学古典著作中，《伯罗奔尼撒战争史》对雅典和斯巴达战争史的描述与讨论，潜藏着国际关系理论中"权力政治"和"安全困境"的思想萌芽。

对古代国家间关系的探讨绝非仅在西方文明中出现，中国春秋战国时期的典籍中同样可以找到许多类似的思想，比如《墨子》中有攻防力量对比的变化引发战争的故事，《孟子》中有对国际干预是否具有正当性的讨论，等等。

与散见于古代典籍的零碎论述不同，近代西方思想家们对国际关系的讨论更有针对性也更具专业性，国际关系理论中的"主权""均势"乃至"永久和平"等重要概念相继问世。其中，影响至今的"均势"（balance of power）概念也在近代欧洲的实践中趋于成熟。均势原则通过国际条约等形式得到国家认可，成为调整近代欧洲国际关系的一个重要原则。"均势"也是至今国际关系学界最常使用的理论词汇和政策概念之一。

但是，在这一时期，国际关系并没有发展成一门类似政治学、哲学、法学等的"规范"学科，没有本专业的基本框架、概念系统以及方法论。这可能有两方面的原因。

一方面，任何一门社会科学的诞生都服务于整个人类的共同利益或目标，因而都有一种人类所追求的价值理念。比如，政治学探究如何才能建立社会"秩序"，经济学致力于促进人类的"发展"，法学追求实现人类的"正义"，那么国际关系追求什么样的价值呢？当时人们对这个问题的答案还不是很明确。

在很多人眼里，国际关系不过是统治者之间的争权夺利，国际关系中充斥着阴谋诡计、尔虞我诈，统治者背后的用心不能也不宜拿到台面上来研究。直至19世纪末20世纪初，除了少数国际法学者之外，大量西方学者和政治家出版的与国际关系沾边的著述都聚焦于为了"国家荣耀"而争夺权力，其目的主要是为本国的扩张政策、殖民政策、争霸政策服务。

另一方面，任何一门学科的建立与发展都需要具备充足的研究条件。在20世纪前，国际关系属于庙堂之事，是政治家和外交家的专有领地，非一般人所能了解与触及。当时的政治家和外交家信奉对外政策必须控制在行政部门而非立法机关手中，外交谈判连同其结果必须绝对保密，以确保国家在对外关系中的灵活度。[①] 既然连国家之间发

---

① 参见时殷弘：《现当代国际关系史（从16世纪到20世纪末）》，中国人民大学出版社2006年版，第153页。

生了什么都不知道，一般人哪里还谈得上对其进行深入研究。

然而，第一次世界大战的发生几乎颠覆了人类对时代的认知和对未来的预期。野心、争霸和战争的危害之大，差点毁灭现代文明和人类世界。灾难性的战争后果使人们终于意识到建立国际关系学科的必要性和紧迫性。

一战造成的人员伤亡人数可谓史无前例。一战期间，各交战国动员了7350万人参战，其中阵亡人数超过了1000万（相当于过去1000年内欧洲发生的所有战争的死亡总人数），受伤人数则超过了2000万。由战争引起的饥饿、灾难而死亡的人数更是天文数字，其中仅俄国就达到500万。[1]

与财产和生命的损失相比，更容易被人忽视的是一战给欧洲乃至全世界造成的心理上的创伤。自文艺复兴以来，遍及欧洲的乐观主义遭遇空前的打击。德国哲学家奥斯瓦尔德·斯宾格勒（Oswald Spengler）的代表作的题目——"西方的没落"折射出一种对人类文明的危机感。[2]

越来越多的人开始明白，国际关系关乎所有国家和所有人的存活与未来，决定着人类文明的存续。人类需要建立一个能解释甚至能预测国家之间为何发生战争以及如何通过国际合作来避免世界大战的学科，帮助预防战争和实现和平，并且在全世界普及这些知识。国际关系学的核心关切和价值追求由此确立，那就是实现世界和平和人类安全。

与此同时，伴随着一战后欧美国家现代大众政治的兴起和公共舆论的出现，民众要求政府废除秘密外交、实行公开外交的呼声越来越强烈。迫于舆论压力，欧洲很多国家的政府开始承诺公开外交档案文件以及政府之间签署的所有条约。这使得学者们有可能获得研究国际关系的第一手材料，为他们的研究提供了极大的便利。

---

[1] 参见唐贤兴主编：《近现代国际关系史》，复旦大学出版社2002年版，第201页。

[2] 参见〔美〕R. R. 帕尔默：《现代世界史（1870年起）》（董正华等译），世界图书出版公司2009年版，第593—594页。

1919年，英国威尔士大学设立第一个国际关系教席并设置国际关系课程，人们通常以此作为国际关系学科建立的标志。

1919年5月，英、美两国出席巴黎和会的代表团中有人提议在两国分别设立一个研究机构，为专家学者、外交官和政治家提供会面和讨论国际关系的场所。根据这一提议，1920年在伦敦建立了英国皇家国际事务研究所（British Institute of International Affairs），该研究所创办了期刊《国际事务》（International Affairs）；1921年在纽约建立了美国对外事务委员会（American Council of Foreign Affairs），该机构从1922年起发行期刊《对外事务》（Foreign Affairs）。也有学者将英美同意在本国建立一个国际关系研究机构这一事件作为国际关系学诞生的标志。

自英国威尔士大学开设国际关系课程后，欧洲的很多大学纷纷效仿，都设置了国际关系课程。截至1926年，美国也有40多所大学设置了国际关系课程。1927年，国际联盟所在地瑞士日内瓦成立了世界上第一个专门研究国际关系的高等院校——日内瓦国际关系高等学院，为国际关系成为一门独立学科奠定了基础。此后，国际关系的研究人员和研究机构的数量迅速增加，他们在国家的对外决策和国际关系实践中发挥了重要的影响。

国际关系学之所以在欧洲诞生，与欧洲作为一战的发源地、受害最深的地区密切相关。欧洲民众受战争之害愈深，对和平的渴望也就愈加强烈。所以，构筑国际关系学的基础最初主要是欧洲思想家和政治家完成的。

在人类经历了两次世界大战的磨难、国际联盟和联合国的实践及冷战和各种国际冲突之后，这一学科最终成形并逐渐成熟。第二次世界大战和美苏冷战对战争与和平的研究提出了更多和更迫切的现实需求。20世纪70年代，以美国学者肯尼思·华尔兹（Kenneth N. Waltz）出版《国际政治理论》（Theory of International Politics）为标志，国际关系学者们在主要研究对象、核心概念、理论体系、研究方法等方面出现明显的共同点,大批国际关系学术刊物、时事报刊和专业研究机构涌现,这标志着国际关系学成为一门独立的学科。

客观地说,在学科建立之后的很长一段时间内,国际关系研究的最高水平是在美国,主流国际关系理论的代表人物多数是美国人。这与美国的国际地位和全球战略需要有直接关系。特别是二战之后,美国超级大国的世界地位使其对世界局势的关注和建立国际秩序的意愿超过任何国家。美国国内对国际关系的研究蔚然成风,加上大批重量级的国际关系研究者和实践者在二战前后离开欧洲定居美国,国际关系学在美国得到了大发展,并取得了较大成就。

冷战结束之后,美国成为唯一的超级大国,对国际关系的影响力无出其右。如何维护美国的世界领导地位和美国构建的自由主义国际秩序,实现美国治下的世界和平,成为美国国际关系学界研究的主要议题,而世界领导、国际秩序、世界和平等问题也是国际关系学的重大议题。因此,美国在国际关系学科长期占据主导性地位。

国际关系学的五个"W"

实现世界和平与人类安全是国际关系学追求的核心价值。近代以来,由于主权国家垄断了合法使用暴力的权力,实施暴力的工具——武器和对外实施暴力的团体——军队从理论上讲只能掌握在代表国家主权的政府手中,因此战争主要发生在主权国家之间。于是,主权国家成为国际关系研究的主要对象。

所谓国际关系之"关系",虽然从字面上看可以包括国家之间的各种关系,如经济关系、文化关系、民间关系等,但主要是指主权国家之间围绕安全问题的政治关系。正是基于这个原因,学科独立后的国际关系学隶属政治学,是政治学的一个分支。

国家之间政治关系表现最极端、后果最严重的当数战争。在如何避免国家之间的战争从而实现世界和平与安全成为国际关系学研究的主题之后，对国际战争产生根源的理论探究、对国家如何获得安全的探讨以及对军备控制和对外战略的研究一直是国际关系学的主流。

围绕这一核心课题，国际关系研究的主要问题可以总结成一句话：谁（who）在何时（when）为何（why）以什么方式（how）来做什么（what）。

Who 指的是国际关系中的行为体，也就是世界舞台上能够独立参与国际事务、独立行使国际权利、承担国际责任和义务的实体，主要包括国家行为体和非国家行为体等。

近代国际关系形成以来，主权国家就成为世界舞台上最主要的行为体。不少人将国际关系看成世界各国，尤其是大国之间的纵横捭阖。大国位居世界舞台中心，大国之间的关系在很大程度上决定着世界局势的变化和发展趋势。大国最有能力发动世界战争，破坏世界和平。反过来说，大国对维护世界的和平与稳定又有着更大的需求和责任。因此，国际关系学特别重视对世界体系中的大国及其关系的研究。此外，由于大国的兴衰更替同世界的战争与和平密切相关，所以探究世界大国兴衰更替的基本规律一直是国际关系研究的重要课题，这方面的学术著作有的甚至成为"爆款"。例如，保罗·肯尼迪（Paul Kennedy）从军事与经济角度分析近现代大国战略关系的《大国的兴衰》，长期位居国际关系畅销书之列。

不过，随着时代的发展变化，主权国家已不再是国际关系的唯一行为体。国际关系中出现了非国家行为体，包括政府间国际组织（如联合国、世界贸易组织等）、非政府间国际组织（如国际红十字会、绿色和平组织等）和跨国公司。

二战以后，非国家行为体在国际体系中的地位和作用不断上升，已经成为影响国际关系发展演变的重要力量。1947 年创办的《国际组织》（*International Organization*）专注于对国际组织、国际制度的研究，如今已成为国际关系学科的权威学术期刊之一。同时，跨国公司也被认为是国际关系中的重要行为体。一些世界级的跨国公司富可敌国，它们可以利用手中掌握的财富对国际事务，尤其是国际经济规则的制定产生一定的影响力。

由于国际关系研究的已不仅是主权国家之间的关系，有学者提出了"世界政治""全球政治"等概念，近年来欧美国家出版的国际关系教材也多以"世界政治"和"全球政治"为书名。

When 指的是不同历史时期国际体系及行为体的性质和特征。

国际关系史是理解现实、预测未来的基础和前提，对国际关系史的整体把握可以提高宏观思考和战略思维的能力。但与以考据为主的历史研究不同，国际关系学者更专注于从安全和政治角度钻研历史，如小约瑟夫·奈（Joseph S. Nye, Jr.）在《理解国际冲突：理论与历史》中回溯近现代战争，是为了寻找战争根源及其演化特征。[①]

从某种意义说，国际形势也是正在发生的"国际关系史"。像《长城与空城计：中国对安全的追求》[②]和《即将到来的美中冲突》[③]这两部美国学者写的著作，尽管观点截然相反，但都是对中美关系的深度研究，而不是一般就事论事的国际评论。

Why 指的是影响国际体系和行为体及其关系发展演变的动力因素和主要原因。这是国际关系学里面最重要且研究难度最大的一个领域。

之所以重要，是因为它直接影响着我们能否解决问题，唯有追溯清楚问题的起因才能对症下药，解决问题；之所以难度最大，是因为凡事都是多种因素综合作用的结果，要找到事物之间的因果联系总是比单纯描述事情要困难得多。

---

① 参见〔美〕小约瑟夫·奈：《理解国际冲突：理论与历史》（张小明译），上海人民出版社2002年版。

② 〔美〕安德鲁·内森、罗伯特·罗斯：《长城与空城计：中国对安全的追求》（柯雄、贾宗谊、张胜平译），新华出版社1997年版。

③ 〔美〕理查德·伯恩斯坦、罗斯·芒罗：《即将到来的美中冲突》（隋丽君、张胜平、任美芬译），新华出版社1997年版。

国际关系学的核心问题包括：国家之间为什么会发生战争？战争的发生是否与人性相关？战争能被消灭吗？国家在什么情况下会选择合作？国际规范是如何形成并发挥作用的？……国际关系的大理论试图对这些问题做出回答。国际关系的三大理论范式（现实主义、自由主义、建构主义）就是围绕这些问题而形成的。

How 指的是国际行为体为实现其利益或目标而采取的方式。国际行为体面对任何问题都不会只有"唯一的选择"。国家实现国家利益的手段可以分为外交与武力，国家之间实现和平的方式有均势、结盟、相互威慑、遵守国际法、缔造国际组织等。

关于国家利益、国家行为和对外战略的分析成果数量众多，也与现实世界的关系最为紧密。像《国家利益》（*National Interests*）和《对外政策》（*Foreign Policy*）这样的学术期刊都聚焦美国国家利益和对外政策的讨论与研究，而且十分贴近时事，甚至对政府的对外决策都产生了影响。

What 指的是人们所期望的世界体系的发展方向和国际行为体所要追求的理想目标。不管是否认同人类最终会实现和平与安全，所有的国际关系理论都是以避免战争和维护和平为价值取向的。传统上威胁世界和平与安全的是国家之间的战争和冲突，而当前又增加了严重恶化的环境污染、气候变化、传染病和恐怖主义等全球问题。

由此，国际关系由以研究国家之间的政治关系为主，拓展到包括研究国家之间的经济关系（如南北矛盾、金融危机、能源危机等）、社会关系（如难民问题、有组织的跨国犯罪、传染病的全球流行等），甚至国家的内部问题（如民族认同、族群冲突等）。只要是有可能对世界和平与安全造成威胁的问题，都会成为国际关系的研究课题。

国际关系学研究领域的拓展

国际政治（International Politics）和国际关系（International Relations）是国际关系领域的学者经常使用的两个概念。在很长一段时间内，国际关系学主要关心国家的存亡及世界的和平与战争，所以与国际政治学高度重合。

目前，固守政治"老本行"的国际关系学者依然数量众多，他们关心的主要议题是安全、和平、战争、军备和外交等，《国际安全》（International Security）至今仍是国际关系领域最重要的学术刊物之一。面向普通民众的国际关系类科普期刊如《世界知识》，也常常将政治议题作为头版标题或者封面话题。

不过，随着时间的推移和国际社会日趋复杂，国际关系学的研究领域从政治学不断向外拓展。国际关系学与其他学科的交叉共振越来越频密，逐渐出现了新的研究领域，如较为成熟的有国际政治经济学、较为前沿的有国际关系心理学等。

经济领域本来是经济学家的地盘，但20世纪70年代以来，由于欧洲一体化、布雷顿森林体系崩溃和第一次石油危机等事件对国际关系产生的巨大影响，国际关系学者开始关注国际关系中对世界和平与安全产生影响的经济因素。国际政治经济学应运而生。从此，国家间的经济竞争和国际经济合作成为国际关系研究的热门话题。国际关系学者们开始讨论：经济全球化的动力何在？经济全球化对国际关系有何影响？经济相互依存能否避免战争？如何有效提高国家的经济实力？……简而言之，国际关系最早主要关心"战"与"和"，现在开始关心"钱"。因为军事安全已经不再是国家追求的唯一目标，经济因素同样有可能给国家安全造成不可估量的巨大损失。

社会领域是冷战结束后国际关系学的新兴热点。早在17世纪，格劳秀斯等人就十分热衷于"国际社会"（international society）这一概念。后来英国学派继承这位国际法大师的衣钵，将"国际社会"发扬光大，如今这个概念在国际关系学中已显得越发重要。因为除了国家之外，国际组织、跨国公司等行为体之间形成的多重复杂关系已经使得世界越来越像一个"相互交织的网络"了。当大多数国家意识到它们有着共同的价值观念，并认为它们相互之间的关系受到了一套共同规则的制约，而且它们一起建构了共同的制度时，国际社会就形成了。于是，有越来越多的学者开始探究这些国家所共有的价值观念、国际规则和国际制度的成因和影响力。建构主义国际关系理论的代表人物亚历山大·温特（Alexander Wendt）就将其著作直接命名为《国际政治的社会理论》(*Social Theory of International Politics*)。

文化在国际关系中的作用曾长期被忽视，但在政治学大师塞缪尔·亨廷顿（Samuel P. Huntington）"文明冲突论"的影响和推动下，20世纪90年代以来国际关系研究领域出现了"文化热"。文化或文明之间的差异是否成为导致世界冲突的根源？不同文化或文明之间能否实现和平共处？文化或文明之间的冲突与国家利益之间的冲突是什么关系？这些问题成为国际关系学研究的新课题，而且在这个领域还涌现出了诸多令人瞩目的学术成果。其中，温特对体系文化的研究、江忆恩（A. Iain Johnston）和彼得·卡赞斯坦（Peter Katzenstein）对国家战略文化的探讨、戴维·兰德斯（David S. Landes）等人对文化是否影响经济发展的讨论都开阔了人们的视野，加深了人们对国际关系的理解。

心理领域可能是国际关系学目前最为微观的研究领域。作为社会科学，国际关系学从根本上讲是一门关于"人"的学科，所以不可能忽视个人和群体心理因素的存在。心理学家很早就从心理学角度对影响国际关系的重大事件做出了探索。例如，弗洛伊德由他的精神分析理论得出推论：人的死亡本能和破坏冲动是国际战争乃至一切人类冲突的根源。随着心理学研究不断取得突破，很多国际关系学者也开始采用心理学方法来分析对外政策和国际关系。有学者将心理学在国际关系研究中的运用划分为三个学派，即以精神分析为基础的心理分析学派、侧重领导人个性分析的个性学派，以及分析研究对象认知和信息处理过程的认知学派。近年来，国际关系学中的心理学研究取得了显著成就。

总之，随着时间的推移，国际关系研究的领域不断扩展，研究主题从战争、和平、国家安全、危机管理、军备控制等拓展到国际政治经济、国际组织、公共外交、个人心理等。

这些新的研究领域依然围绕和平与安全议题展开，这是国际关系学和其他学科的根本区别所在。只不过，国际关系学建立之初，战争是人类安全的最大威胁，因而防止世界大战和确保和平是国际关系研究的主题；而如今，其他全球问题对人类安全的威胁日益紧迫，非传统安全在国际关系研究中的地位上升。

此外，国际关系研究越来越侧重于人，如世界中的人、国家中的人、战争中的人、跨国界的难民、人道主义危机和干预、发展中国家的人口爆炸等。国际关系研究正由原来的以国家为本逐渐转变为以人为本，人在国际关系中的重要性变得越来越突出。

换言之，国际关系研究的核心问题由最开始的如何避免国家之间的战争、实现世界的和平与安全，扩大为如何消除人类所面临的包括战争在内的各种威胁，最终实现全人类的和平与安全。

国际关系学在中国的发展

国际关系学诞生于第一次世界大战之后，这门学科在中国的发展同样与国际时局、时代变局特别是战争威胁密不可分。

一百多年前的中国，内忧外患。在帝制终结、民国初建之后，"启蒙"和"救亡"成为当时的主流思潮。为了挽救民族危亡、实现民族振兴，学者们开始关注世界局势的变化，也将新生的国际关系学引进了中国。

不过，那时的中国学者还不具备对国际政治进行理论性探讨的学术能力。民国时期，中国的国际关系论著较多属于概论性质的入门读物。作为中国较早出现的国际政治教材，周鲠生所著的《国际政治概论》不仅叙述世界政局变化，而且从制度角度论述国际会议与组织、国际条约等方面内容，还探讨了国际裁军、秘密外交和民族主义等问题。

20世纪二三十年代开始，个别大学出现了较为成形的国际关系教学。例如，1928年清华大学改制为国立大学后，最早设立的17个系中就有政治学系。在政治学系开设的课程中，国际科目有5门，分别是国际关系、国际公法、国际组织、国际公法判例、国际私法；外交科目也有5门，分别是近代中国外交史、国际关系史、中国外交、外交程式和外交思想。[①]北京大学的政治学系分为政治思想、政治制度、国际关系三个专业方向。其中，国际关系方面的课程可大致分为三种：一是讲述国际关系演进、分析国际局势和对外政策的国际关系或国际政治课程，二是讲授外交实务技术的外交学课程，三是介绍国际组织和国际联盟的课程。

与此同时，中国涌现出大量与国际关系和外交相关的著述，如清华大学政治学系的王化成教授在1932年出版了《现代国际公法》；还出现了大批聚焦于时局分析并探究应对之策的专业期刊论文，由此产生的社会舆论影响远远超出了象牙塔。1934年创刊的《世界知识》，几经战乱而不息，至今仍是分析国际政治经济热点问题的重要期刊。[②]

1949年中华人民共和国成立后，中国国际关系研究的目的和动力依然主要是中国所处的国际环境及现实需要。20世纪50年代，国际关系研究所成立，这是新中国第一所专门从事国际问题研究的机构

---

① 参见钱颖一、李强主编：《老清华的社会科学》，清华大学出版社2011年版，第129—135页。

② 参见卫琛、伍雪骏、刘通：《百年炮火中的未竟之学——对民国时期国际关系研究与教学的回溯》，《世界经济与政治》2011年第11期，第43—76页。

（1986年更名为"中国国际问题研究所"，2014年更名为"中国国际问题研究院"）。

国内少数高等院校也组织科研力量从事有关国际问题的研究。1964年，北京大学、中国人民大学、复旦大学同时建立了国际政治系，这三个国际政治系成为中国高校国际关系学科发展壮大及培养相关人才的基地。20世纪90年代末开始，它们先后升格为学院，成为中国国际关系学科发展和国际人才培养的重镇。

随着国门开放与中国国际地位的上升，国际关系逐渐被视为社会科学中的"显学"。中国的国际关系学科无论在研究领域、深度、方法还是在研究力量、研究成果及理论引进、国际交流等方面，均呈现出蓬勃的生机，取得了长足发展和突出进步。

改革开放之前，中国从事国际关系研究的人员很少有受过国际关系专业高等教育的，对海外国际关系的学术研究知之甚少；国内成熟的国际关系专业学术期刊和理论著作十分匮乏。改革开放之后，国内原有的研究机构得到恢复和加强，一大批新的研究机构纷纷建立，科研队伍逐步壮大；国内高校开始招收国际关系专业研究生，引进、介绍和翻译国际关系理论的文章与著述逐渐增加，对国际关系理论、研究方法等学科建设的研讨和人才培养走向专业化和规范化。

与此同时，中国国际关系学者研究的领域不断深化与拓展：从改革开放前主要以社会主义国家和亚非拉世界为研究中心，到改革开放后重点研究西方世界并学习借鉴欧美发达国家的国际关系理论，再到现在以中国崛起为核心议题并在此基础上构建新的国际关系理论；从服务于国家外交的对策分析和研究报告，到对国际体系和各类国际关系行为体及其关系的理论研究；从只关注和平、安全、主权等"高阶政治"议题过渡到对涉及经济、社会、环境和人权等的"低阶政治"议题的关注。

随着中国与世界的经济、政治、安全等关系日益密切，以及中国综合国力（参见表1.1）和国际影响力的快速提升，中国在国际关系学中的地位和影响力达到前所未有的水平。中国崛起已成为 21 世纪初国际关系研究的主要议题之一。

表 1.1　中国主要指标居世界的位次

指标	1978	1990	2000	2010	2017
国内生产总值	11	11	6	2	2
人均国民总收入	175	178	141	120	70
货物进出口贸易总额	29	16	8	2	1
外商直接投资	128	12	8	2	2
对外直接投资	45	22	33	5	3
外汇储备	38	10	2	1	1

资料来源：国家统计局编：《国际统计年鉴2018》，中国统计出版社2019年版，https://data.stats.gov.cn/files/lastestpub/gjnj/2018/zk/indexch.htm，2021 年 3 月 1 日访问。

　　中国崛起将如何改变世界？中国能实现和平崛起吗？崛起中的中国能与世界霸权国美国和平相处吗？中国有可能取代美国的世界领导地位吗？……世界迫切需要知道这一系列问题的答案。于是，一个令人瞩目的现象就是，世界上几乎所有的国际关系研究机构都必须有中国问题专家，几乎所有的国际关系研讨会都设有中国议题，中国学者的身影出现在几乎所有的国际问题研讨会上，中国学者的声音引起越来越多的国际关注。

　　与其他国家的同行相比，中国学者更需要研究好世界关切的"中国问题"：中国应该成为一个什么样的世界大国？中国崛起对世界和平与安全有何意义？中国如何与其他大国特别是美国相处？中国需要用什么样的全球战略来维护和拓展自身利益？中国将致力于建立什么样的国际秩序？

　　目前，中国学者在国际关系理论构建方面已经取得了相当的成果，其代表有阎学通的"道义现实主义"、秦亚青的"关系理论"和唐世平的"社会演化理论"等。这种"宏观层面的原创性理论"不仅对我国对外政策有所启发，也是丰富学科理论、构建全球国际关系学的中国贡献。①

国际关系的分析层次

国际关系现象纷繁复杂，而且任何事件的发生都是多种因素综合作用的结果，要把这些因素逐一找出来并确立它们与事件之间的因果关系是极其困难的。即便我们可以穷尽所有导致事件发生的可能因素、对事件形成一个全面的认识，这种认识也是非常肤浅的，因为我们还是不知道这些因素与事件之间存在着什么性质的联系，不清楚它们是因果关系还是相关关系，也不清楚联系的机制是什么。

分析层次（levels of analysis）为我们明确问题、深入剖析问题、探求国际事件的起因和根源提供了便利，有的学者将之形容为"分解全球难题"。

我们在分析研究一个国际事件产生的原因时，可以将多重因素分解成不同的类型或层次。不同学者根据自身的研究和教学需要，将国际关系分为二至六个层次不等，甚至更多。国际关系学术界最早、最基本也最流行的分层法，是将国际关系研究分为三个层次，即体系层次、国家层次和个体层次。

体系层次分析是一种"自上而下"的研究方法，主要从宏观层次探求国际体系发展演变的规律、国家对外政策和对外关系形成与演变的动因。这种方法把国际关系和世界体系看作一个整体，并且假定体系的特征决定了行为体之间关系的性质和它们之间的互动模式，认为国际关系可以从体系层次来进行解释和预测。

这个层次的分析要素包括国际关系中权力、资源、地位等在国家

---

① 参见秦亚青：《中国国际关系理论的发展与贡献》，《外交评论》2019年第6期，第5—9页。

间的总体分配情况以及国际规范、国际体制等。比如说，通过体系中大国力量对比及其战略关系推导国际关系的稳定性，衍生出均势学说和"霸权稳定论"等不同观点。

国家层次分析则强调主权国家及其内部因素对国际关系的重要作用，主要研究国家内部影响对外政策的选择及其过程的因素。这个层次的分析要素包括国家利益、国家实力、国家类型、政治文化和对外决策模式等。国家层次分析的主要研究内容是国家对外政策及其决策过程。换句话说，就是国家做了什么、为什么这么做、究竟应该或可以怎么做、产生了什么结果和影响等。

在狭义的范围上说，国家层次的分析类似于对外政策分析，理解任何国家的对外政策都必须理解其国内因素和外交决策过程。这些因素结合起来，决定了国家如何行动，也决定了作为这些互动关系总和的国际体系是如何运作的。

个体层次分析是对世界舞台上的行为者——人进行分析，主要强调决策者的个性或人类基本特征在国际关系中的作用。国际关系学者一般从三个方面来研究个体在国际关系中的作用，即人性普遍的基本特征、决策群体的组织行为和具体决策者的特性。

人性分析研究的是基本的人类特征如何影响人类行为。许多国际关系学者运用社会心理学理论来解释国际关系中的冲突和战争行为。如"挫折－攻击"论（frustration-aggression theory）认为，攻击行为很大程度上是受到某种挫折的结果。一战后的德国在凡尔赛和会上被强加极度苛刻的政治和经济条款，德国民众由此产生了巨大的挫败感，这种社会心理日积月累后被纳粹所利用，渲染成为对英美法等国的仇恨，此乃德国发动二战的重要原因之一。

组织行为是考察人们组织起来后的行为。人们在社会中所处的位置和群体的互动会影响他们的行为选择。当一个人从属于一个组织或集团时，其行为与他独处时可能会大不一样。比如，为了避免受到团体中大多数人的排斥，人们一般会选择随大流而不是坚持自己的意见；为了尽快取得共识，人们有时会采取"最大公约数原则"。所以，群体决策常常是反映大多数人的意见的决策，或者是多方经过博弈后相互妥协的政策，或者是大家最不反对的政策选项，而不是利益最大化的理性决策。

特性分析研究的是决策者个人所具有的个性对事态发展所产生的重要作用。即便是在同一国家、同一体制、同一时代下，人生阅历和经验不同的领导人所采取的政策也可能大相径庭。

总之，在国际关系研究中，明确分析层次有助于我们确定研究的问题及需要考察的证据，从而使我们的思维更加缜密，研究更有逻辑，结论更加可靠；同时，它也使人们有可能探究到所有类型的解释，从而使研究更全面、更具科学性。

≫ 思考：国际关系研究有"门槛"吗？

随着中国国际地位的上升，很多人对国际关系充满向往，认为这是一门"显学"。也有不少人认为，相对于其他社会科学专业，国际关系入门和研究难度不高，只要关注国际时事就都能聊几句。

关心世界大事当然没错，而且很有必要。再说，没有人规定娱乐类公众号不能关注东北亚局势，也没有人规定出租车司机就不能议论"特朗普现象"。任何人都可以指点江山、纵论寰宇，聊天闲谈无伤大雅，可是，国际关系毕竟是一门学科，是一个专业性很强的领域，若真想得出"真知灼见"，就需要迈过一定的"门槛"。

从事任何社会科学研究都必须首先掌握三方面的知识：历史、理论和方法。其中历史是基础，理论是指导，方法是工具，国际关系也不例外。

历史为人们思考和研究国际关系提供了元素和材料，是人们理解现实和思考未来的基础。历史展示的恢宏画面不仅可以丰富人们的想象力，而且可以增强人们宏观思考的能力，成为检验研究结果的主要依据。一项研究不管如何科学缜密，如果其结论与历史事实不符，甚至与历史事实相悖，那一定是站不住脚的。所以，想要研究国际关系，必须有扎实的世界史、国际关系史、国别史的基础。

理论是人类对自然界、人类以及自然与人的关系的系统知识的概括和总结。理论的任务是通过对具体事物的研究找出事物的共性，发现普遍规律。理论具有普遍性和客观性，能为我们观察、理解和解释问题提供视角和方法，增强我们思维的逻辑性和条理性。在国际关系中，有的理论擅长解释冲突与战争，有的理论擅长解释合作与分享，有的理论则解释国家为什么有时候选择冲突，有时候选择合作。我们在研究国际关系中具体的冲突、合作等问题时，就可以借助这些理论提供的视角来做出解释和论证。

研究方法是研究问题所选取和使用的手段。国际关系的研究方法包括历史方法（以历史事实为基础，挖掘其对理解和思考现实问题的意义）、科学方法（观察、调查和实验等实证方法）和哲学方法（建立在人们普遍接受的价值观基础上的思辨）等。就研究方法而言，没有最好的方法，只有最合适的方法。研究者可以根据研究问题的不同选择相应的研究方法。同一问题可能适用不同的方法研究，一种研究方法可以研究不同的问题，研究中还可以综合使用多种研究方法。研究者掌握的方法越多，研究问题的能力就越强。

由于国际关系学在不断吸取其他新兴学科的营养，所以它对研究者知识结构所提出的要求也越来越高。除了必不可少的历史知识、理论素养、方法基础之外，研究者还需要精通外语特别是英语以及研究对象国的语言，掌握社会学、心理学、人类学、伦理学等其他领域的知识，具备运用数学知识、使用计算机解决实际问题的能力。

因此，并不是只要知晓天下大事就能成为国际问题研究专家的。要想成为一名研究国际关系的学者，需要经过严格的学术训练。掌握丰富的历史知识（尤其是世界史和国际关系史知识）、熟悉国际关系理论、熟练运用各种研究方法是进行国际问题研究的前提条件。

相比这些后天勤学苦练就可以掌握的内容和技术而言，对国际关系学者来说，更重要的是对世界的人文关怀和以天下为己任的责任感。作为一门社会科学，国际关系不仅仅是一系列知识与工具的组合，还蕴含丰富的价值追求和精神内涵。

任何一门人文社会科学的出发点和归宿都是人，国际关系学也不例外。人类安全与生存是国际关系研究的出发点，人文关怀是国际关系学者灵魂上的烙印。尽管国际关系领域的不同理论流派观点各异，但真正的学者在探讨国际关系的发展演变和世界面临的问题与挑战时，都会从人的生存、安全、需要和人类可持续发展的角度进行思考。

即便是对国家间关系持最悲观态度的现实主义者，其理论研究也是为了预警和防止人类再度陷入世界大战的危机，而不仅仅是为某个国家崛起或成为霸权国出谋划策。

"科学无国界，科学家有祖国。"真正的国际关系学者，会将本国、本民族的发展和利益放到世界历史长河中来考察，会以博大的胸怀思考国家的前途和世界的命运，会一视同仁地关注世界不同文明和民族的特色。

今天的国际关系研究已经不再局限于少数世界大国，国际关系学者也不会只盯着自己的国家而忽略其他国际行为体。他们既研究大国，也关心小国；既关注发达国家，也观察发展中国家；既剖析主权国家这个世界舞台上的头号主角，也探讨国际组织、跨国公司等非国家行为体的发展。只有拓宽观察世界的广度，才能更加接近世界的真实全貌。

中国文化中并不缺乏人文关怀和世界胸怀的基因。古代仁人志士早有对"世界大同、天下一家"的憧憬，也有"达则兼济天下"的抱负。今天的中国是世界的中国，中国的国际关系学者更应该将中国和中外关系置于整个世界和人类文明的大背景下去思考，既关心本民族的前途和命运，维护本国的利益，也关注人类共同的命运与未来。

推荐阅读书目

王缉思：《世界政治的终极目标——安全、财富、信仰、公正、自由》，中信出版社2018年版。

[美]斯塔夫里阿诺斯：《全球通史：从史前史到21世纪（第7版新校本）》上册（吴象婴、梁赤民译），北京大学出版社2019年版。

[美]卡伦·明斯特、伊万·阿雷奎恩·托夫特：《国际关系精要（第五版）》（潘忠岐译），上海人民出版社2012年版。

第二章

理论视角

国际关系研究理应告诉我们世界如何运转，但这是一件非常棘手的事情，即便是最好的理论也不能达到标准。但是，这些理论可以点破主导着对外政策辩论的相关错误观念，揭掉简单化的标签。

——杰克·斯奈德[1]

各种各样的竞争观点比只有一个单一理论的正统观念使我们更为受益。

——斯蒂芬·沃尔特[2]

现实主义、自由主义和建构主义……这三个理论群属于较为成熟的社会科学理论，拥有解释性、可证伪性和简约性等特征，发展出了属于自己的、可以实证的核心概念、主要因果关系（理论逻辑）和丰富的理论推论……这三个理论群构成了当代国际关系理论的主体。

——宋伟[3]

---

[1] Jack Snyder, "One World, Rival Theories," *Foreign Policy*, Vol. 145, No. 145, 2004, p. 53.

[2] Stephen M. Walt, "International Relations: One World, Many Theories," *Foreign Policy*, Vol. 110, No. 110, 1998, p. 30.

[3] 宋伟：《国际关系理论——从政治思想到社会科学》，上海教育出版社2011年版，第7页。

有一句话叫"胸怀天下,放眼世界",但假如人真的能拥有"上帝视角",就像微信启动页面上仰望地球的那个人一样,他看到的世界肯定比万花筒还要复杂。

世界经济全球化一度高歌猛进,但民族主义似乎也是愈发凸显和激烈;大规模杀伤性武器扩散的阴影一直没有消弭,但军备控制和核裁军的进步也不容忽视;中东的以色列和巴勒斯坦斗得你死我活不肯罢休,而像法德这样打了几百年血仗的宿敌却能一笑泯恩仇……

如果不能准确解读这些纷繁复杂甚至看似矛盾的国际关系现象,决策者就很难及时做出决策,媒体的报道就容易失真,民众也容易被感性情绪和偏颇意识牵着走。

国际关系学者想要在这"一团乱麻"中抽丝剥茧,将这些零散的画面和纷乱的现象整合成为一幅清晰明朗的图画,就需要简明扼要的理论来阐释这些现象背后的原因、它们的相互关系和发展走向。

"化繁为简"的理论相当于"路线图",引领我们关注国际关系中最重要的问题和现象,并用逻辑推演的方式为这些问题背后的因果关系提供一种或多种解释模式,甚至对问题的未来发展趋势做出一定程度的预测。

理论来源于现实,是时代的产物。自国际关系学科诞生起,时代的发展变化就不断对国际关系理论提出新的要求,而国际关系新理论的产生可以说就是对时代要求做出的回应。当旧的理论不能解释国际关系中的新现象时,新的理论便应运而生。理论与时代的关系可以大略总结如下:

——第一次世界大战激发了理想主义者对国际组织和国际法的研究热情;

——第二次世界大战的爆发推动了重视权力政治的传统现实主义学派的崛起；

——第二次世界大战之后美苏两极格局的长期稳定，使得关注结构的新现实主义获得国际关系理论的话语主导权；

——冷战时期国际合作史无前例地增强，促使新自由主义对复合相互依赖与国际制度进行了深度研究；

——冷战的结束使强调观念、规范与文化作用的建构主义受到越来越多的重视。

本章将结合理论产生的特定历史背景、时代氛围、学术谱系和思想渊源，对主流国际关系理论进行介绍和比较。

乐观的理想主义

第一次世界大战后，对于国际关系的看法和研究，占主导地位的是理想主义（也称"自由主义"；后来为了与"新自由主义"相区别，也被称为"古典自由主义"）。

理想主义者并非不谙世事的"空想主义者"，而是对世界、人类和未来持乐观态度的一群人。他们承认人性有不完善的一面，但认为人有能力控制和改造自己。所以，邪恶和黑暗现象（比如战争和冲突）并不是完全不可避免的，人类可以通过发展理性、加强后天的学习和教育及建立制度来减少甚至彻底根除这些现象。

在国际关系领域，理想主义者相信"笔墨比刀剑更有力量"，希望通过观念和理想的力量来改变世界、消弭战争。由于他们对国际事务的见解具有强烈的道德主义、乐观主义色彩，因此这一理论也经常被称为"乌托邦主义"。

理想主义者认为，猖獗的军国主义和强调势力均衡的"旧秩序"是第一次世界大战的根源。为了防止大国之间再次发生战争，就需要对国际秩序进行理性安排，提倡合作，使得国际法和国际机制真正地起作用，让国际社会有序运转。

> 现在地球上终于有了空间去建立那个早就盼望着的正义和博爱的王国，我们梦想着当时就建立共同的欧洲，不然，就要永远失去时机……我们心里想：这将是我们的世界，一个我们梦想过的世界，一个更美好、更人道的世界。
>
> ——斯蒂芬·茨威格①

时任美国总统伍德罗·威尔逊是这个时期理想主义的"旗手"。他在1918年的国会演说中提出的"十四点计划"可以被看作这个时期理想主义的纲领性宣言。威尔逊在这份文件中声称，战争、剥削、压迫是由于人类没有遵循道德、法律，或者是因为道德、法律的不完善，或者是因为人类理性的发展不够；而人类只要遵循美好的道德或法律，就能认识到自身真正的利益所在，各个国家就会和睦相处，增进共同福利。②

理想主义者认为，国际组织与国际正义、秩序、和平、合作及国际法、国际机制等概念是紧密相连的。阻止战争需要创建一个建立在集体安全原则上的全球性政府间国际组织，它将任何国家的侵略视为对其他所有国家的侵略，并协调各国统一行动反对侵略者。一战后国际联盟（League of Nations）的诞生，就反映了理想主义者对国际制度的期盼和国际合作的重视。用威尔逊的话说，它可以把国际政治的"丛林"变成"动物园"。③

---

① 〔奥〕斯蒂芬·茨威格：《昨日的世界——一个欧洲人的回忆》（舒昌善等译），生活·读书·新知三联书店1991年版，第313页。

② 参见〔美〕小约瑟夫·奈：《理解国际冲突：理论与历史》（张小明译），上海人民出版社2002年版，第128页。

③ 转引自〔英〕安德鲁·海伍德：《全球政治学》（白云真、罗文静译），中国人民大学出版社2014年版，第65页。

理想主义者相信，参照国内社会的经验，国家可以通过非暴力的方式协调彼此之间的利益冲突，如运用调解和仲裁等国际法方式，来解决争端、避免武装冲突甚至取得双赢。这方面的政策处方体现在1921年创设的国际常设法院，以及1928年签订的《巴黎非战公约》（也称为《白里安－凯洛格公约》上。国家遇到冲突问题可以向前者提出诉讼，而后者则规定了作为国家政策工具的战争是非法的。

然而，理想主义理论在现实中的结局是个悲剧。面对德意日法西斯咄咄逼人的侵略步伐，国际联盟如同"秀才遇到兵"一样束手无策，被寄予厚望的国际组织和国际法都未能阻止第二次世界大战的爆发。

由于实践上一败涂地，有的人蔑视、讽刺理想主义，甚至认为"强权即公理"才是国际关系的真谛。这显然走向了另外一个极端。完全依靠道德来处理国际关系显然过于天真，但反过来说，完全撇开道德来处理国际关系更加不行，否则我们就用不着批判霸权主义和强权政策了。

此外，理想主义者强调维护世界和平要依靠公众力量，重视公民素质和国际舆论，提倡国际问题研究走出大学、走入民众，鼓励民众了解、关注国际动向，反对秘密外交。这方面的影响是积极而且深远的。

可以说，没有理想主义者对秘密外交的痛斥和对公众国际素养的重视，国际关系研究普及的效率和国际关系学科建设的速度也不会那么快。

> 自由主义为悲观时代的世界政治播下希望的火种，也为乐观时代的世界政治提供无穷的鞭策力量。自由主义无时不踌躇满志地表达着其对世界秩序的规划蓝图，并满腔激情地将其理念赋予世界政治的实践之中。
>
> ——苏长和[①]

---

① 苏长和:《自由主义与世界政治——自由主义国际关系理论的启示》,《世界经济与政治》2004年第7期, 第15页。

理想主义为后来国际政治理论的发展提供了重要线索。比如，它强调了人的价值，把人的尊严、人的各种权利，尤其是不受侵犯和不受压迫的权利，放到一个远比过去更高的位置上。[①] 在人的安全与发展愈发受到重视的今天，这一点尤为可贵。

悲观的现实主义

现实主义是在理想主义的衰落和战争的阴影中发展起来的。相比一战，二战造成了更大范围的灾难，南京大屠杀和法西斯集中营等大规模残害平民的行为更是惨无人道。

在现实主义者看来，处理国际关系既需要道德也需要权力。第一次世界大战后，如果人们不是过于相信理想主义者对国际联盟、国际法和国际舆论在维护和平、阻止战争方面的作用的判断，而是采取"以暴制暴"的方式打击纳粹的侵略野心，那么法西斯也许就没有发展壮大的机会，第二次世界大战也许就可以避免。

> 如果无视权力这个一切政治现象中的决定性因素，那就是彻头彻尾的乌托邦意识。如果认为国际秩序可以建立在各国联合的基础之上，也同样是乌托邦式的幻想，因为每个国家都会竭力维护和加强自己的利益。
>
> ——爱德华·卡尔[②]

二战结束之后，现实主义成为国际关系的主导性理论。以汉斯·摩根索（Hans J. Morgenthau）为代表的现实主义学者，以"无政府"

---

① 参见王逸舟：《西方国际政治学：历史与理论（第三版）》，上海人民出版社2018年版，第60页。

② 〔英〕爱德华·卡尔：《20年危机（1919—1939）：国际关系研究导论》（秦亚青译），世界知识出版社2005年版，第213页。

和"人性恶"为出发点,对国际关系特别是大国关系的原理和机制进行了再思考,提出了一系列基于权力政治的理论观点。

第一,与乐观的理想主义相对应,建立在现实主义哲学基础上的现实主义国际关系理论对国际关系抱有一种悲观的认识。

现实主义是建立在对道德进步和人类能力的悲观主义认识基础之上的一种哲学。现实主义者对人类是否有能力克服反复出现的冲突、建立持久的合作与和平深表怀疑。在他们看来,既然人性争权夺利,那么国际关系中存在的尔虞我诈、战乱冲突本来就有其合理性。由于人性难以改变,宗教意义上的天堂和童话故事中的黄金时代就永远不会到来。

> 由于这个世界本质上是一个利益对抗和利益冲突的世界,道德准则永远也不可能完全实现,但是必须通过不断暂时地平衡各种利益和不断勉强地解决冲突而尽量接近它。……它(现实主义理论)的目标是实现较小的恶,而不是绝对的善。
> ——汉斯·摩根索[1]

当然,悲观不等于消极。现实主义者只是把"人性恶"作为他们思考的起点和解决现实问题的前提,在此基础上寻找避免让这个世界变得更糟的途径。在现实主义者看来,如果人们对国家自私自利的想法和做法缺乏任何警惕和制约,那么善良的愿望有可能被野心家和侵略者所利用,美妙的大同世界不仅不会到来,反而会陷入更可怕的战争深渊。

第二,国家是国际体系中最重要的行为体,而且是单一的、理性的行为体。

---

[1] 〔美〕汉斯·摩根索:《国家间政治:权力斗争与和平(第七版)》(徐昕、郝望、李保平译),北京大学出版社 2006 年版,第 27 页。

在主权原则下，国家对内有至高无上的权威，对外则不受任何其他权威的制约。现实主义者据此将国家视为分析国际关系的基本单元，而较为忽视其他非国家行为体的作用。

在现实主义者看来，国际舞台上的国家是一个统一实体，是超个人、超阶级、超社会集团的。国内不同部门的讨价还价、利益集团的相互竞争、社会力量的渗透作用及重要人物的个人行为等都会对国家决策产生影响，但这些因素只对国家决策起限制作用而不能起决定作用。

此外，现实主义者认为国家可以自主地明确自己的利益，确定自己的目标，对可能采取的行动进行利益得失的分析，最终选择能够最大限度地实现国家目标的政策方案。按照这种假设，处于相同的环境和面对同样的问题时，任何国家都会做出基本相似的理性决策，如此一来国家的行为就是可以预期的。

第三，在国际体系中，国家只能不断追求权力来确保自身的生存与安全。

在现实主义者眼里，国际关系的历史和现实无非是人类集团与集团之间为获取安全、威望和权力而进行的一场持久的斗争。

> 根据现实主义的范式，治国方略的目标是使国家在一个充满敌意的环境中生存下来。为了实现这一目标，再没有比获取权力更加重要的手段了，再没有比自助更重要的原则了……国际政治的博弈围绕着对权力的追求进行：获得权力、增加权力、投射权力，以及运用权力使他国屈服于本国的意愿。
>
> ——查尔斯·W. 凯格利[①]

---

① 〔美〕查尔斯·W. 凯格利：《世界政治：走向新秩序？（插图第 11 版）》（夏维勇、阮淑俊译），世界图书出版公司 2010 年版，第 22 页。

现实主义者认为，国际体系中没有任何能主持公道与正义的超国家权威，所以所有的国家都会信仰"天助自助者"这句格言。在危机四伏的环境中，国家保卫自己生存和安全的最直接方式就是增强国力，使自己强大得让别国害怕。当然，现实主义者心目中的国家权力主要是指国家的军事力量，军事力量被视为保卫国家安全和生存的最直接最有效的手段。

如果说理想主义遭到最多的批评是"过于天真"，那么现实主义给很多人的印象可能就是"过于冷血"或者"冷酷无情"。但是，现实主义理论并不等于为达目的不择手段、为求国家生存不讲原则、为争权夺利罔顾道德。

现实主义认为，国家与个人的道德准则是不同的。生存是国家追求的首要价值，是国家的根本利益。为了生存，有时国家必须牺牲常人应遵守的伦理，比如诚实守信。把个人道德与国家道德混为一谈将会给国家带来灾难。

现实主义者也不同意仅凭动机来评判国家对外政策的成败，好心完全有可能办坏事。比方说，张伯伦为了维护和平对纳粹德国采取绥靖政策，却给千百万人带来了灾难；丘吉尔则是受到更为狭隘的个人权力和国家权力的驱使，但其对外政策结果却成功得多。[1]

体系层次的新现实主义

按照现实主义的理论推导，国家应当不断扩张权力以保护自己的生存和安全，国际关系应该充满了"你死我活"的争斗。然而，二战后的国际关系现实却与这种推演截然相反——二战后国家生存得到保障，殖民体系土崩瓦解，国家数量不断增多，对立的美苏两极也保持了战略克制。于是，现实主义理论的解释力受到了质疑。

---

[1] 参见〔美〕汉斯·摩根索：《国家间政治：权力斗争与和平（第七版）》（徐昕、郝望、李保平译），北京大学出版社2006年版，第30页。

与此同时，新现实主义的集大成者肯尼思·华尔兹在观察美苏两大阵营时发现，这两个阵营虽然势不两立，但它们在对外行为上却有着极大的相似性，如都组建了庞大的军事联盟，并力图在第三世界扩大自己的影响力，等等。因此，研究和理解国际关系仅靠观察国家内部特性是找不到答案的，外部一定存在着"未被发现的原因"。

除了现实的挑战之外，方法论的变革与学科建设的需要也是推动理论发展的动力。第三次科技革命来临之后，社会科学兴起一股向自然科学"看齐"的冲动，期望通过类似的研究方法获得更加"科学""客观"的结论。国际关系学科自然也不例外，越来越多的学者希望国际关系研究能像科学实验一样可控、可操作，能够得到足够清晰且精确的结论。

通过不同研究方法的互相渗透、取长补短，人们对现实主义进行了"科学的修正和补救"，形成了新现实主义理论（也称为"结构现实主义"）。由于新现实主义与现实主义有着相同的思想渊源，为了加以区别，美国学者罗伯特·基欧汉（Robert O. Keohane）将它们分别称为传统（或古典）现实主义（Classical Realism）和新现实主义（Neorealism）。

新现实主义在继承古典现实主义关于国家中心说及对国家作为单一、理性行为体等假设的基础上，对现实主义做出了以下几个重大修正。

第一，传统现实主义将冲突的根源归于人性，而新现实主义将冲突归于国际体系的无政府性（也称"无政府状态"），认为无政府性是国际关系的第一推动力。

新现实主义者认为，正是"无政府状态"这一亘古不变的特性，导致千百年来国际关系具有显著的相似性。为实现自身目标、维持自身安全，无政府状态下的国家能指望的只有自己，而武力则是不可或缺甚至是最重要的手段。①

---

① 参见〔美〕肯尼思·华尔兹：《国际政治理论》（信强译），上海人民出版社2003年版，第147、149页。

> 无政府状态可能为人们提供一个研究世界政治的乌托邦式的方法,也可能提供一个现实的研究方法——这种方法避免了一些现实主义者把世界政治中必然存在的非道德甚至不道德现象归咎于人类固有的恶性的倾向……武力是实现国家对外目标的一个手段,因为在无政府状态下,缺乏一个持久的、可靠的协调类似的单位之间必然出现的利益冲突的方法。
>
> ——肯尼思·N. 华尔兹①

第二,传统现实主义认为国家为权力而斗争,而新现实主义认为生存才是国家在无政府的国际体系中的第一考虑。

新现实主义者认为,国家的根本利益是实现安全,而不是无限制地获得、维持和增加权力,权力是实现安全的手段而不是目的。所以,出于本国利益考虑,新现实主义者会反对过度扩张和无事生非。越南战争时期,美国国内的新现实主义者们持反战态度便是一例。

第三,在解释国家行为时,传统现实主义将国家利益作为国家行为的主要动机,而新现实主义从体系层次上寻找国家行为的根源。

在传统现实主义的语境中,国家利益概念几乎包罗万象。新现实主义者则明确提出,决定国家在国际舞台上行为的是体系结构,是国际体系中权力的分配或者说大国之间的力量对比,而不是政治思潮、政府类型、领导人个性等国内因素。即便是国情迥异的国家,只要它们在国际体系中处于相同的地位,它们就会有相似的对外行为,例如冷战时期的美苏。

> 新现实主义强调国际体系的结构……而认为国家内部的情况——掌握权力的是什么样的政权,占统治地位的是什么样的意

---

① 〔美〕肯尼思·N. 华尔兹:《人、国家与战争——一种理论分析》(倪世雄、林至敏、王建伟译),上海译文出版社1991年版,第204页。

识形态，是什么类型的领导——几乎不重要或者没有重要性。根据新现实主义者的观点，所有国家的对外政策基本上是由同样的体系因素所推动的。它们就像许多弹子球一样，遵守同样的政治几何学和物理学的法则。

——欧文·哈里斯[①]

新现实主义理论至少有两个重要推论。第一个是，虽然各国都需要自助并对他国怀有戒心，但这并不必然导致流血和公开的暴力。这是因为均势可以遏制冲突。如果任何大国都不能确定自己的实力远超他国，那么发生战争的可能性就会大大降低。在这种情况下，任何"冒尖"的国家都会受到其他大国的联合遏制与平衡。

所以，新现实主义者会倾向于认为两极体系更为稳定、发生战争的可能性更小。在单极体系下，最强国家缺乏权力制约，容易产生称霸和扩张的念头；在多极体系下，大国数量多，对相互之间的力量对比判断容易失误。两极格局下哪一方都很难轻易占据绝对上风，对对方的实力认知也不易产生误判。美苏长期敌对却没有发生直接大规模冲突，为新现实主义者对均势和两极格局的信心提供了强有力的证据。[②]

新现实主义的第二个重要推论是，国家会更重视竞争而不是合作，国际合作的前景十分悲观。因为在固定的体系结构下，国家对自己所处的位置会非常敏感，会非常担心其他国家与自己的力量对比发生对己不利的变化。这种不安全感导致国家更重视竞争而不是合作，更重视相对获益而不是绝对收益。

例如，一战之前英德的国际贸易十分发达，可以给双方都带来可观的经济利益，但由于英国在国际经济体系中占据有利位置，德国最

[①] 转引自〔美〕查尔斯·W.凯格利：《世界政治：走向新秩序？（插图第11版）》（夏维勇、阮淑俊译），世界图书出版公司2010年版，第27页。

[②] 参见〔英〕安德鲁·海伍德：《全球政治学》（白云真等译），中国人民大学出版社2014年版，第60页。

终宁可放弃贸易合作的好处而选择与英国决裂。

简而言之，关注体系结构的新现实主义理论从体系层次分析国家对外行为的动因，完全不考虑国家有什么样的政治领袖、社会和经济制度以及意识形态，也不考虑国家在文化、经济、政治和军事等方面的互动。这种远离现实的抽象、严谨的体系分析和高度简约的科学特征，增强了现实主义对国际现象的解释力，将现实主义理论推向一个新的高度。

虽然新现实主义不仅包括华尔兹的结构现实主义理论，也包括其他一些理论，如现实主义的国际政治经济学等，但华尔兹的《国际政治理论》对无政府状态的强调和对权力分配的关注，为新现实主义构建了耀目的结构主义理论大厦。所以，新现实主义被公认为结构现实主义的同义词。

新现实主义描绘的图景在很大程度上反映了现实世界的本来面目，特别是在安全领域、战争根源和国家冲突等问题上，新现实主义具有很强的解释力。但是，这一理论对国家必然倾向于竞争而不是合作的推论并没有完全反映出冷战期间国际关系的新变化。很快，另一种新的理论对新现实主义理论提出了批判，并对新现实主义所忽视和否定的国际合作现象做出新解释。

"制度至上"的新自由主义

与新现实主义发生激烈辩论的新理论被称为新自由主义，它与当年的理想主义同源，是在理想主义基础上的发展。新自由主义接受了新现实主义关于世界无政府状态的假定，但这一理论认为，国际冲突是可以避免的，国际合作是有可能的。

刺激新自由主义理论产生的是20世纪六七十年代世界舞台上出现的一系列"反常现象"。

第一，二战后建立的国际组织和国际规则完全不同于过往的军事同盟，国家间的暴力冲突受到相当程度的遏制，尤其是联合国的作用相当明显。两次世界大战的主要战场欧洲出现迅猛的经济一体化势头，法德从宿敌走向和解，更是出乎国际观察家的意料。

第二，经济全球化的发展和全球问题的突出，使得大国并不总把目光放在安全和生存问题上，大国领袖们开始更多地担忧经济问题、社会问题甚至环保问题。

上述这些重大现象超出了现实主义的解释范围，因为现实主义基本上将国际关系视为权力政治的游戏和国际战争的循环往复。在此背景下，国际合作、国际组织、国际制度和国际法等再度成为国际关系的研究热点，自由主义由此迎来了复苏。

罗伯特·基欧汉和约瑟夫·奈合著的《权力与相互依赖》一书，可以说是新自由主义向现实主义挑战的宣言。他们提出的"复合相互依赖"和"国际制度"概念，在很大程度上影响了人们对国家为什么会选择合作的思考，并对此做出了理论上的解释。

《权力与相互依赖》一书开篇就讲到，我们生活在一个相互依赖的时代。围绕着"复合相互依赖"（complex interdependence）这样一个高度抽象的概念，书中对国际关系的重大变化做出了三方面的新解释。[1]

第一，各社会之间存在"多渠道联系"，这些渠道可以概括为国家间联系、跨政府联系和跨国联系。

国际组织、跨国公司等非国家行为体正扮演着越来越重要的角色，这方面最强有力的例证是欧共体的诞生与扩大。1951年，西欧六国在巴黎签订《欧洲煤钢共同体条约》；1957年，六国在罗马签订《欧洲经济共同体条约》《建立欧洲原子能共同体条约》；1967年，三个共同体合并为欧洲共同体。通过让渡一部分主权，部分西欧国家从经济

---

[1] 参见〔美〕罗伯特·基欧汉、约瑟夫·奈：《权力与相互依赖（第四版）》（门洪华译），北京大学出版社2012年版，第3、23—24页。

共同体走向政治共同体。

欧共体的出现驱散了欧洲近代以来的大战阴影,甚至使不少人相信,国际组织正在改变国际体系的无政府状态,区域一体化已经成为一种大趋势。

第二,"问题没有等级之分",经济、社会等低阶问题已取得与军事安全等高阶问题同等的地位。

现实主义认为,军事安全始终是国际关系的首要问题,经济、科技、社会、福利问题无足轻重。而新自由主义者认为,国际事务的排列次序不再是固定不变的,因为国家的生存已基本得到保证,经济、科技、社会等问题有时反而会比政治问题影响更大,比如20世纪70年代的石油危机。

第三,在多数情况下,武力作为政策工具的重要性下降。

武力是现实主义者眼中国家赖以自保的最重要工具。但在主权原则和复合相互依赖体系之下,新自由主义者认为武力的实际作用正在不断减弱。

比如,以往大国靠坚船利炮来建立殖民地以掠夺原料和建立市场,但二战后大国依靠国际贸易、国际金融可以获得更多的经济利益。更有说服力的案例是,日本战后通过"经济立国"战略一度成为世界第二大经济体,原本军事力量实现不了的许多目的都靠经济手段做到了。

新自由主义理论系统庞杂,其中影响力最大的是由基欧汉开创的新自由制度主义（Neoliberal Institutionalism）理论。这一理论认为,由于国际体系结构的变化是相当缓慢的,在这种情况下,国际制度就成为国际体系的最主要特征。

很多国际关系学教材喜欢将国际关系比喻为一场牌局。新现实主义者所重视的"结构"就相当于牌友们手里拿的牌和筹码,而新自由主义者强调的"制度"则是这场牌局的游戏规则和对弈模式。在分牌和下注完毕之后,牌友们就得按照游戏规则来进行竞争或合作,所以这时游戏规则显然更为重要。

新自由制度主义者在承认无政府状态的假定和体系结构重要性的同时，强调国际制度可以通过降低国家之间合作的交易成本（如签约、谈判、保障契约、讨价还价等成本）、提高不合作的成本、提供可靠的信息等方式，减弱无政府状态的负面影响，加强国家间的信任与合作。

在无政府状态下的国际社会，任何国家间的合作都可能存在风险，一是怕有的国家当面一套背后一套，二是怕有的国家损人利己、以邻为壑、转嫁危机。国际制度意味着打造一套共同的、公开的游戏规则，这可以增强国家对未来获益的预期。

这一理论在国际经济领域的解释力很强。二战后国际贸易、国际金融领域分别建立的关贸总协定（世界贸易组织的前身）和布雷顿森林体系，减弱了行为体在经济交往中的相互猜忌心态。中国之所以愿意耗时费力谈判甚至付出大量代价来"入世"，就是因为对加入这一体系的远期获益具有强大信心，而事实也证明了这一点。

另一方面，国际制度增强了合作的透明度，提供了解决矛盾的途径。共同的游戏规则使合作被放在聚光灯下，一旦发现有不遵守规则的行为，就可以向世贸组织这样的国际组织进行投诉。

> 制度的理性选择，意味着把制度当作影响成本（代价）的模式。具体地说，制度的作用在于：减少不确定的风险，改变交易的成本；或者说，降低"达成契约的成本"。
>
> ——王逸舟[①]

新自由主义者承认，目前的国际制度并不完善，但是它们促进

[①] 王逸舟：《西方国际政治学：历史与理论（第三版）》，上海人民出版社2018年版，第133页。

和鼓励了国家间的相互沟通和某种程度的"礼尚往来"习惯的形成，这使国际关系中存在着一定的规则与约定，国际合作也因此成为一种"长期的行为模式"。

总而言之，新自由主义认为国际关系可以减少战争和冲突，使国际社会走向自由与进步。本书其他部分将逐一介绍的民主和平论、贸易和平论和制度和平论，就是自由主义理论所衍生出来的关于减少战争与实现和平的构想。

"事在人为"的建构主义

新自由主义和新现实主义的论辩一度带动了国际关系学的进步，催生了许多对这两大理论进行实证检验的学术著述。不过，到20世纪80年代末，新的思想已不多见，研究议题越来越集中，观点交锋越来越缓钝。二者在方法论、个体主义、物质主义世界观和理性主义认识论等方面都逐渐趋同。

而在国际关系的真实世界里，新现实主义和新自由主义的解释力也随着国际格局的变化而减弱。它们不仅没有预测到东欧剧变和冷战结束，而且在美苏争霸格局结束之后，对冷战后凸显的南北差距、民族矛盾、宗教极端主义、生态环境等诸多全球重大问题也没有提出强有力的解释。

面对这种局面，国际关系理论中的非主流学派向新现实主义和新自由制度主义的主流地位发起挑战，建构主义理论在这一过程中迅速崛起。现实主义和自由主义对国际关系的分析是以国际体系的物质结构为起点的，而建构主义从哲学意义上讲是一种理念主义（idealism）的理论，它重视观念、思想和文化等非物质因素的作用，强调社会结构和文化对国际关系的影响。

1999年，美国学者亚历山大·温特出版《国际政治的社会理论》，标志着建构主义理论的成熟。这本书一开篇就提出令人深思的问题：

在16世纪的西欧，大国之间的战争是正常的，甚至是光荣的，大国以权力政治的方式来定义国家利益，但今天这种观念发生了巨大变化。今天几乎没有人会认为法国和德国在交往中会违背"非暴力"和"互助"的原则，但就在不到一百年前，它们之间还打得不可开交。①

为了解释这些问题，建构主义者从权力、利益这样的物质视角转到了观念和理念的视角，认为必须用"共同知识"（shared knowledge）和体系文化这样的新概念来解读国际关系，才能说明这些国家化敌为友的原因。

建构主义理论主要有以下三个特点：

第一，与自由主义、现实主义不同，建构主义更重视理念、文化和社会结构的作用。

建构主义强调国际体系的结构不仅包括物质结构，还包括社会结构。这也是建构主义的最大特点。物质结构是国际体系中行为体的实力分配及其相应位置；而社会结构则是国际体系中观念、规则等非物质因素的相对稳定、有序的分配，具体表现为国际规范、国际制度和国际法等。建构主义者认为，物质因素只有通过社会结构才能对行为体产生影响。

在建构主义者看来，国家的行为并不是完全由物质因素决定的（如国家间的实力对比），更取决于它对物质因素的理解和解释。也就是说，行为是由物质因素和对物质因素的认识两方面决定的。仅仅考虑实力、利益等物质因素，是不能了解国家需要什么和想做些什么的。

建构主义者经常举的一个例子是：某个国家拥有了核武器，不一定会改变别国对它的政策，关键还在于别国如何看待这个国家以及与这个国家的关系。美国会认为朝鲜的五件核武器比英国的五百件核武器对美国构成的威胁更大，因为英国是美国的朋友，而朝鲜

---

① 参见〔美〕亚历山大·温特：《国际政治的社会理论》（秦亚青译），上海人民出版社2000年版，中文版前言第1—2页。

不是。①

第二，建构主义理论认为，国家的意愿和行动受到体系文化的制约和影响，体系文化通过塑造国家的身份和利益确立国家的行为规范。

体系文化是指世界体系中的国家行为体对"我者"、"我者"与"他者"的关系以及自身所处的环境所持有的"共同知识"，亦即世界体系中的国家对国际关系的性质所形成的共同的信念和期待。

建构主义认为，体系文化一旦形成，就对行为体有潜移默化的塑造力和强大的制约力。在不同的体系文化中，国家所追求的利益和能采取的手段是不同的，体系文化限定了国家追求的利益和实现利益可采取的手段。

具体而言，当体系中的国家都把"他者"当作"敌人"时，国际关系就成了"任何一个国家都是另一个国家的敌人"，就会陷入现实主义所说的"安全困境"（security dilemma），即一国为了自保而增强军备的行为会被另一国视为威胁而采取同样的行为，这样一种相互作用的过程使所有国家都处于不安全之中。

当体系中的国家互相视为"竞争对手"时，国际关系就会遵循"我活也让别人活"（live and let live）的原则，竞争对手之间仍然会使用暴力，但它们在使用暴力时会自我克制，不会以消灭对方为目的。

而当体系中的国家互相视为"朋友"时，国家之间就会遵守两条规则：一是非暴力规则，即不使用战争和武力威胁的方式解决争端；二是互助规则，即任何一方的安全受到第三方威胁，双方都将共同作战，由此就会导致自由主义者所期望的集体安全或安全共同体的出现。

所以，温特才得出这样一个著名的结论："无政府状态是国家的产物。"②因为安全困境和安全共同体这两种截然相反的情况都可以

---

① 参见〔美〕亚历山大·温特：《国际政治的社会理论》（秦亚青译），上海人民出版社2000年版，第323页。

② Alexander Wendt, "Anarchy Is What States Make of It: The Construction of Power Politics," *International Organization*, Vol. 46, No. 2, 1992, p. 391.

在无政府状态下产生和存在，无政府状态本身并无法解释国家行为的原因。

> 尽管国际关系学研究趋于把文化因素等同于合作关系，我们还是要强调指出，共同知识不仅仅局限于合作关系。强调这一点是重要的。共有信念能够建构霍布斯提出的那种所有人反对所有人的战争，也可以建构康德提出的持久和平。
>
> ——亚历山大·温特[①]

第三，建构主义理论强调，国际体系的结构并非静止不动，建立在共同知识基础上的体系文化可以因国家互动而改变。

现实主义者眼中的结构是静态的，在任何时空中这种结构都是由国家的实力分配构成的。但建构主义者更重视"共同知识"这样的"观念结构"，并认为这种结构是动态的。因为从长期来看，体系文化与国家之间相互影响，并非一方单向决定了另外一方。

一方面，体系文化影响和限制了国家的行为规范；另一方面，行为体之间的互动也可以建构或者解构体系文化。例如，二战后在美苏等大国的主导之下，以联合国的建立为标志，主权制度在世界范围内得以确立，从而使体系文化走出了敌对关系的"黑暗森林"。

建构主义从观念层面提出了富有学术意义的问题和目标，引发了国际关系学界的反思。越来越多的学者开始探讨建构主义提出的核心问题：国际关系实践的基本内涵，国家的互动对无政府状态形成和变化的影响，国际规范对国家身份形成与国家利益界定的影响，以及观念和文化的意义和转化等。

但也有学者认为，建构主义不是理论，而是认识论。它与自由主义和现实主义的不同在于，它认为世界既有可能是现实主义所描绘的图

---

① 〔美〕亚历山大·温特:《国际政治的社会理论》(秦亚青译)，上海人民出版社2000年版，第202页。

景，也有可能是自由主义所描绘的图景；同时，它也解释了人们在什么情况下会接受自由主义，在什么情况下则会接受现实主义。换言之，建构主义是在"解释"，而不是在"建构"。

表 2.1 总结了国际关系三大理论的基本概要。

表 2.1　国际关系三大理论基本概要

	现实主义 / 新现实主义	自由主义 / 新自由制度主义	建构主义
主要行为体	主权国家（特别是大国）	集团、阶层、国家、国际组织、跨国组织	个人、国家、建立在集体认同上的共同体
对人性的假定	自私，追求利益、权力；人性不会随着时间的推移发生改变	本质上是向善的；人性可随着环境变化而改变，所以人是可以不断完善的	可以靠后天习得改变行为模式
对国家的假定	单一行为体：国家目标、行为、利益具有统一性和整体性；国家是理性行为体，追求国家利益最大化	多个行为体：国家目标、行为、利益是国内社会中的个人、官僚、企业等多方博弈的产物，承认国家是理性行为体	非理性行为体：体系文化对国家身份、利益具有建构作用，国家行为取决于被体系文化建构的国家身份和利益
对无政府状态的认识	无政府状态意味着无止境的竞争和冲突，国家在无政府状态下只能采取自助的方式，维护自身的安全	无政府状态并不一定导致无秩序社会，国际社会可以是一个无政府的有序社会，无政府状态不是国际冲突的充要条件	无政府状态是国家造就的，它并不一定导致自助体系和权力政治
国际体系的本质	为争夺权力而发生冲突和斗争	为秩序而进行合作	由体系文化决定，可以有敌对、竞争和朋友三种性质
对国际体系变革的看法	变革的可能性小；依赖于缓慢的权力结构的变迁	变革是可能且受欢迎的	相信国际体系是进化的而非循环的

➤➤ 思考：什么国际关系理论最靠谱？

就像一个身体不好的人会问医生"吃什么药最管用"一样，国际关系学科最常遭遇的问题恐怕就是"什么理论最靠谱"。

讨论这个问题，我们首先要搞明白：不同理论之间是什么关系？是不是非此即彼，或者优胜劣汰？

答案是否定的。国际关系领域中的每种理论，都为研究国际问题提供了观察、理解和解释的视角和方法。由于不同的理论采取的是不同的分析视角和分析层次，所以每种理论都只观察到复杂世界的某一个侧面并对此进行深刻分析，只有将各种理论所观察到的画面综合起来才是一个完整的世界。

比如在防止核扩散的问题上，当今世界的大多数国家都不再追求拥有核武器。对此，现实主义者的解释是，现有核大国（尤其是美国）的超强国力对无核国家形成了强大的威慑，使它们不敢轻举妄动；自由主义者的观点是，《不扩散核武器条约》等国际制度的规范和保证，或是核大国所提供的核保护伞，让多数国家不再需要拥有核武器；而建构主义者则认为，对核禁忌的普遍认可让一些国家根本就没有研发和使用核武器的意图。

这三种理论都是从体系层次对这一问题进行分析，由于视角不同，结论也不相同，但三种视角得出的结论都有现实依据。也就是说，现实中是多个因素而不是单一因素促成了大多数国家不追求拥有核武器，不同国家不追求拥有核武器的理由也不尽相同。

由此可以看出，不同理论之间的关系并不是非此即彼、相互排斥。学习理论的目的也不是要区分孰优孰劣，而是要了解每种理论的适用范围，以便根据研究问题的不同和研究目的的不同，选择不同的理论作为指导。

需要说明的是，理论不是静止的，任何一门学科的理论都需要随着实践的发展变化而不断更新变化。随着世界的发展变化以及人类认识能力的提高，新的理论必然应运而生。每种理论都是在前一种理论的解释力下降或人类面临新情况、新问题却无计可施时出现的。

不过，新理论的产生并不意味着旧理论便一无是处。通常旧理论观察到的那个画面并不是完全不存在了，而是变成了新画面中的一部分，旧理论对这部分画面的成功描述或解释仍旧是新理论所无法替代的。

例如，在国际关系日益密切和深入的全球化时代，自由主义理论有了更广阔的用武之地，但现实主义理论仍是国际关系的主流理论，它对人们分析和预测全球战略格局的演变以及大国关系的走向仍有重要意义。

在讨论了不同理论之间的关系之后，我们需要回答的下一个问题是：如何在现实中运用理论？在国际关系研究中，理论的运用有两层含义。

第一层含义是运用理论来研究国际问题，探究事物之间的逻辑联系和现象背后的动因。

一般来说，对于一项实证研究而言，研究者只能选择一个视角、一个分析层次，对事件进行详尽、准确的描述和深刻的剖析。这是因为不同的理论有着不同的假定和逻辑体系，研究者不可能同时接受多种理论的不同假定，否则得出的结论一定是逻辑混乱、前后矛盾的。

选择何种理论视角，取决于学者的个人偏好和所研究的问题属性。一般来说，研究国际冲突的学者会更倾向于选择现实主义理论，而研究国际合作的学者会选择自由主义理论。

而学者选择哪种理论，还和个人的经历、性格、职业与对未来的期待紧密相关。比如，军事领域的国际关系学者往往偏爱现实主义特别是进攻性现实主义理论，研究跨国组织的国际关系学者则更愿意接受自由主义和建构主义理论。

第二层含义是用国际关系理论来解决现实问题，即研究者以理论为指导，根据特定形势下的具体情况选择切实可行的行动方案。

在国际关系中,对外政策的决策者和为政府提供对外决策咨询的研究人员就在从事这项工作。每种国际关系理论对国际现象都有自己独到的精辟见解,但又不能解释国际现象的全部。所以,在制定对外政策时,应综合运用各种理论,多管齐下。理论运用得越多,对现象的分析就越全面,对外政策的手段也就越多。

美国学者罗伯特·杰维斯(Robert Jervis)在反思冷战结果时就说,绝大部分政治事件不是由单一因素决定的,理论的简洁性以牺牲事物的真实性为代价,多个理论视角有助于更全面地分析事物的复杂性。①

有必要说明的是,虽然不同的理论因为核心概念和假定的不同存在不可通约性,但是由它们所推导出来的政策推论却未必是相互冲突的。防止战争威胁是现实主义的思路,参与国际合作是自由主义的思路,但国家积极加强国防力量和参与联合国的行动并不矛盾。

下面我们以如何推动中美关系的发展为例,展示一下不同的国际关系理论所提供的方案尽管是不同的,但对现实都是有意义的。

现实主义理论认识到核时代崛起国与守成国之间的直接冲突将给人类带来不可承受的后果,其为中美关系开出的药方是,推行审慎的外交,做好危机管控,避免感情用事。

自由主义理论认识到经济相互依存、参与国际组织和增进共同利益对促进中美关系的作用,因此建议通过深化两国在经济领域和在国际组织中的合作来避免中美走向冲突和对抗。

建构主义强调构建"认知共同体"对缓和两国关系的重要意义,希望中美两国在政府和社会之间都建立起关于两国关系的"话语空间",通过各层次、各领域的沟通和交流形成更多的共同观念,逐渐培养和建立互信。

---

① 参见 Robert Jervis, "The Future of World Politics: Will It Resemble the Past," *International Security*, Vol. 16, No. 3, 1991/1992, p. 40。

所以，不必非要比较各种理论孰优孰劣，更不必非要给自己贴上"某某理论"信奉者的标签。理论是用来研究和解决问题的，只要我们掌握每种理论的精髓，知晓每种理论的适用范围，在研究或实践中能熟练而灵活地运用每种理论，理论的意义就实现了。

推荐阅读书目

〔美〕詹姆斯·多尔蒂、小罗伯特·普法尔茨格拉夫：《争论中的国际关系理论（第五版）（中译本第二版）》（阎学通、陈寒溪等译），世界知识出版社2013年版。

〔美〕汉斯·摩根索：《国家间政治：权力斗争与和平（第七版）》（徐昕、郝望、李保平译），北京大学出版社2006年版。

〔美〕肯尼思·华尔兹：《国际政治理论》（信强译），上海人民出版社2003年版。

〔美〕罗伯特·基欧汉、约瑟夫·奈：《权力与相互依赖（第四版）》（门洪华译），北京大学出版社2012年版。

〔美〕亚历山大·温特：《国际政治的社会理论》（秦亚青译），上海人民出版社2000年版。

第三章

研究方法

政治科学家研究国际关系是为了描述和预测政治现象，并为行动方向提出建议。在研究中，学者们采用了各种各样的方法论，包括逻辑方法、传统观察法和量化技术，以此来分析现象、检验假设。

——约翰·罗尔克[①]

国际关系属于社会科学，说到底，是以人为核心的研究，其终极关怀也应该是人，比如人的组织、人的行为、人的观念、人的尊严等。……国际关系方法应该是一种以人文精神为基底、人文和科学相结合的方法。

——秦亚青[②]

就像没有一把可以打开所有门的钥匙一样，也没有一个对研究所有问题都是最合适的研究方法。国际关系的研究方法多种多样，只有经过方法论的专门学习和训练，才能掌握科学的研究方法。

——阎学通[③]

[①] 〔美〕约翰·罗尔克编著：《世界舞台上的国际政治（第9版）》（宋伟等译），北京大学出版社2005年版，第34页。

[②] 秦亚青：《第三种方法——国际关系研究中科学和人文的契合》，载秦亚青：《权力·制度·文化：国际关系理论与方法研究文集（第二版）》，北京大学出版社2016年版，第318页。

[③] 孙学峰、阎学通、张聪：《国际关系研究实用方法（第三版）》，北京大学出版社2021年版，第一版前言第10页。

2018年,一篇国际关系论文在朋友圈刷屏,许多自媒体在转发时都带着"神预测"的评论。这是一篇发表于2016年的"旧文",文中预言特朗普当选美国总统后,中国制造业、中国经济乃至整个中美关系都将面临前所未有的巨大挑战。①

国际关系领域的专业文章在网络上成为"爆款"非常罕见。这当然与当时中美贸易摩擦愈演愈烈的背景有关,但更主要的原因还是这篇文章对两年后特朗普政府对华政策的预测实在是相当精准,其结论与现实几乎没有出入。

从增进整个国际关系研究的准确性到提升预测的可靠性,研究方法不可或缺。正所谓:"工欲善其事,必先利其器。"对于研究者而言,这里的"器"就是指研究方法。

研究方法的选择和运用不仅直接决定着研究的水平和质量,而且是否恰当地运用了研究方法还直接关系到研究成果能否被人们接受。合理的、符合理性和逻辑的"研究过程"是人们接受研究结果的前提。没有方法、没有过程,只给人们一个结论,即便这个结论最终与事实相符,受众也不会轻易接受这个结论。与此同时,一个学科的进步在很大程度上也体现在其有无研究方法以及研究方法有无重大突破上。

从学科发展史来看,运用研究方法进行社会科学研究是人类探求知识、积累知识、拓展知识的重要途径。只有运用科学的研究方法进行研究得出的结论,人们才能对此进行检验,从而发现其中可能存在的问题,或者在此基础上进一步发展出新的知识,如此一来,知识就能得到一代代人的传承,人类的知识就会越积累越多。

---

① 参见杨其静:《特朗普当选对中国经济的挑战》,《国际商务财会》2016年第11期,第8—14页。

作为20世纪初才诞生的年轻学科，国际关系学的研究方法得益于此前社会科学的漫长积累，并借鉴了哲学、政治学、历史学、经济学、社会学等多种人文社会科学甚至自然科学的研究方法。而作为一门拥有独特研究领域的新兴学科，国际关系学的研究方法又有其特殊性和专业性。

探究应然的哲学研究方法

学科建立之初，学者们对国际关系的思考和研究主要集中在哲学层面，学者们主要探讨国际关系的本质问题：国家之间为何会爆发战争？国家在国际社会的作用应该是什么？国家之间建立什么样的关系才能实现世界的和平与稳定？

人类历史上，不同时代、不同地区的思想家针对这些问题提出了不同的甚至相互对立的观点。这些哲学思考不仅有助于我们更深刻地认识国际关系的本质问题，而且为国际关系的规范研究奠定了基础。

霍布斯的名著《利维坦》勾画了一幅不存在最高权威时人类社会的自然状态，即一种"所有人反对所有人（all against all）的敌对状态"。这为后来国际关系理论中现实主义的"世界体系处于无政府状态，每个国家为了自身生存而不得不发展军事力量和时刻备战"的论断提供了基本假定。[①]

启蒙思想家康德在《永久和平》一文中描绘了如同条约草案的"哲学方案"，针对怎样处理国家之间的纷争、冲突和战争，怎样维持国家之间和平相处的关系等问题，提出了具体建议。这种思想是国际关系理论中自由主义和理想主义的重要来源之一，影响深远的欧洲联邦

---

① 参见王逸舟：《西方国际政治学：历史与理论（第三版）》，上海人民出版社2018年版，第28—29页。

主义和统一运动都常去康德那里寻找理论根据和灵感。①

对国际关系进行精神层面和道义角度的思考并不局限于西方世界的学者。中国古代儒家思想的创始人孔子就以战争的目的为标准判断战争的正义性："圣人之用兵也，以禁残止暴于天下也，及后世贪者之用兵也，以刈百姓、危国家也。"②墨家思想的创始人墨翟则宣扬"兼爱""非攻"，对大规模"杀人越货"的扩张性战争进行了道德批判。③

哲学研究方法主要用于国际关系的规范研究，即用演绎的方法推理由国家组成的世界如何才能改善，以及国家和国际社会应该做什么事情才会让世界更美好。

今天，需要哲学研究方法回答的国际关系问题更多了。例如：什么样的战争是正义战争？在什么情况下进行国际干预才是合法的？使用"无人机"作战，由谁来承担战争的责任？为了消除贫困，是否应在全球范围内对经济资源进行再分配？……

由于和平与安全是国际关系研究的核心课题，所以哲学研究方法也主要运用于对国际战争和冲突的研究。特别是二战之后，对战争的规范研究成果丰硕，一批支持正义战争的学者提出：管理和限制战争的伦理学必不可少；各国有权进行反侵略的防御战争；国家有义务遵守限制战争的国际法等。

例如，研究战争伦理的迈克尔·沃尔泽（Michael Walzer）就通过种族屠杀等诸多历史实例对战争进行了系统化的道德论证，讨论了开战、作战和战后责任等战争中具体的伦理规约，厘清了在不同情境中

---

① 参见陈乐民、周弘：《欧洲文明的进程》，生活·读书·新知三联书店2003年版，第149—162页。

② 参见阎学通：《先秦国家间政治思想的异同及其启示》，《中国社会科学》2009年第3期，第94页。

③ 参见李彬：《墨子的国家间政治思想研究》，《国际政治科学》2009年第2期，第81—82页。

战争各方应当遵守的正义边界。①

> 我们从人类学和历史学著作中知道，人们可以决定并且在各种完全不同的文化中人们已经决定了战争是有限的战争——即关于谁能参战、什么战术是可接受的、什么时候战争必须终止、获胜在战争自身的观念中有什么优先地位，人们确立了某些观念。
>
> ——迈克尔·沃尔泽②

进入21世纪以来，也有中国学者从中国古代哲学中挖掘思想资源，探讨用"天下体系"这样一种新的世界制度，实现不同文明之间的兼容并蓄、不同国家之间的和平相处，以克服无政府状态所导致的各种灾难。

> 天下体系无疑是一个将来时的理想，但并非不可能实现，人类社会的许多变迁终究事在人为……康德的和平理论在200年后才部分实现，天下体系作为替换康德方案的新和平理想，肯定也需要相当长的时间去实现。
>
> ——赵汀阳③

现实主义者可能会批判说，崇尚哲学思考的理想主义者只讲世界"应当"怎样，而不研究世界"究竟"是怎样的。但是，理想主义对未来世界的设想并不完全等于幻想，而且有的设想已经成为现实。如在世界事务中发挥重大作用的联合国，就是继国际联盟之后的集体安

---

① 参见〔美〕迈克尔·沃尔泽：《正义与非正义战争：通过历史实例的道德论证》（任辉献译），江苏人民出版社2008年版。
② 同上书，第28页。
③ 赵汀阳：《天下体系：世界制度哲学导论》，中国人民大学出版社2011年版，再版序言第3页。

全机制的成功践行者。

冷战结束之后，互联网和人工智能等新技术的运用给国际关系带来了很多新的伦理问题，意识形态问题特别是狭隘民族主义、宗教极端思想的威胁更加突出，种族冲突、内战和大规模种族屠杀多次震惊世界……这些层出不穷的问题意味着，用哲学方法进行的规范研究仍在国际关系领域占有重要的一席之地。

并非"经验解释"的历史研究方法

国际关系的历史研究法，可上溯至古希腊历史学家修昔底德的巨著《伯罗奔尼撒战争史》。这本书用恐惧、名誉和私利这三个概念来概括国家之间争斗的根本动因，书中"雅典日益增长的实力使斯巴达感到恐惧"已成为当今国际关系学著作不断引用的经典名言，对后世的国际关系研究，特别是现实主义理论产生了巨大影响。

《伯罗奔尼撒战争史》集中体现了历史研究方法的主要特征。这就是遵循从特殊到普遍的研究过程，试图通过对某些国际重大事件进行细致入微的研究，找到同类事件或同一领域的规律性知识。

> 国际关系的历史论述、思考和解释对国际关系理论思想有首要意义：这是一切高度注重历史经验的国际关系学者的起码信念，并且在一切推崇和深入借鉴政治思想和国际关系思想的悠久传统的人看来理所当然。
>
> ——时殷弘[①]

历史研究方法强调，只有具体分析重大事件的背景、原因、过程、影响，才能弄清国际关系的实质，揭示其发展规律和发展趋势。

---

① 时殷弘：《关于国际关系的历史理解》，《世界经济与政治》2005年第10期，第21页。

目前国际关系领域的历史研究方法主要包括过程追踪和比较研究。

所谓过程追踪，就是针对当前国际关系中的一个理论或现实问题，选取一个比较重要的国际关系历史事件，对其进行解剖麻雀式的分析，从各种角度了解事件的整个过程和所有要素，找到其前因后果，从而为解决当前的这个问题提供启示和思路。

这种研究方法看似只能了解一件事情，实际上可以举一反三。如果这件事情很普通（具备较强的代表性），便能掌握同类事件的普遍性；如果这件事情很特殊（具备较强的典型性），那么比它简单得多的事情就都能解释和应对了。

《停滞的帝国：两个世界的撞击》就是一个典型例子。这本著作运用大量中英两国此前未被发现和使用的档案，在很大程度上还原了马戛尔尼访华的全过程。作者阿兰·佩雷菲特认为，对马戛尔尼访华案例的解读，有助于解释当今世界东西方文化的冲突，乃至工业国和农业国的冲突。[①]

所谓比较研究，是指选择国际关系中的两个或多个类似的历史事件进行比较分析，找到它们的共同点或者不同之处。对于国际关系研究来说，这种方法同样具有重要意义，因为在比较中我们更容易发现什么因素对国际关系来说具有普遍意义。

表面上看，比较研究方法是对不连贯的时间段、不同国家的类似历史事件进行比较，然后得出与当前国际形势有关的结论。但这种方法在案例选择上必须严格操作，否则很容易出现乱比较、瞎比较的情况。

在国际关系领域，比较研究方法主要可以分为横向比较和纵向比较。横向比较是对比同一时段不同国家或领域的同类重大国际现象变化，纵向比较则是对比不同时段同一国家或领域的同类重大国际现象

---

① 参见〔法〕阿兰·佩雷菲特：《停滞的帝国：两个世界的撞击》（王国卿等译），生活·读书·新知三联书店1993年版。

变化。

《世纪之旅——七大国百年外交风云》是横向比较的代表作。来自国别研究领域的七名专家通过对英、美、法、俄、德、日、中七大国20世纪的对外关系特点进行对比后发现，虽然旧世界和新世界相差不到一百年，国家仍然是世界体系的主角，但百年前大国追求的目标是成为帝国，而现在大国最需要的是占领市场。① 发生这种转变的主要原因在于集体认知的改变、内部政权的变迁和国际市场的完善。

《大国的兴衰》则是纵向比较的杰作。这本书回顾了500年来世界体系中大国的兴衰历程，重点关注经济力量和军事力量的关系及这两者对国家竞争的影响。作者认为，欧洲列强以军事动力和经济压力为基础在大国竞争中取得领先优势，而随着时间的推移，经济力量对军事力量的支撑作用愈加重要。二战中轴心国最终之所以战败，根本原因在于经济上与反法西斯同盟差距太大，经不起战争的巨大消耗。②

国际关系的历史研究方法除了要求研究者熟悉国际关系史、掌握国际关系理论之外，还要求研究者对材料有精准的掌握、分析、取舍等。另外，研究者严谨的学术态度也极其重要。无论哪一种历史研究方法，前提都是对历史的全景和细节的准确掌握，错误的史料和依据将误导研究方向。

与史学中的国际关系史研究不同，国际关系的历史研究偏重于"分析"而不是"考据"，多数情况下使用的是史学界已有的结论而非原始档案，也就是我们俗称的"二手资料"，这就要求国际关系学者在使用史学资料时必须慎之又慎。因为即便是来自权威机构的原始资料，也不一定就绝对准确无误。例如，作为美国官方出版的档案集，《美国对外关系文件集》（*Foreign Relations of the United States*）是

---

① 参见〔美〕罗伯特·A.帕斯特编：《世纪之旅——七大国百年外交风云》（胡利平、杨韵琴译），上海人民出版社2001年版。

② 参见〔美〕保罗·肯尼迪：《大国的兴衰》（陈景彪等译），国际文化出版公司2006年版，第651页。

研究美国对外关系最权威的文献来源之一，但其中的材料也无法避免瑕疵。① 相对而言，"二手材料"出错的概率会更大。

所以，国际关系的历史研究方法，很大程度上有赖于国际关系史研究的成果。可靠的、丰富的、深入的史学研究成果是运用历史方法进行国际关系研究的前提和必要条件。

讲求实证的科学研究方法

哲学研究和历史研究是早期国际关系学最主要的研究方法。20世纪五六十年代，随着第三次科技革命的兴起，信息论、系统论、控制论、博弈论、决策论、模拟技术、仿真技术、统计技术等新思潮和新手段风行一时。在行为主义革命的刺激下，科学实证研究方法成为国际关系研究方法的主流。

行为主义主要研究人或动物在外界刺激或特定环境下的表现和反应。这种学说强调有规律的、可观察的、可计量的甚至能够重复操作的各种证据的重要性。受此影响，许多学者开始尝试借助生物学、心理学和物理学等学科的研究方法，力求在社会科学领域建立一种更加严密、更加科学、更加准确的知识体系，即进行一场"行为主义革命"。

行为主义者认为，哲学研究和历史研究这样的规范性研究在很大程度上只体现了研究者个人的价值偏好或道德判断，并不是客观世界的真实反映。国际关系学同样需要用科学的实证研究取代传统的研究方法，研究者必须像自然科学家一样保持价值中立，排除价值观对研究的干扰，不去评价国际关系的是非善恶，只展示国际关系"是怎样"的客观事实，以确保研究结论的可靠性和真实性。

---

① 参见章百家：《1945—1955年中美关系史学术讨论会评述》，《历史研究》1987年第3期，第52页。

支持行为主义革命的学者认为,国际关系学研究的对象是客观存在的,国际关系的活动具有客观规律,所以自然科学的研究方法,如经验分析、假设论证、量化数据、建立模型等,同样适用于社会科学,而且更加"管用"。

> 包括国际关系在内的社会科学和自然科学都属于科学范畴,因此,它们最基本的共性就是使用科学的研究方法。科学研究方法有很大的局限性,它并不能解决所有的问题,但是科学的方法可以解决很多其他研究方法所不能解决的问题。
>
> ——阎学通[①]

科学研究遵循的是"试错"的逻辑,就像自然科学在实验室进行实验一样。它以假设起步,然后通过对现象的观察与分析,对假设进行检验,最后得出结论。所以,科学研究又被称为实证研究。

一般来说,科学研究包括五个步骤:提出问题、做出假设、概念细化、实证检验、得出结论。我们选取进攻性现实主义和防御性现实主义的代表性著作来举例说明。这两本著作的论点虽然不同,但研究方法和步骤基本是一致的。

进攻性现实主义的代表作,我们选取了约翰·米尔斯海默的《大国政治的悲剧》[②]。

提出问题:大国之间争夺权力的冲突结束了吗?

做出假设:在无政府状态的"险恶世界"里,大国除了追求权力和征服他国之外别无选择,大国必然陷入无休止的安全竞争。

概念细化:(1)由于大国之间相互猜忌,每个国家都得努力成为

[①] 阎学通:《国际关系研究中使用科学方法的意义》,《世界经济与政治》2004年第1期,第17页。

[②] 〔美〕约翰·米尔斯海默:《大国政治的悲剧》(王义桅、唐小松译),上海人民出版社2003年版。

体系中的最强者，因此大国总会主动进攻，而不是维持现状。（2）衡量一国有效权力的标准是其军事力量所能发挥的最大效用以及它与他国军力的对比。（3）地面力量是当今国家军事力量的主要形式，茫茫大洋提高了跨海投放力量的难度，因此世界上只有地区霸权而无全球霸权。

实证检验：选取近代以来五个主要大国在对外战略上的表现，它们分别是从明治维新到二战结束的日本、从俾斯麦掌权到希特勒战败的德国、从十月革命到解体的苏联、从拿破仑战争到二战结束的英国、从1880年到1990年的美国。日本、德国和苏联明显一直都在追求军事扩张；英国建立了殖民帝国、对欧洲大陆维持"光荣孤立"；美国19世纪末成为美洲地区霸权国，而在其他地区则扮演战略"离岸平衡手"。

得出结论：大国之间争夺权力是国际关系的本质。当今世界，经济实力快速增长的中国一定会建立强大的军事力量，继而谋取地区霸权，与采取"离岸平衡"战略的美国早晚会发生剧烈冲突。

防御性现实主义代表作，我们选取了斯蒂芬·范·埃弗拉的《战争的原因》[①]。

提出问题：国家选择发动对外战争的最主要原因是什么？

做出假设：国家认为自己可以轻易征服他国，是爆发战争的"支配性原因"。（用作者的原话说就是："当征服变得容易时，战争更有可能发生。"）

概念细化：当国家认为自己取胜机会大、先下手为强而后下手遭殃、权力转移出现窗口期、可以夺取大量资源，尤其是觉得自己的攻击力量远强于对手的防御力量时，就会选择开战。

实证检验：作者选用了约30场战争来验证自己的假设，其中最重要的案例是第一次世界大战。1914年一战爆发之前，从军事技术上

---

① 〔美〕斯蒂芬·范·埃弗拉：《战争的原因》（何曜译），上海人民出版社2007年版。

看防御比进攻明显具备更多优势,但当时"崇尚进攻"的风潮席卷欧洲,政治精英和公众普遍认为主动进攻者可以占据优势,并在短时间内获得"完全的胜利"。相互敌对的俄、德军方都认为,必须尽早对潜在的敌人发起进攻,否则自己就会被置之死地,于是都制订了全方位向对方发起进攻的动员计划。

得出结论:大国之间是否会发生战争的关键,在于国家对攻防实力对比的认识。现代战争的爆发,主要源于大国"可以轻易征服对手"的幻觉或错觉。

科学方法旨在揭示事物之间内在的因果关系,有助于人们发现事物在特定的环境和条件下变化发展的规律。但在国际关系中,人类行为变化的复杂性和不可预测性,对强调严密逻辑、简约模式的科学研究方法是个很大的挑战。

真正的科学主义者对此应当有清醒的认识,那就是人类和国家不是试管中的元素,地球也不是一个与观察者毫无关系的实验室。国际关系学的科学研究方法和经济学一样假定现实生活中都是"理性人",但人很多时候是非理性的,会冲冠一怒、拍案而起,国家也是如此。

许多社会科学的研究会影响社会成员的行为,继而又对研究结论产生影响。股市就是一个典型的例子。当有专家预言明天股市会大跌时,相信这个预言的股民们会集体抛售股票,股市果然大跌,这就成为"自我实现的预言"。

这样的事情在国际关系中也会发生。假如美国国土安全局因为得到"基地"组织将对某个城市发动恐怖袭击的情报而加强安保严阵以待,接下来城市安然无恙,那么,这究竟是因为情报准确、预防到位,"基地"组织迫于现实放弃了袭击计划,还是情报有误,恐怖袭击计划纯粹是子虚乌有呢?

必须强调,国际关系不仅是一种客观存在,也是社会建构的结果。人的信仰、价值观以及对国际关系的理解和认识本身也是国际关系的一部分。所以,在国际关系研究中,传统方法与科学方法需要相互补充、相互推动。

对包括科学研究在内的所有研究方法的局限性有清醒认识，正是科学的意义所在。所谓科学精神，除了价值中立之外，更重要的是"追求真理"。科学以追求真理为己任，但我们不能奢望科学可以达到绝对真理。

哪怕是比社会科学"科学"得多的自然科学，其发展史也是一个不断超越、不断创新的过程。没有对地心说的批判，"哥白尼革命"就无从谈起；没有对牛顿绝对时空观的超越，就不可能产生相对论。

科学研究 = 定量分析？

人们在谈论科学研究方法的时候，很容易把它与定量研究方法等同起来。其实，科学研究方法包括三大类：以案例研究为主的定性研究方法、以统计分析为主的定量研究方法和以数学建模为主的形式理论方法。定量方法只是其中的一类。

案例研究是国际关系研究中最传统的科学研究方法之一。在科学实证研究中，案例研究主要运用于理论假说的推导、厘清或检验。与历史研究方法类似，科学研究方法中的案例也是具体的国际事件，但与历史学家的考据不同，科学研究更重视事件相对于其所属的总体的意义，即特定案例的一般意义或者说普遍性。

案例研究同样需要考察历史事件，但它侧重于对事件中不同要素之间的关系展开分析。上一节所提及的《大国政治的悲剧》和《战争的原因》都使用了案例研究方法，它们选取的大国案例都是为了探讨什么因素和战争更加紧密相关。

重大对外政策事件也是国际关系学者经常选择的案例来源。比如不少学者选取古巴导弹危机作为国家间冲突和外交危机的典型案例，通过它来分析国家在冲突和危机中的决策模式和行为方式，我们将在对外政策的章节中对此加以详细介绍。

当政治科学家研究某个单一事件（个案研究），或者做得更好一些，研究跨越时空的一系列事件时，他们的目的并不仅仅是去描述这个（些）事件。相反，其目的是把它们与一种事件类型联系起来。

——约翰·罗尔克[①]

统计分析是定量研究的主要方法，主要目的是在收集大量数据的基础上，利用相应的数学工具考察分析变量之间的相关关系，并且根据概率法则做出因果推论。如果说案例研究注重在还原具体事件的基础上进行解释，统计分析则主要用于对具有一定普遍性的、在一定程度上重复发生的现象的解释性研究。[②]

在今天的国际关系研究中，统计分析的应用已经相当普遍，这一方法的运用在很大程度上依赖于相关的数据库。国际关系领域已经建立了许多规模庞大、时间跨度长、涵盖面广的数据库，内容涉及国际冲突、国家实力、政权类型、贸易、联盟行为、国际组织等国家间交往的主要方面。

中国学者在数据库建设方面虽然起步较晚，但也做出了相当积极的探索和努力。比方说，"中美关系好不到哪里去，也坏不到哪里去"这样的判断虽然正确，但很粗糙，没能说清楚"不好不坏"的区间大概是多大。针对这一问题，有学者使用定量分析方法，以双边关系中的事件作为经验事实，对中国与美国、日本、俄罗斯（苏联）、英国、法国、德国和印度七个大国过去 50 多年的双边关系进行了测量分析，并建立了一个中国与主要大国的双边关系数据库，使人们更清晰地看到了中国与诸大国双边关系的变化程度，这也为人们预测双边关系的

---

① 〔美〕约翰·罗尔克编著：《世界舞台上的国际政治（第 9 版）》（宋伟等译），北京大学出版社 2005 年版，第 30 页。

② 参见庞珣：《国际关系研究的定量方法：定义、规则与操作》，《世界经济与政治》2014 年第 1 期，第 14 页。

发展趋势提供了定量基础。①

形式理论又称数理形式理论或形式化建模（formal modeling），其主要内容是利用形式化（formalization）的方法将理论要素转化为数学语言中的符号，由此构建出一套类似数学公理的分析系统。这种研究方法听起来"玄之又玄"，但实际上应用已十分广泛。比如在研究国家互动中，学者经常会用到博弈论。博弈论中常见的"囚徒困境"（Prisoner's Dilemma）就是较为简单和基础的形式化建模。

"囚徒困境"预设了两个被抓获的同谋囚犯被关入监狱后，在不能相互沟通的情况下可能的选择和命运。（如表 3.1 所示）对个人而言，最好的选择无疑是自己坦白而对方拒不承认。一般人都不会想当冤大头，所以实际上对双方而言，最佳选择是两人互相信任，都拒不交代。这样的话，由于没有更多的证据，每个人都只坐牢一年。但是，由于每个人都担心对方主动坦白而出卖自己，因此都会选择坦白。

表 3.1　囚徒困境

	都承认	都不承认	甲承认，乙不承认	乙承认，甲不承认
甲	8年徒刑	1年徒刑	释放	10年徒刑
乙	8年徒刑	1年徒刑	10年徒刑	释放

"囚徒困境"这一模型是对现实的高度简化和抽象，它揭示了人类社会中存在的许多相似情形，被广泛应用于经济学、社会学、政治学等社会科学学科。后来的许多学者在此基础上添加了不同的条件，得出许多有益的结论。

比如，在一次性博弈中，人们很难进行合作，但是在多次博弈中情况会如何？有学者利用计算机建立模型、做了多轮博弈处理之后发现，只要博弈者知道自己将在很长一段时间内跟对方打交道，他们就

---

① 参见阎学通等：《中外关系鉴览（1950—2005）——中国与大国关系定量衡量》，高等教育出版社2010年版。

会对这种情况采取"以牙还牙"(tit for tat)的方式,也就是"你骗我,我也骗你;你合作,我也合作",所以长期多轮博弈后双方合作的可能性会增加。①

尽管上述三种科学实证研究方法不尽相同,但大多数从事国际关系研究的学者日渐形成了这样的共识:案例研究、统计分析和形式理论三者并非相互排斥,它们各有优势和局限。(参见表3.2)

表 3.2 国际关系科学研究三种方法的比较

研究方法	分析工具	相对优势	相对弱势
案例研究	案例(cases)	发现新的变量和假说;明晰因果关系及其机制;内部有效性和经验有效性	变量繁杂;案例选择的非随机性和代表性;缺乏一般推理和外部有效性
统计分析	数据(data)	发现变量之间规律性的联系,以及相关关系的方向和强弱程度;对因果关系和假说进行系统检验	对数据的可获得性和可靠性的依赖度较大,缺乏明晰的因果机制
形式理论	模型(models)	高度简约;逻辑一致性;内部有效性	模型与现实之间有差距

在科学研究方法中,是不是定量研究方法比定性研究方法更加"可靠",甚至"高级"一些?毕竟,数字看起来总是比个案要精确许多,大量的数据似乎会让读者觉得这个研究更客观,结论更有说服力。有的人甚至干脆将科学方法等同于定量方法,似乎统计技术越高级、统计模型越复杂,定量方法就越可靠。

其实,定性分析也是科学研究的一种方式,它同样遵循科学研究的流程。不仅如此,它还是定量分析的起点和基础。比如,如果要分

---

① 参见 Robert Axelrod, *The Evolution of Cooperation*, New York: Columbia University Press, 1999。转引自〔美〕小约瑟夫·奈:《理解国际冲突:理论与历史》(张小明译),上海人民出版社2002年版,第26—27页。

析中国崛起到了哪个阶段，我们首先要明确的是"中国确实在崛起"，只有判断完这个性质之后，才能接着研究中国实力和地位提升的程度，也就是对中国崛起进行定量的分析。

定性研究还是定量研究的目的和终点。数字自己是不会说话的。对数字和变量背后的因果机制做出解释，就是定性研究要完成的工作。比方说，2018年美国对华贸易逆差扩大且创下新纪录，这个数字的意义在哪里呢？如果把它与此前的中美贸易摩擦联系起来，就可以尝试解释说，这可能是美国政府对华加征关税对解决美国贸易赤字问题没发挥作用，或者这种作用尚未发挥出来、有延迟效应，等等。

所以，定性分析和定量分析的最大不同之处在于检验假设的方式。定性分析一般使用案例来检验假设，而定量分析则使用数据分析来检验假设。我们不要以为只有大量数据支撑或使用深奥的数学、统计学等方法才符合"科学"要求，而更应该关注科学研究的一系列基本规则和要求，如概念的精确及可操作性、假设的合理性、变量的选择与变量控制、论证的严密、假说的检验及理论模型的构建等。[1]

国际关系可以预测吗？

讨论研究方法不可能不谈预测。坊间常常听到"××是历史的必然"这样的说法，但预测国际事件从来不是一件容易的事情。20世纪80年代末90年代初，美国学者做过一个实验，分别访谈189位从事苏联、南非、中东研究的专业人士，让他们对未来一到五年的事情做出预测。五年后发现，预测结果令人失望，预测准确率仅仅略高于对半猜的概率。[2]

---

[1] 参见张旺：《国际关系行为主义方法评析》，《国际论坛》2005年第6期，第58—59页。

[2] 参见 Philip E. Tetlock, "Theory-Driven Reasoning about Plausible Paste and Probable Futures in World Politics: Are We Prisoners of Our Preconceptions?" *American Journal of Politics Science*, Vol. 43, No. 2, 1999, pp. 335-366.

冷战结束以来，恐怖主义的崛起、全球金融危机、欧美民粹主义的兴起、新冠肺炎疫情全球大暴发这样的国际大事件，全都出乎意料。在社会科学领域里面，经济学的科学化水平堪称最高，但是也没有经济学家成功预测到1997年东南亚金融危机、2008年美国金融危机和后来的欧债危机。

这是不是意味着研究国际关系不能预测未来呢？其实，对国际关系的预测不是预言某时某刻某地发生某事，它更多的是对"可能性""概率"和"趋势"的预测，比如大国之间互动的大趋势、影响某个事件发展演进的重要因素、具体事态发生和变化的可能性等。

与国际关系的主要研究方法对应，预测方法大体上也可以分为三种，即哲学思考、历史推演和理性演绎。

从政治哲学层次思考和判断国际关系的未来走势有着悠久的历史。国际关系理论界的英国学派解读出霍布斯主义、康德主义和格劳秀斯主义三种传统，认为它们分别对应于"战争状态""人类共同体"和"国际社会"三种国家间关系的形态。按照该学派的理解，霍布斯主义过于悲观，康德主义过于渺茫，而格劳秀斯主义则比较务实，国家作为国际社会的成员会遵守法律和道德，因而国际社会将成为国家间关系的主要形态。[①]

历史推演则尝试从历史上寻找人类社会演变的规律，尤其是周期性出现的现象，以便预判现实事态的走势。借鉴世界经济史而来的长周期理论就常被用来预测未来格局走势，如美国学者乔治·莫德尔斯基（George Modelski）等把500年来的国际关系分为五个世界性周期，每个周期的霸权国家分别是16世纪的葡萄牙、17世纪的荷兰、18世纪和19世纪的英国与20世纪的美国。（参见表3.3）这一理论认为霸权建立时往往比较稳定，但经过一段时间后实力消长变化，挑战者和

[①] 参见王逸舟：《西方国际政治学：历史与理论（第三版）》，上海人民出版社2018年版，第273—275页。

领导者争夺霸权的战争不可避免。①

表 3.3　"世界性周期"与大国兴衰

周期时段	大国战争	霸权国（获胜者）
1518—1608年	意大利战争（1494—1517 年）	葡萄牙
1609—1713年	尼德兰独立革命战争（1581—1608 年）	荷兰
1714—1815年	英法战争（1688—1713 年）	英国
1816—1945年	反法联盟战争（1792—1815 年）	英国
1946 年开始	两次世界大战	美国

资料来源：George Modelski and William R. Thompson, "Testing Cobweb Models of the Long Cycles," in George Modelski, ed., *Exploring Long Cycles* (Boulder: Lynne Rienner Publishers, 1987), p. 87。

不过，历史预测要注意前提条件和时代变化，否则很容易陷入"庸俗的历史对比"。有人曾经把美苏关系与雅典和斯巴达的关系相提并论，觉得很像是"海权和民主"国家与"陆权和专制"国家之间的对抗。但古代雅典和现代民主国家相差甚远，雅典城邦直接民主的人数极少，多数人是奴隶，而且城邦内动乱频繁，民主派并不总能掌握政权。这种无视事实差异的对比只会使预测误入歧途。②

国际关系的理性演绎是从既定前提出发进行推论，有宏观演绎与微观演绎之分。上一章介绍的大理论各自从既定的大前提出发推论国际互动的属性与趋势。这样的宏观"预测"可以指导人们把握思考国

---

① 参见倪世雄等：《当代西方国际关系理论》，复旦大学出版社 2001 年版，第 301—302 页。
② 参见〔美〕小约瑟夫·奈：《理解国际冲突：理论与历史》（张小明译），上海人民出版社 2002 年版，第 29 页。

际问题的大方向，但通常并不承担做具体预测的使命。

而微观演绎就得根据既有的事实对事态的发展做出判断。这种预测有点类似于天气预报，一般只能判断出"小趋势"而不是准确的事实。本章最初举的例子之所以被称为"神预测"，是因为它预测出了美国总统特朗普上台后会在哪些领域采取什么样的对华强硬举措，这在社会科学领域已经是十分罕见的了。不可能要求研究者准确地预测特朗普会在什么时候对华加征多少关税，因为特朗普不可能在当选时就对这些问题有一揽子方案。

此外，社会科学的预测并不是简单给出一个结论。国际关系的微观预测，不仅要给出清晰的结论、明确的衡量指标，还要给出预测的理由，即结论背后的逻辑关系和因果关系。

比如，如果想预测中美关系是否会进入"新冷战"，就必须首先给出"冷战"的定义，解释清楚"新冷战"与"冷战"有何不同，新冷战"新"在何处；其次，要列出测量中美关系是否进入"新冷战"状态的明确指标，如军备竞赛、贸易额下滑、外交冲突等；接下来还要给出具体的时间段，指出中美关系将有可能在哪个时间段进入"新冷战"。社会科学领域有个段子叫"总有一天"理论，不管什么事情都有可能在未来的某一天发生，没有给出限定时间的"总有一天"预测毫无意义。

除此之外，微观预测的成功与否并不单看结果是否正确，还要看预测背后的因果机制是否正确，社会科学的预测可以用逻辑和论据讲出为什么 A 会导致 B，而算命先生无法做到这一点。这是预测和算命的根本区别。

在国际关系领域，成功的微观预测一般都是对某个具体事件的发展趋势的预测 [例如，中美关系在未来一段时间（半年或一年）是继续恶化，还是趋于缓和？]，或者对某个具体事件的结果或产生的后果的预测（例如，俄乌冲突将在什么时间以什么方式结束？俄乌冲突将会对国际关系产生什么样的影响？），而对尚未发生的国际事件进行准确预测则是非常罕见的。因为无论国际关系的理论、模型和方法多么精确复杂，它们都无法完全把握无限复杂的真实世界，国际关系中总会出现完全出乎意料的"黑天鹅事件"。当然，做不到完全科学、准确的预测，并不意味着我们不需要努力向科学不断靠近。

思考：国际关系学有最佳研究方法吗？

研究方法的重要性不言而喻，掌握一种研究方法无异于练成了一门"绝技"。许多武侠迷喜欢给小说中的人物、武功排序，看看哪个人物最酷、哪个人武功最强。那么，国际关系的研究方法能做这样的排序吗？有没有什么"一用就灵"的研究方法？

从名称上看，科学方法似乎是最靠谱的研究方法。但其实每一种研究国际关系的方法都有自己的优势和适用范围，同时也有自身难以克服的弱点。

即便是在美国国际关系学权威学术期刊中占主导地位的定量方法，适用的研究问题也是有限的。许多重要问题使用定量方法并不占优势，比如"什么是公正的国际政治经济秩序""人权高于主权，还是主权高于人权""发达国家是否负有援助不发达国家的义务"等规范性问题。

因为研究方法是手段而不是目的，使用研究方法要为研究目的服务。俗话说"没有金刚钻，别揽瓷器活"，但如果研究对象不是瓷器，而是玉器或木器，那么金刚钻就没有什么作用。没有哪一种研究方法能解答所有的问题，也没有任何一个重要的国际关系问题只用一种方法就能彻底解决。

鉴于国际问题繁复众多，国际关系研究当然没有唯一的最佳方法。对研究者而言，关键是面对具体问题时怎么找到"对口"的研究方法。在选择研究方法时，需要重点考虑研究问题、研究条件和研究者本身这三个因素。

首先，问题本身的类型和性质限定了研究方法的选择范围。

国际关系研究依据问题类型可粗略分为："是什么"（be）的描述性研究（如冷战后中美关系的性质发生了哪些变化），"为什么"（why）的因果关系研究（如美苏两极格局为何以和平方式终结），"应该怎么样"（ought to be）的规范性研究（如人类是否应该反对一切战争），以及"将会怎么样"（will be）的预测性研究（如美国对华"脱钩"政策将会对全球产业链产生什么影响）。

大体上说，历史方法比较适合描述性研究，科学方法比较适合探究因果关系的研究，哲学方法比较适合规范性研究。而问题的描述越具体，适用的研究方法就可能越精确。

比如，同样是科学研究方法，有些问题用定量方法来研究会更清楚、更有说服力，如用数据来显示国家实力的变化；而有些问题用定性方法会更加贴近历史与现实，如某国国家安全战略的演变；还有的问题则适合用博弈论来进行研究，如美苏之间的核战略对策和军备竞赛等。

其次，研究条件在很大程度上决定了研究者所选用方法的可行性。

如果一个问题适用科学研究方法，那么研究者也必须找到相关的案例或数据才能开工。例如，研究贸易变化对双边关系的影响，就必须掌握两国进出口贸易方面的相关数据。如果研究对象是中美贸易，那么这种方法是可行的，因为大部分资料和数据是公开的；而如果研究对象是美朝贸易，这种方法就没法使用了，因为朝鲜的贸易数据公开程度极低。

与此类似，选择历史研究的学者必须掌握充分的史料。历史研究的发展可以使国际关系研究建立在更扎实可靠的历史事实的基础上，从而推动国际关系理论的发展。比如，21世纪初冷战史研究新成果层出不穷，主要原因就是苏联大量档案文献的解密和广泛利用。

最后，研究者个人的知识结构和偏好也直接影响到研究方法的选择。

不同的研究方法要求研究者拥有不同的知识储备和知识结构。例如，历史研究方法需要研究者对历史有浓厚兴趣并掌握丰富的历史知识,科学实证方法则要求研究者擅长理性思维并有较好的数理基础。

与此同时,不同教育背景和知识结构的学者在研究方法的选择上有不同的偏好。例如,二战后美国从事对外战略、军备控制、冲突和决策等问题研究的学者基本上都有理工科的教育背景,他们更擅长使用科学研究方法特别是定量分析和形式建模。

中国古代有"运用之妙,存乎一心"之说;与此同理,"研究方法无优劣,运用水平有高低"。研究方法本身并不能决定研究成果的优劣,任何研究方法都既有可能产生高水平的研究成果,也有可能产生低水平的研究成果,关键在于研究者对这种研究方法的熟练掌握程度和实践运用能力。

无论选用何种研究方法,了解和系统地学习这些方法都是必要前提。看几本方法论的书对了解研究方法来说只是"走马观花",就像看得懂电路图并不意味着在操作中能娴熟分清零线、火线、地线。要真正掌握研究方法必须经过不断的实战训练。

有必要再次强调的是,国际关系任何一个课题的研究都会随着时间的推移而取得进步,比如新档案的开放和新数据的公布都可能推动研究获得新进展。因此,在一个研究项目中反复或者协同使用不同方法比单纯使用一种方法,会更加有利于完善研究结论。从长远来看,应当提倡方法论多元主义和不同方法的取长补短,也就是"讲方法,但不唯方法"。

推荐阅读书目

孙学峰、阎学通、张聪:《国际关系研究实用方法(第三版)》,北京大学出版社2021年版。

李少军:《国际关系学研究方法》,中国社会科学出版社2008年版。

秦亚青:《权力·制度·文化:国际关系理论与方法研究文集(第二版)》,北京大学出版社2016年版。

〔美〕托马斯·库恩:《科学革命的结构(第四版)(新译精装版)》(张卜天译),北京大学出版社2022年版。

第四章

世界体系

在国际关系学科的思维中，国际体系的重要意义不容置疑。它代表着该领域的一个核心概念；……正是国际体系这一概念促进了国际关系学构成一个独立学科的观点。

——巴里·布赞、理查德·利特尔①

虽然国际体系的排列原则是无政府状态，但是该体系并非没有秩序。所有全球互动关系都是有秩序的，因为这些互动关系都呈现出有规则的、大致可预见的格局。在大多数情况下，这些互动关系是受规则约束的。

——小约瑟夫·奈、戴维·韦尔奇②

有组织的大规模武力冲突即战争几乎一向是国际关系史学家和理论家最关注的国际相互作用方式，它与其他作用方式相比，不仅一般而言更直接、更急剧地影响国家命运与国际格局，而且其一般规模、技术、组织方式和目的大概更能反映参与规定国际体系的时代性质和风貌。

——时殷弘③

---

① 〔英〕巴里·布赞、理查德·利特尔：《世界历史中的国际体系——国际关系研究的再构建》（刘德斌主译），高等教育出版社2004年版，第4页。
② 〔美〕小约瑟夫·奈、〔加拿大〕戴维·韦尔奇：《理解全球冲突与合作：理论与历史（第九版）》（张小明译），上海人民出版社2012年版，第57页。
③ 时殷弘：《现当代国际关系史（从16世纪到20世纪末）》，中国人民大学出版社2006年版，第56页。

"地球上两个最强大的聋子之间的对话""两个傲慢者互相顶撞""双方都视对方为野蛮人"……1793年英使马戛尔尼访华,被法国汉学家佩雷菲特形容为"两个世界的撞击"。①

今天生活在"地球村"中的人们很难想象,仅仅200多年前国家之间的交流还如此艰难和波折。回望历史,虽然古代陆上丝绸之路、海上丝绸之路推动了东西方的经济文化往来,但由于科技水平和交通条件的落后,世界各大陆的联系其实是非常微弱的。

不同的地理区域往往自成"体系",如古希腊的城邦体系、东亚以中国为中心的朝贡体系。直到近代西方列强掀起扩张狂潮,不同的区域体系才在相互碰撞和冲击中逐渐融为一体,最终形成以主权国家为主要行为体的、基本囊括地球上所有国家和地区的世界体系。

而今纵览全球,除南极大陆等极少数陆地以外,已不再有"无主"的土地,不再有完全无序的地理区域。那么,为何看起来被国界分割的世界会成为一个体系?世界体系是如何发端又是怎样形成的?这个体系经历了什么样的演变?

世界体系及其行为体

体系由相互依存的"单元"或"个体"(unit)组成。今天的世界之所以可称为体系,是因为它拥有体系所需的两个必要条件——互动性和整体性,是一个具有自身结构特点和运动、发展规律的有机整体。

---

① 参见〔法〕阿兰·佩雷菲特:《停滞的帝国:两个世界的撞击》(王国卿等译),生活·读书·新知三联书店1993年版,第20页。

互动性意味着体系与单元之间、各单元之间相互联系。在世界体系中，这种相互联系包括很多方面，如人员往来、文化交流、贸易关系等，也可能是军事上的冲突。

主权国家是世界体系的主要组成单位，也是国际关系的主要行为体。我们可以将世界想象成一个台球桌，国家就像台球一样滚来滚去，因为相互碰撞而不断改变运行轨迹。当然，在现实主义者看来，并不是所有的"台球"尺寸都一样大，相当于"大球"的大国的举动会产生更大的影响。

国家之间的关系纷繁复杂，根据内容可以分为政治关系、经济关系、文化关系和军事关系等，根据影响范围可以分为全球关系、区域关系、多边关系和双边关系等，根据性质可以分为同盟关系、伙伴关系、对抗关系、争霸关系等。

国家之间的互动以政府之间的互动为主，包括：签订或废除条约，国事访问，发出威胁、关注、支持、赞同等信息，以及采取向别国政府传递信息的军事行动（军事演习、发射导弹、调动军队等）等。同时，非政府行为体之间也存在广泛的互动，如对外贸易、对外投资、公民的海外旅游、移民、留学活动、政府或民间人士之间的沟通等。

整体性意味着体系不仅是一个"不可分割"的整体，而且整体功能大于所有单元单纯相加的总和。这意味着在体系的制约下，行为体的行为可能与初衷大相径庭。"国在体系，身不由己。"世界体系是国家生存的背景和环境，自形成之后就有着其自身的发展演变规律，国家及国家之间的关系很大程度上受到世界体系的制约。

那么，世界体系是什么时候形成的？多数国际关系史著作都认为，1648年欧洲在三十年战争基础上建立的威斯特伐利亚体系确立了主权原则，主权国家的诞生标志着近现代国际关系的开始。欧洲主权国家先是在欧洲形成了一个区域性的国际体系，随后向全世界扩张，最终在19世纪末20世纪初形成了囊括世界上所有国家和地区的世界体系。

体系形成之后，体系中居于主导地位的国家及数量会发生变化，为了把变化后的体系与之前的体系相区别，人们会分别给它们命名。由于体系中主导国的地位一般都是在重大的国际会议上确定的，于是人们通常以国际会议的名称作为体系的名称，如维也纳体系、凡尔赛－华盛顿体系、雅尔塔体系等。

自世界体系形成以来，主权国家一直是世界舞台上的主角，甚至在相当长时期内是世界舞台上的唯一角色。二战结束和联合国成立时，世界上仅有大约 50 个主权国家，主要是欧美国家，但如今联合国会员国已经接近 200 个。这些二战后才加入世界体系的国家大多数都是发展中国家，但它们享有与世界大国平等的政治权利和法律地位。主权国家数量的成倍增加对世界体系的结构产生了深刻的影响。

> 国家在国际关系研究中处于中心地位，而且在可预见的未来也会依然如此。国家政策是国际关系分析中最常见的对象。国家决定是否参战，设置贸易壁垒。国家选择是否及在何种层次上制定环境标准。国家选择加入或不加入国际协定，是否遵守其条款。……国际关系学科主要关注国家在世界舞台上的行动及其如何影响其他国家。
>
> ——戴维·A. 莱克[①]

除了主权国家之外，世界舞台上还有其他角色，如政府间国际组织、国际非政府组织、跨国公司等非国家行为体，它们的地位和作用在二战后不断上升。

国际组织早已有之，被视为"战地天使"的国际红十字会，其历史已经超过 150 年。不过，国际组织发展壮大到能进入世界舞台的中

---

① 戴维·A. 莱克：《国家与国际关系》，载〔澳〕克里斯蒂安·罗伊－斯米特、〔英〕邓肯·斯尼达尔编：《牛津国际关系手册》（方芳等译），译林出版社 2019 年版，第 45 页。

心还是 20 世纪以后的事情，本书将在"国际组织"一章中具体讨论它们的特点和作用。

跨国公司存在的时间也非常长。荷兰东印度公司、英国马萨诸塞海湾公司和其他由商业冒险家组建的公司，堪称今日 IBM、宝洁、通用和索尼等跨国公司的前辈。几个世纪前的跨国公司远比今天的跨国公司强大，它们可以影响国家对外政策，调动数以万计的军队，控制大片殖民地。

相比之下，现代跨国公司则低调很多，但是这些经济巨人的强大经济实力使得它们依然在国际事务中拥有举足轻重的地位。2020 年，《财富》杂志公布的世界五百强第一名是消费者们熟悉的美国零售企业沃尔玛，其 2020 年的全球营收总额为 5592 亿美元[①]，要是参加全球国家和地区 GDP 排名的话，可以进入前 22 名[②]。

进入 21 世纪，在传统的政治和经济领域之外，世界舞台上有了更多类型的行为体，有学者称它们构成了"社会世界"。它们包括主权国家内部的地方机构、开展民间外交的社会团体、拥有国际声望的社会精英以及数不胜数的国际非政府组织。这些行为体对世界经济与政治有着不同于主权国家和政府间国际组织的新思考，代表了国际行为体的多样化和多元化，是国际关系中的第三种声音和力量，它们对缓解国际关系的各种矛盾、促进国际社会各类群体之间的交流、引导人们对全球问题的关注等都起到了积极的作用。可以说，社会世界与政治世界和经济世界共同构成了当今国际关系的三个维度。[③]

虽然国际关系学者们仍然承认这个世界处于形式上的无政府状态，而且各国保留了相当大的权力和特权，但是他们越来越强

[①] 参见 "Global 500，" http://www.fortune.com/company/walmart/global500，2021 年 11 月 1 日访问。

[②] 数据来源：https://www.shujujidi.com/caijing/396.html，2021 年 11 月 1 日访问。

[③] 王逸舟：《国际政治概论（第三版）》，北京大学出版社 2020 年版，第九章"非政府组织"。

调国际领域，该领域的结构取决于物质和规范因素，国家与为数众多的其他行为体共享这个舞台。塑造全球政治生态的不仅有国家，而且还有这些行为体和力量。简单地说，国际关系学科正走出"国际关系"研究而走向"全球社会"研究。

——迈克尔·巴奈特、凯瑟琳·辛金克[①]

19世纪末20世纪初世界体系形成以后，随着行为体种类和数量的增加，体系的整体性和互动性不断加强，各行为体之间已经形成了相互依赖的关系。时至今日，一个国家无论多么强大，都不可能隔断与他国的联系。2020年新冠肺炎疫情在全球的迅速蔓延更是使人们感受到整个世界已经形成了人类命运共同体。

因此，世界体系并不像现实主义者形容的台球游戏，而更类似于一张拥有不同节点的网络，所有国家都与其他国家和非国家行为体有着扯不断的联系。

世界体系的权力结构——世界格局

世界体系中行为体的类别、数量和互动形成了世界体系的"外貌"。对国际关系学者而言，了解行为体的这些特点和变化仅仅是观察世界体系的第一步。若想对世界体系进行深入研究，就不能止步于这些表象，而要从深层透析世界体系的权力结构和文化类型。国际关系学者通常把这两者分别提炼概括为"世界格局"和"体系文化"。本节着重介绍世界格局，下一章再探讨体系文化。

世界格局指的是一定历史时期内，世界舞台上起主导和支配作用的力量，也就是世界体系中的大国或国家集团相互作用、相互制约而

[①] 迈克尔·巴奈特、凯瑟琳·辛金克：《从国际关系到全球社会》，载〔澳〕克里斯蒂安·罗伊-斯米特、〔英〕邓肯·斯尼达尔编：《牛津国际关系手册》（方芳等译），译林出版社2019年版，第68页。

形成的相对稳定的结构和态势。

现实主义理论认为，世界格局是体系层次上影响国际关系的决定性因素，而大国或大国集团的实力对比和战略关系则是决定世界格局的最重要因素。

所以，研究世界格局须重点关注两个因素：一是世界体系中大国的数量及实力对比，二是大国之间所形成的战略关系。大国之间不同的战略关系可以改变世界体系中的力量对比，使世界格局呈现出不同的结构和态势。

大国之间一旦形成同盟关系，就会在一定范围内发出共同的声音和采取共同的行为，或以某个区域性政治组织的名义共同行动。比如，一战前英法俄三国虽然在非洲和中东存在殖民竞争关系，但一涉及对德问题便以三国协约的面目登场，使得原本的多极在一定程度上变成了两极。又如，冷战结束后，美国通过北大西洋公约组织和《美日安保条约》，分别与欧盟和日本建立起同盟关系，巩固和扩大了其超级大国的领先优势。

在理解世界格局这一概念时，有三点需要注意。第一，世界格局只是强调世界体系中起主导和支配作用的大国和国家集团，并不涵盖所有的政治力量。例如，发展中国家构成了世界体系中主权国家的多数，但由于发展中国家不能形成一支统一的、整体的力量，因此不是世界格局中的一极。

第二，只有当世界体系中的主要政治力量及其关系相对稳定时，世界格局才存在。如果世界体系中的大国及其关系处于剧烈的震荡过程中，那么世界格局是不存在的。在一战和二战期间，就不存在稳定的世界格局。

第三，任何一种世界格局都是一定历史时期的产物，反映着这一时期的大国力量对比及大国所形成的战略关系，因此不可能永久维持下去。随着大国实力的改变和世界体系中其他主客观因素的变化，世界格局也会相应发生变化。

世界舞台上起主导和支配作用的力量称为"极"(polar)。极的数量与极之间的关系是世界格局的两个决定性因素。正确判断世界格局，必须弄清世界上主要有几极，极之间形成什么样的战略关系。

大体上说，世界格局可以按极的数量与极之间的关系划分为单极格局（unipolarity structure）、两极格局（bipolarity structure）和多极格局（multipolarity structure）。

在单极格局中，只存在一个占主导地位的权力中心，这个中心可以是国家，也可以是国家集团。冷战结束后的世界体系中就只有美国一个超级大国，美国的综合实力远高于其他国家，美国对世界体系和国际秩序的稳定和影响无出其右。可以说，美国想干的事情不一定都能干成，但美国想反对的事情，其他国家就很难干成。

在两极格局中，存在着两个主导性的权力中心，而且这两个权力中心为了夺取世界体系的绝对主导权而处于竞争状态。二战结束后的雅尔塔体系就是典型的两极格局，以美国为首的西方阵营与苏联领导的社会主义阵营之间尖锐对峙，进行了长达四十余年的竞争和对抗。

多极格局意味着存在三个或三个以上具有主导性优势的行为体，各行为体之间的实力大体相当，谁也无法占有绝对优势，易于形成均势的局面。威斯特伐利亚体系是一个典型的区域性的多极格局。当时欧洲的主要大国法国、瑞典、英国分别着意于欧陆霸权、波罗的海霸权和海上霸权，但是谁也无法彻底击败谁，因此保持了约一个半世纪的多极格局。一战之后的凡尔赛-华盛顿体系则是典型的全球性的多极体系，不过，这个多极体系维持的时间很短，不足20年。

现实主义理论从世界格局的视角探讨世界秩序的稳定性，并提出了均势稳定论、两极稳定论和霸权稳定论。

均势稳定论认为，多极格局下世界体系处于均势时最稳定。一方面，由于存在多个实力相近的强国，一个问题可能涉及多个国家，一个国家要同时处理多个问题，这种复杂的利益关系使得大国不敢轻易开战；另一方面，每个国家都涉及多对双边关系，能够单独与任何强国较劲的可能性降低。经常被均势稳定论者采用的论据是维也纳会议之后的欧洲协调,英法普奥俄五强之间错综复杂的政治关系使得欧洲维持了百年的基本和平状态。

两极稳定论指的是,世界体系中存在两个权力中心时最容易保持稳定。首先,两极体系下大国冲突的数量更少;其次,两个超级大国更容易形成互相威慑的局面;最后,由于权力中心数量少,发生误判的可能性会更低。两极稳定论者最经常使用的例子是美苏对峙。虽然两国长期冷战,但在长达半个世纪的时间内世界主要大国之间没有爆发直接的大规模军事冲突。

现实主义的以上两种理论都遭到质疑和挑战。例如,对两极稳定论的批评主要有三点。第一,在美苏两极格局形成的过程中,两个超级大国擦枪走火引发世界大战的可能性极大。第二,美苏之间爆发了大量危机和代理人战争,如古巴导弹危机、朝鲜战争和越南战争,两极不直接打仗不代表世界就稳定。第三,两极稳定并不完全依赖大国势均力敌,意识形态的束缚力和核武器的威慑力也是维持体系稳定的重要原因,前者推动同一阵营内部的和平和团结,后者使两大集团之间不至于爆发大规模战争。

霸权稳定论本来是一个经济学理论,后来被应用到国际政治中并发展成为一种国际关系理论。这种理论认为,只有一个权力中心的霸权体系与世界秩序的稳定之间存在着一种因果关系:一个具有超强实力且愿意提供国际公共产品的行为体有利于世界体系的稳定和公共利益的实现;相反,在不存在霸权国的情况下,世界秩序将是混乱无序和不稳定的。二战后,美国凭借其超强实力通过创建一系列国际组织而建立的自由主义世界秩序是霸权稳定论的经验论据。霸权稳定论进一步认为,除非像美国这样"仁慈"的霸权存在,否则,自由主义世界秩序不可能得到维护和发展。

霸权稳定论也受到一些学者的质疑。有学者认为,霸权稳定论的逻辑至少存在两点纰漏:第一,建立世界秩序所依赖的国际制度并非全都产生于存在霸权国的时代，比如威斯特伐利亚体系下的主权原则和维也纳体系下的"大国协调"；第二，国际机制建立之后具有独立的生命力，不依赖创造它的权力结构也可以维持，比如欧盟并不总是需要法德轴心才能运转。所以，建立在国际制度之上的世界秩序未必一定需要霸权国来提供和维护。

2020年新冠肺炎疫情在全球暴发后，美国作为霸权国非但没有承担起维护世界秩序的责任，反而拒绝在应对疫情问题上进行国际合作和参与全球治理，这一事实被认为颠覆了这一理论的基本假设，即美国是受到自由主义原则和民主制度约束的"良性霸权"，因而愿意为维护世界秩序承担责任。

实际上，仅从权力分配这一个视角来判断世界秩序稳定与否是很不可靠的。因为除了权力分配之外，世界秩序的建立和维持还有赖于其他因素，比如世界体系的文化以及其他物质条件，这是本书下一章的内容。

世界体系的演变

自1648年近代国际关系拉开帷幕之后，大国权力此消彼长，如同一幅漫长画卷。有的大国已经消失在历史的尘埃之中，如哈布斯堡王朝和奥匈帝国；有的大国已经从巅峰跌落，如英国和俄罗斯；有的大国经历了崛起、惨败又复苏的波折历程，如德国和日本；有的大国从世界边缘地带向世界中心迈进，如20世纪初的美国和21世纪初的中国。

以大国兴衰为主要标志，以决定实力对比的大国战争和筹划世界秩序的大国会议为时间节点，世界体系相继经历了威斯特伐利亚体系、维也纳体系、凡尔赛－华盛顿体系、雅尔塔体系。关于雅尔塔体系解体后的世界格局是几极、当前的世界格局是几极，学界存在较大争议。

威斯特伐利亚体系：主权国家的诞生与混乱的多极

受宗教改革影响，德意志的新教同盟和天主教同盟分别于 1608 年和 1609 年形成，欧洲各国站在背后推波助澜。新教联盟得到了英国、法国、荷兰、瑞典等国的支持，而天主教联盟背后站着神圣罗马帝国、罗马教廷、西班牙和波兰等势力。

围绕着"谁有权决定一块土地上人们的宗教信仰"这个核心问题，两大联盟自 1618 年起开始了绵延三十年的大战，最终天主教联盟被迫求和。参战国在威斯特伐利亚附近的两个城镇同时进行和平谈判。1648 年，大部分国家接受停战条件，这一年缔结的条约被统称为《威斯特伐利亚和约》。

《威斯特伐利亚和约》重申了"教随国定"的原则，确认德意志境内的新教徒同天主教徒享有同等的权利，以及各国政府（而不是教皇）有权自行决定本国的宗教信仰。此后，罗马教皇的地位一落千丈，失去了中世纪所享有的权威和实际影响力。

《威斯特伐利亚和约》确定了一国君主为主权的所有者，否认除主权者之外的任何政治力量对其国家进行干涉的合法性，保证了君主对其领土范围之内的居民和财产的绝对统治权，也限制了主权国家相互侵犯的可能性。新兴的主权国家成为欧洲国际关系中独立的、最重要的行为体。

以《威斯特伐利亚和约》为基础，欧洲形成了威斯特伐利亚体系。英国、法国、奥地利、普鲁士、俄罗斯五强相继崛起，形成了多极格局。为了夺取更多用于竞争的资源、提升自己的国际地位，列强一边在欧洲大陆继续组建联盟与进行战争，一边进行大规模的海外扩张和殖民活动，最终使世界逐渐连成一体。

维也纳体系：均势的多极与欧洲列强的扩张

1789 年法国大革命爆发，英、俄、奥、普等大国群起支持复辟势力，围攻新生的共和国，威斯特伐利亚体系寿终正寝。随后掌握法国政权的拿破仑，向欧洲列强发起了既要扩大法国势力范围又要推广制度革命的"双重挑战"。

在长达十余年的拿破仑战争后,法国终告失败,拿破仑被流放至海上荒岛。在1814年9月至1815年6月召开的维也纳会议上,反法同盟诸国恢复了欧洲大陆的旧秩序,由此形成的新体系被称为维也纳体系。

在很长一段时间内,列强都以"均势"原则维持各大国的力量对比,欧洲权力格局从威斯特伐利亚体系"混乱的多极"走向"均势的多极"。整整100年间,欧洲大陆虽然战事不断,但真正算得上大规模的也就只有克里米亚战争和普法战争。

在维也纳体系下,"大国协调"和"会议外交"成为和平时期解决国际问题的新方式。威斯特伐利亚体系是以国际会议的形式结束了战争,而维也纳体系则把国际会议作为和平时期解决各国争端和矛盾的常规手段。与此同时,大国的外交家成为世界舞台上最活跃的人物。

这一时期,欧洲相继发生了第一次工业革命和第二次工业革命。工业革命对市场和原料的需求,使得列强加大了对海外殖民地和势力范围的抢占和争夺。原本满足于建立海外据点的欧洲列强,开始在更广袤的亚非拉地区开拓原料产地和海外市场。19世纪末20世纪初,资本主义殖民体系最终形成,由此确定了资本主义世界体系。

维也纳体系之外还出现了两个地区性的大国——美国和日本。美国在南北战争之后借助第二次工业革命成为世界上经济实力最强大的国家。日本则通过明治维新重建国家制度和社会结构,在甲午战争和日俄战争中先后战胜中国与沙俄,成为东亚地区的强国。

凡尔赛－华盛顿体系:脆弱的多极与侧翼的崛起

维也纳体系经受了1848年欧洲革命的冲击及德国统一对欧洲均势的影响,直至1914年一战爆发才彻底崩溃。战后召开的巴黎和会与华盛顿会议确立了新的世界体系,即凡尔赛－华盛顿体系。

凡尔赛－华盛顿体系确立了欧洲和亚太地区的新秩序,形成有史以来第一个以主权国家为行为体的、全球强国参与的世界格局。相比维也纳体系而言，欧洲在国际关系中的地位已经下降，位于侧翼边缘的日本和美国以新生大国姿态跃上国际舞台中央。

不过，这个多极格局十分脆弱。1929年经济大萧条发生之后，以纳粹为代表的德国右翼势力乘势急剧壮大，其目的就是要摧毁凡尔赛－华盛顿体系并且缔造一个以德国为核心的新体系。日本政府和军方高层也无法容忍这一国际秩序，充满了以战争方式扩张影响力、打造"亚洲新秩序"的野心。

而作为战胜国的英法两国实力大为受损，无力遏制德国的复兴及复仇情绪在德国的蔓延。苏联则遭到英法等国长期的排斥和打压，对这一格局同样心怀不满。退回到美洲大陆的美国对日本的野心和造成的威胁并无充分的警觉，以至于日本越发得寸进尺，最终导致太平洋战争的爆发。

基辛格据此认为，《凡尔赛和约》从来没被主要国家接纳、遵守为一个体制，只能说是略强于两次大战间隙期的停火协议而已。①

值得一提的是，这一时期成立了世界上第一个保障集体安全、解决国际争端的国际组织——国际联盟。在这一联盟下，国际会议被制度化，并为日后联合国的成立与运作提供了宝贵的经验教训。但是，由于缺乏强制执行力，国联在实践中并未发挥实质性的作用，结果也无力阻止二战的爆发。

雅尔塔体系：美苏两极对峙与冷战

二战的爆发意味着凡尔赛－华盛顿体系的解体。以美、英、法、中为主的世界反法西斯同盟和德、意、日法西斯集团进行了艰苦的斗争，最后以世界反法西斯同盟战胜法西斯集团告终。1945年2月召开了雅尔塔会议，之后形成的雅尔塔体系对战后世界新格局产生了重大影响。

---

① 参见〔美〕亨利·基辛格：《大外交》（顾淑馨、林添贵译），海南出版社1998年版，第743页。

第四章 世界体系 087

雅尔塔会议三巨头

在这一体系中，凭借在二战中发展起来的超强军事实力以及为战争胜利所作出的突出贡献，美苏两国的国际威望和国际地位在二战后达到巅峰。世界权力的中心由欧洲转到了欧洲的两侧。但是，由于国家利益和意识形态的冲突，战后不久美苏就由战时的盟友变成势不两立的敌人，由此形成了美苏对抗的两极格局。

> 美国闹不懂苏联为何不愿接受美国仁慈的优势地位，苏联也弄不清美国为何拒绝予其和它一样的地位。文化方面的分歧加剧了相互之间的不满，共同敌人的消失使双方便自然地想起了过去的分歧，并使更早时期的意识形态偏见喷涌而出。
>
> ——孔华润[1]

两极格局下，美苏在各个领域尖锐对立，两国分别组成了以自己为核心的两大军事集团——北约和华约。虽然由于两国的核力量形成

---

[1] 孔华润（沃伦·I.科恩）：《苏联强权时期的美国（1945—1991）》，载〔美〕孔华润（沃伦·I.科恩）主编：《剑桥美国对外关系史》下册（王琛等译），新华出版社2004年版，第244页。

了核恐怖平衡，两国之间没有发生直接的冲突和对抗，但两国之间发生了多起代理人战争。

需要强调的是，美苏双方实际上都相对严格地遵守了《雅尔塔协议》在欧洲划定的分界线，两大军事集团的防守也远远多于进攻。美苏两国之间的争夺主要是在二战结束时划界不明确、动荡不定而又不至于引起美苏直接对抗的广大中间地带，比如中东、亚洲腹地、南亚和非洲等地区。

二战后，由于英法等国国力的下降以及民族自决观念在全世界的普遍传播，民族独立与民族解放运动风起云涌，世界殖民体系最终宣告解体。

在雅尔塔体系下，国际社会吸取了国际联盟的经验和教训，加强了集体安全机制的建设。联合国成为世界上最重要的国际组织，其在维护世界和平、解决国际争端、促进世界和平发展的问题上扮演着无可取代的角色。从这一点上看，经历了两次惨烈的世界大战之后，战争和暴力受到越来越多的限制，世界体系逐渐走向有序和文明。

后冷战时代的世界格局：单极、多极还是两极？

随着1991年苏联解体，两极格局瓦解。此次世界格局的转变既没有发生大国战争，也没有召开重新规划世界秩序的国际会议。冷战后的世界格局到底是单极、多极还是两极，众说纷纭。

当时国内比较流行的看法是，冷战后的世界是"一超多强"。作为唯一的超级大国，美国在政治、经济、军事、文化等几乎所有领域都占有优势地位；日本作为世界经济大国，在尽力谋求政治大国的地位；欧盟成为世界上经济实力最强、一体化程度最高的国家联合体；俄罗斯在军事上足以和美国抗衡；改革开放后的中国，综合实力不断增强，在国际事务中发挥着不可或缺的作用。

进入21世纪，中国、印度、巴西等金砖国家或新兴经济体的快速增长令世界瞩目，中国的崛起更可谓21世纪初国际关系中最引人注目的事件。近二十年来，除了保持经济的持续、稳定增长之外，中国的军事力量也得到大幅度的提升。与此同时，中国以更积极的姿态开展对外交往和参与国际事务，国际影响力和国际地位不断上升。世界是否正在形成一个新的两极格局，是目前学界正在关注和颇有争议的问题。

> 地球上两个最大的经济体创造了两个相互独立并且相互竞争的世界，这两个经济体分别有自己主导的货币、贸易和金融规则，自己的互联网和人工智能技术，以及自己的具有零和性质的地缘政治和军事战略。
>
> ——古特雷斯[①]

持"中美两极论"的学者认为：从综合实力来看，中美两国的综合实力远超其他国家，属于全球综合国力的第一梯队；从战略关系来看，中美不再是冷战后的竞争与合作并存的关系，而是在政治、经济、军事等多个领域展开了激烈的竞争和对抗。[②]

持不同意见的学者则认为，虽然中美两国的实力远超其他国家，但大国主宰世界的霸权时代已经结束，国家不论大小强弱都不愿意生活在强权政治的笼罩之下，由大国主导的世界政治不再具有全球合法性。世界格局朝着多元多极的方向发展，国际关系的不同领域会出现不同的发挥引领作用的力量，中美各自结成同盟、开启新冷战全面对抗的可能性极小。[③]

有的学者甚至认为，全球政治中的权力来源、掌握权力的主体、行使权力的方式都发生了根本性的变化，国际事务不再由个别大国说

[①] "In 'World of Disquiet', UN Must Deliver for the People, Guterres Tells General Assembly," September 24, 2019, https://news.un.org/en/story/2019/09/1047172，2021年2月1日访问。

[②] 参见阎学通：《数字时代初期的中美竞争》，《国际政治科学》2021年第1期，第24—55页。

[③] 参见秦亚青：《美国大选与世界格局的走向》，《现代国际关系》2020年第12期，第1—3页。

了算，经济和军事实力不再像过去那样发挥绝对影响，这种变化将导致世界不再有权力中心，也就是世界将出现"无极化"（non-polarity）。①

学界关于冷战后，尤其是当前世界格局的争论，反映了新的时代背景下学者们对世界权力的来源与分配、大国在世界舞台上的作用以及大小国家之间的关系等有了新的认识。当今世界，联合国规定和保障的主权原则使得中小国家不必依靠大国就能获得国家安全，中小国家的独立性和自主性显著增强。不仅如此，联合国大会的一国一票制规则使得中小国家也具有一定的设定国际议程的能力，大国不能再像过去那样将自己的意志强加于中小国家。与此同时，蓬勃发展的各类国际组织在国际关系中的地位和作用不断提升，世界政治多极化、民主化趋势日益明显。在此背景下，传统的、主要从实力对比和大国关系的视角来分析和研究国际关系的特点和走势的方法呈现出一定的局限性。

战争与世界体系的演变

考察世界体系的演变历程，我们很容易发现，除了美苏两极对立的雅尔塔体系是因苏联解体而和平告终之外，其他体系大都是以战争形式建立和转换的，世界体系通常是以战争结束前后的重大国际会议来命名的。

威斯特伐利亚体系建立在以法国与新教同盟为一方、以哈布斯堡家族与天主教同盟为另一方的长达三十年的战争基础上；维也纳体系建立在法国与反法同盟长达十多年的战争基础之上；凡尔赛－华盛顿体系是协约国和同盟国两大军事集团进行第一次世界大战的结果；雅尔塔体系是德意日法西斯轴心国与反法西斯同盟进行的第二次世界大战的结果。

---

① 参见 Daniel W. Drezner, Ronald R. Krebs and Randall Schweller, "The End of Grand Strategy: America Must Think Small," *Foreign Affairs*, Vol. 99, No. 3, 2021, pp. 107-117.

世界体系的演变为何几乎总是伴随着战争？现实主义者给出的解释是，大国的力量发展不平衡，新崛起的国家要求重新划分势力范围，确立国际新秩序，以获得与其实力相当的利益和国际地位，而由于世界权力的"零和"性质，体系的主导国必然会拒绝与崛起国分享权力，从而对崛起国进行遏制和打压，于是，崛起国只能采取战争的方式，挑战现有的国际秩序。

> 对世界体系的考验在于它怎样对待后起之秀。多数历史学家认为，世界和平面临的最大的危险在于，一个崛起的国家认为那些地位已经稳固的国家阻止它实现自己的命运，这些国家则因为认为自己受到了威胁而不得不严阵以待。于是，冲突便发生了。冲突各方都认为自己使用武力是出于防御目的。
>
> ——罗伯特·A. 帕斯特[①]

历史事实部分地印证了这一观点。19世纪初，拿破仑掌控法国政权之后，意图"将巴黎变成欧洲的首都"；20世纪初，德国不满自己在欧洲和殖民体系内的地位，希望成为更受尊重和敬仰的世界大国；20世纪30年代，德国和日本都希望摆脱现有体系的制约，成为本地区的头号强国。这些崛起国尽管所处时代不同，但心态却一般无二。它们在通过某种方式增强实力，缩小了与体系中大国的实力差距后，便要求得到相应的国际地位。

然而，崛起国对自身国际地位的不满和对世界权力的渴求，未必非要通过主动发起战争挑战世界秩序来实现。众所周知，战争风险巨大，且带有极大的不确定性，一般而言，它都是国家实现目标的最后选项。而且，历史上并非没有和平崛起的先例，美国取代英国成为世

[①] 罗伯特·A. 帕斯特：《回顾与展望：七大国百年轨迹》，载〔美〕罗伯特·A. 帕斯特编：《世纪之旅——七大国百年外交风云》（杨韵琴、胡利平译），上海人民出版社2001年版，第358页。

界霸主就没有与英国发生争夺权力的战争。

自由主义者提出了新的解释。他们认为,权势之争并非国际关系的本质,各国的国家利益并非不可调和,新兴大国崛起和争取相应的国际地位并非必然与主导国爆发战争。从自由主义的视角来看,崛起国与主导国之所以爆发战争,是因为原有的体系缺乏应对新兴国家崛起的制度安排。倘若体系的主导国能容忍新兴大国的成长,倘若新兴强国能以和平方式实现国际地位的提升,那么世界格局的转换是可以和平进行的。

然而,历史事实是,新兴崛起国往往急不可耐,即便守成大国在分享权力方面做出了一定让步。反法同盟曾经选择和法国共存于欧洲,英国曾经容忍德国的崛起,二战前英法甚至曾经以绥靖政策满足希特勒的过分要求。多数崛起国希望改变现状的愿望如此之强烈,以至于没有耐心通过磋商和等待来达成自己的目标,并对自己的实力和战略充满信心,于是它们迫不及待地选择了最直接的方式来实现自己的目的。由此看来,自由主义的解释是不符合历史事实的。

那么,为什么崛起国选择以战争方式而不是和平方式实现崛起目标呢?按照建构主义理论的解释,那是因为体系文化信奉"强权即公理",国际社会的权力争夺被视为"我得你失"的零和博弈,而赢得战争是获得权力的唯一方式。

威斯特伐利亚和会之后,主权国家的生存权获得了更多保障,但战争在强国竞争中的作用依然突出。从世界体系形成到二战结束之前,欧洲几乎所有的大国都以军备建设为中心。实力增长迅速的国家认为,体系中居主导地位的国家之所以享有至高的权力,不是因为道德高尚,而是因为有强大的军事力量可以强迫其他国家就范,如索取战争赔款和占领殖民地。所以,成为强国的方式就是建立强大的军事力量,并在战争中打败对手。

这样一来,战争就被崛起国视为确立大国地位不可缺少的步骤。就像体育运动一样,任何项目的世界冠军都必须是在重大国际赛事中打败对手之后才能获得，唯此才能得到国际承认。所以，崛起国非但不努力避免战争，反而不惮于挑起战争，甚至主动出击，先下手为强。

极具讽刺意味的是，世界体系中采用战争方式去改变国际格局的挑战者最终都成为失败者。19世纪初的拿破仑法国、20世纪初的威廉德国、二战前的纳粹德国和日本，无一例外都在战争中一败涂地。

更进一步说，这些挑战者在很长时间内都未能恢复此前的国际地位。法国在滑铁卢战役后便难以再现路易十四时期的辉煌；德国在一战和二战之后都遭受了极其严厉的制裁，实力恢复之后也不再有称雄欧洲的机会。

不过，战争也严重削弱了世界体系中的主导国。拿破仑战争之后，原本作为中欧强国的奥地利和普鲁士都被严重削弱；一战之后，作为战胜国的英法元气大伤，面对德国的步步紧逼选择了退让；二战之后，欧洲丧失了世界中心的地位，曾经主导世界的欧洲列强都沦为中等强国。

那么，世界体系中新的主导国是如何产生的呢？所谓"鹬蚌相争，渔翁得利"，当挑战者和主导国火拼而两败俱伤之时，其他强国乘势崛起，成为新的世界体系中的主导国。三十年战争之后，法国崛起为欧洲大陆头号强国；维也纳会议之后，两大侧翼强权英国和俄国分别主导了欧洲的海陆局势；一战之后，美日两国的国际地位进一步提升；二战之后，在战争初期处于观望状态的美国和被西方排斥的苏联则成为世界超级大国。

≫ 思考：世界权力的转移有可能和平进行吗？

除了冷战结束之外，近代以来世界体系的演变都伴随着战争，进入世界舞台中心的大国无不经历过残酷的硝烟战火。大国的盛衰交替，是否一定要与铁血战争相伴？世界权力的转移是否有可能和平进行？

国际关系学界在讨论世界范围的权力转移时，认为主导国（或守成国）与崛起国之间没有发生战争的案例主要有两个，分别是英美和美苏。

从宏观上看，世界确实经历了19世纪"不列颠治下的和平"向20世纪"美利坚治下的和平"的转变。1812年短暂的英美战争结束后，英美再也没有爆发过直接军事冲突。美国在成为世界第一经济强国之后没有挑战英国的地位，英国也默许了美国对西半球的控制。而且英美在对外政策上常常能相互协调、彼此呼应。英美的这种关系除了它们在文化上同源和在人种上同宗同祖之外，很大程度上要归功于地缘政治上"第三者"，也就是德国崛起的"神助攻"。

德国统一后不仅综合国力蒸蒸日上，威廉二世还公开宣称要采取世界政策、高调发展海军、参与全球殖民争夺。这使英国认为德国的崛起对其地位的威胁更加直接、更加明显、更加紧迫，因此英国将主要精力放在遏制德国上，把它作为主要对手加以防范。与此同时，在德国发动两次世界大战后，美国成为英国物资和战争经费的主要来源，最终还作为英国的盟友派兵加入了战争。

在经过两次世界大战的折腾后，德国惨败、英国惨胜，二战后的英国已无力主导国际事务。于是，英国心甘情愿地把自己的位置"拱手"让给了美国。这样看来，二战后美国首屈一指的国际威望和世界地位，并非它与英国或其他大国争夺的结果，更像是形势使然。由此可知，在讨论世界权力的转移时，仅聚焦在主导国和崛起国上是不够的。世界大国的地位往往不是只靠自己的努力争取就能得来的，还需要时机、运气和获得国际承认。

二战结束后不久，苏联就提出要在全世界推行共产主义，这被认为是向美国主导建立的战后国际秩序发起了挑战。冷战期间，美苏确实没有发生直接军事冲突，最终两个超级大国也是和平分出了胜负，世界体系由美苏两极变成了美国独霸天下，但那是因为苏联解体。美国确实不战而胜，但这次的权力转移怎么看也都是因为有一方"退赛"

才发生。

而且，美苏之间之所以没有发生"热战"，很大程度上是因为核武器的出现和在"相互确保摧毁"下不得不相互忍让。当美苏两个超级大国都拥有核武器，并且意识到核武器的可怕威力，它们之间哪怕仇深似海也必须尽量避免直接军事冲突。因为如果真的爆发下一次世界大战，美苏极大的概率是同归于尽，大战之后的世界将是一个死寂的地球。一场注定没有胜利者的战争有打的价值吗？

此次世界权力的转移也提醒我们，研究大国竞争和权力转移，仅关注世界舞台上的较量是远远不够的。"千里之堤，毁于蚁穴"，国家自身的衰落往往比外部的竞争者、挑战者更具影响力和破坏力。

这两次世界主导权的更替带给后来者很多经验教训和历史启示。那就是无论是主导国还是崛起国，都应当对外审慎灵活、避免一意孤行，对内勤修内政、避免盲目自信。

美国之所以在二战中成功崛起，接替英国的西方领袖地位，又能在与苏联半个多世纪的竞争中成功胜出，固然有地缘优势和运气因素，但也与其中长期国家发展目标和内外战略不无关系。

当19世纪英国忙着防范欧洲大陆出现超强霸主和经营扩张全球殖民地时，美国专心于自身的内部发展，着力解决国内的矛盾和问题，在第二次工业革命中实现了经济实力的后来居上。此后美国并没有像德国一样大力发展军事力量，在战略上也保持相对低调，在东亚殖民地争夺战中采取"门户开放"等方式避免直接侵犯其他列强的势力范围。

在二战结束后与苏联的较量过程中，美国从没有放松对国内经济、社会、文化、军备的发展与建设。美国犯过"麦卡锡主义"、卷入越南战争等低级失误，但通过市场经济改革、新科技革命和民权运动，美国在教育、科技、经济等各方面大大领先于苏联，其综合国力尤其是民众的生活水平远远超过了苏联。

与此相反，采用"硬碰硬"的战争手段去改变格局，特别是直接挑战最强霸权国的国家，其结果往往是在孤注一掷的战争中一败涂地。

"知人者智，自知者明。"历史上，崛起国失败的反面例证多如过江之鲫，而能够坚持战略审慎、勤修苦练的国家则如凤毛麟角。但可以预测，未来能以和平方式走到世界舞台中心的，必定是注重自身内部发展和积累的大国，必定是既能坚决捍卫核心利益又能适度转圜灵动的大国，必定是能为世界做出建设性贡献并得到国际社会广泛支持的大国。

推荐阅读书目

〔美〕小约瑟夫·奈、〔加拿大〕戴维·韦尔奇：《理解全球冲突与合作：理论与历史（第九版）》（张小明译），上海人民出版社2012年版。

〔美〕汉斯·摩根索：《国家间政治：权力斗争与和平（第七版）》（徐昕、郝望、李保平译），北京大学出版社2006年版。

时殷弘：《现当代国际关系史（从16世纪到20世纪末）》，中国人民大学出版社2006年版。

资中筠主编：《冷眼向洋：百年风云启示录》，生活·读书·新知三联书店2000年版。

第五章

体系文化

社会共有观念建构了国际体系的结构并使这种结构具有动力。这一论点对政策的重要意义是：国家之间原则上可以成为朋友。

——亚历山大·温特①

　　在过去几个世纪里，所有推行穷兵黩武的进攻性现实主义的国家都毫无例外地最终导致了自己的灭亡。拿破仑的法国、希特勒的德国和日本帝国是最典型的例子。这也从一个侧面印证了进攻性现实主义的时代已经过去。在当今世界，用武力入侵其他主权国家已经不能为国际社会所接受。

——唐世平②

　　一种肯定个人尊严和参与式治理、遵照一致同意的规则开展国际合作的世界秩序不失为一条出路，也是激励我们的动力。

——亨利·基辛格③

---

① 〔美〕亚历山大·温特：《国际政治的社会理论》（秦亚青译），上海人民出版社2000年版，中文版前言第31页。
② 唐世平：《国际政治理论的时代性》，《中国社会科学》2003年第3期，第146—147页。
③ 〔美〕亨利·基辛格：《世界秩序》（胡利平等译），中信出版社2015年版，第487页。

在漫长的世界历史上，国家之间的疆界很不稳定，国家消亡的故事并不罕见。翻翻任何一本世界历史地图集，可以发现没几年有些国家的版图就会大变样，有的国家甚至会被吞并，从而成为一个历史名词。

不过，随着时间线越往后，国家版图似乎就越稳定。100年前，英法在一战结束后可以随意肢解奥匈、划分东欧，瓜分德国在海外的殖民地和势力范围。但在今天，像2014年克里米亚脱离乌克兰这样的领土变更事件，已经是21世纪极其罕见的新闻了。

在上一章，我们重点讨论了世界体系的权力结构。仅从世界体系的大国实力对比和战略关系等出发，很难解释国际关系的这种近乎翻天覆地的变化。要想在国际层面上解答这一问题，就需要深入了解世界体系的文化。这正是本章将重点介绍和阐释的内容。

何谓体系文化？

按照美国学者亚历山大·温特的定义，文化是社会内部成员多次互动后形成的"共同知识"，它涉及行为体相互之间关于对方理性程度、战略、偏好、信念以及外部世界状态的认知，对外表现为规范、规则、制度、习俗、意识形态、习惯、法律等可见的文化形态。[1]

国际社会的主要成员是主权国家，体系文化是主权国家在多次互动后就国际关系形成的"共同知识"，主要指国家对自己身处其中的这个世界体系内彼此之间关系的共同理解和期望，或者说是国家对

---

[1] 参见〔美〕亚历山大·温特：《国际政治的社会理论》（秦亚青译），上海人民出版社2000年版，第201—202页。

"国家间关系应该怎样"的共同认知，它具体表现为国际伦理、国际规范、国际规则和国际制度等。

建构主义国际关系理论认为，体系文化一旦形成，就会成为一种"客观存在"，影响国家对自身利益的判定和对外政策的选择。文化的存在如同空气：当国家的行为符合体系文化时，它往往并不会意识到体系文化的存在；但当国家的行为与体系文化背道而驰时，体系文化会对它施加强大的压力，国家就要为此付出代价。

比如，在绝大多数国家都形成了"核扩散会破坏国际安全"的共识，反对核扩散已经成为一种明文规定或者约定俗成的国际规范的氛围之下，如果有国家一意孤行进行核试验，就会遭到国际社会的一致反对，甚至严厉制裁。

与人际关系类似，无政府状态下的国家之间的关系从理论上讲可以有三种存在形式——敌对关系、竞争对手关系和朋友关系；与之对应，体系文化也可以分成三种性质——彼此为敌人的文化、彼此为竞争对手的文化和彼此为朋友的文化。

与上一章介绍过的世界格局不同，国际关系学界并没有就体系文化的命名达成共识。有学者倾向于用政治哲学家的名字为体系文化命名，如"霍布斯文化""洛克文化""康德文化"；也有学者用不同国际关系理论为体系文化命名，如"进攻性现实主义世界""防御性现实主义世界""新自由主义世界"。

这种命名方式对于国际关系专业研究者来说蕴意丰富，也足够形象生动，但对不同文化背景下的读者来说，很可能会感觉一头雾水。如果采用中国古代政治哲学或代表人物的名字来为这三种体系文化命名的话，很可能会将它们分别称为"法家文化""墨家文化""儒家文化"，或"韩非文化""墨翟文化""孔丘文化"。

本书使用敌对文化、竞争文化和友谊文化来为三种体系文化命名。打个不一定恰当的比方：敌对文化下的世界是你死我活、血腥味十足的斗兽场；竞争文化下的世界是有输有赢但不会要命的竞技馆；

友谊文化下的世界是提倡互助和动口不动手的朋友圈。①

敌对文化的关键词是"敌意",国家彼此仇视、互为敌人。17世纪的英国政治思想家霍布斯在其名著《利维坦》中提出,人类社会的原初状态是"所有人反对所有人"的战争状态,在没有政府保护生命权和财产权的状态下,人们为了争夺有限的资源而展开你死我活的斗争,当时的国际关系与此有相似之处。

> 在所有的时代中,国王和最高主权者由于具有独立地位,始终是互相猜忌的,并保持着斗剑的状态和姿势。他们的武器指向对方,他们的目光互相注视;也就是说,他们在国土边境上筑碉堡,派边防部队并架设枪炮,还不断派遣间谍到邻国刺探,而这就是战争的状态。
>
> ——霍布斯②

敌对文化包含两层意思。一是不承认其他国家有生存的合法权利,侵犯和进攻他国时不仅要"谋财"而且要"害命"。二是不限制自己使用暴力的程度,无所不用其极,在战争中不会心慈手软,更不会有妇人之仁。这意味着,成功的一方"胜者全得"后还要斩尽杀绝,失败的一方不仅片瓦无存而且断子绝孙。

与敌对文化相比,竞争文化下国家互视对方为对手而不是敌人,在国际关系中遵循"我活也让别人活"(live and let live)的原则。国家在竞争中承认"生命和自由"(即主权)是自己和对方都享有的权利,因此不会试图征服或者统治对方。

竞争文化下的国家虽然还会使用暴力来解决争端,但与敌对文化不同的是,竞争对手之间使用暴力时会自我克制,不以消灭对方为目

---

① 以下对体系文化的论述,主要参考〔美〕亚历山大·温特:《国际政治的社会理论》(秦亚青译),上海人民出版社 2000 年版,第 328—387 页。

② 〔英〕霍布斯:《利维坦》(黎思复、黎廷弼译),商务印书馆 1985 年版,第 96 页。

的，战争手段也有限。

友谊文化是指国家互视对方为朋友的体系文化。在这种体系文化下，国家遵守非暴力规则和互助规则，各国都不使用战争和武力威胁的方式解决争端。如果体系中任何国家的安全受到外来威胁，体系内的其他国家都将齐心协力，共同应对。

能够团结一致抵御外敌的国家也可能只是盟友，而不是朋友。竞争文化下的国家也会因面临共同强敌威胁而结盟。不过，这些国家都清楚，这终究是权宜之计，一旦威胁消失就可能分道扬镳甚至反目成仇。

友谊文化下的国家间的朋友关系并非意味着国家之间就一团和气，不会再有矛盾和摩擦，而是说国家不管面对什么样的矛盾和问题，彼此都不会以武力威慑或使用武力的方式来解决，非暴力规则和互助规则相辅相成。

> 在当今世界，几乎无法想象西班牙和葡萄牙、挪威和瑞典，甚至在最近75年里有过三次相互战争经历的法国和德国这些国家在彼此交往中会违反非暴力和互助的规范。这样的规范是建立在友谊基础之上的集体身份所包含的核心原则。
>
> ——亚历山大·温特[1]

"黑暗森林"之中的敌对文化

敌对文化构成了人类国际关系的大部分历史，是古代国际关系的真实写照。对于敌对文化下的任何一个国家而言，它仿佛身处布满了

---

[1] 〔美〕亚历山大·温特：《国际政治的社会理论》（秦亚青译），上海人民出版社2000年版，中文版前言第39页。

野兽、陷阱和杀手的"黑暗森林"。

> 宇宙就是一座黑暗森林，每个文明都是带枪的猎人，像幽灵般潜行于林间，轻轻拨开挡路的树枝，竭力不让脚步发出一点儿声音，连呼吸都小心翼翼……如果他发现了别的生命，不管是不是猎人，不管是天使还是魔鬼，不管是娇嫩的婴儿还是步履蹒跚的老人，也不管是天仙般的少女还是天神般的男孩，能做的只有一件事：开枪消灭之。在这片森林中，他人就是地狱，就是永恒的威胁，任何暴露自己存在的生命都将很快被消灭。
>
> ——刘慈欣[①]

具体而言，敌对文化下的国家行为模式具有以下特征：

第一，国家往往会采取强烈的暴力方式对待他国。既然所有的国家都认为其他国家是自己的敌人，那么任何国家都会笃信"不杀人就会被杀"的原则。为了避免自己成为刀俎上的鱼肉，国家必然采取极端暴力的方式对待他国。尽管这样做的后果不会总是对己有利，"杀敌一千，自损八百"的行为在历史上屡见不鲜，而且其他虎视眈眈的国家也可能会趁火打劫，但为免敌国卷土重来，"斩草除根"是敌对文化下国家的第一选择。

第二，国家决策者往往恶意猜度他国行为，国家合作可能性极低。由于国家相互敌对，一旦上当受骗就可能面临亡国灭种的悲惨命运，所以任何国家都不敢轻信别国。不管他国有什么举动，哪怕是善意的举动，决策者都会判定为是欺诈和阴谋。这种悲观主义的政策思路必然导致国家陷入人人自危的安全困境，并引发永无止境的军备竞赛。

第三，由于假定敌人一旦有实力必然发动进攻，所以相对军事实力成为决定国家生存和安全的首要因素。"落后就要挨打"是敌对文

---

① 刘慈欣：《三体Ⅱ·黑暗森林》，重庆出版社 2008 年版，第 446—447 页。

化下的公理。国家只有拥有强于他国的军事力量，才能保证不被其他国家征服和吞并。因此，即便是爱好和平的国家也会遵循"能战才能和"的原则，积极拓展军备力量。

第四，如果爆发战争，国家会无限制使用武力；战争迫在眉睫时，国家会先发制人。由于彼此将对方视为必须彻底剿灭或征服的敌人，战争中的自我限制只会使自己处于相对劣势的地位，温良恭俭让的结果很可能是一败涂地，所以国家在战争中会无限制地使用暴力。战争一触即发时，国家为了避免"受制于人"，往往先下手为强。

> 君主除了战争、军事制度和训练之外，不应该有其他的目标、其他的思想，也不应该把其他事情作为自己的专业……亡国的头一个原因就是忽视这种专业，而使你赢得一个国家的原因，就是因为你精通这门专业。
>
> ——马基雅维里①

敌对文化下的国际关系是一部常年不断的战争史，和平只是战争的间歇，国家不是在打仗就是在准备打仗。在这种体系文化下，几乎所有国家都在进行掠夺、杀戮、征服或抢劫。

不过，不能简单把敌对文化归结为人性恶的体现或者决策者出于私欲的误导。尽管在某些情况下也受到思想观念如种族主义、社会达尔文主义等的影响，但从根本上讲，敌对文化是国家在物资匮乏的农业时代不得不采取的一种生存方式。

农业文明时代生产力水平较低，人们靠天吃饭，高度依赖自然（气候、地形、土壤）和自然资源（如耕地、水源等）。为了生存，国家会面临开耕新土地、获得更多生活资源的压力。国家只有得到更多的土地，才能养活更多的人口；只有养活更多的人口，才能积累财

---

① 〔意〕尼科洛·马基雅维里：《君主论》（潘汉典译），商务印书馆1994年版，第69页。

富，增强实力，维持统治。

因此，在农业时代，虽然国家之间的战争会打着荣誉、地位、道义等旗号，有些战争也受到偶然事件或误判的触发，但大多数战争背后有着生存、安全等深层次的根源，如通过战争扩张耕地面积，或控制海陆商路以寻求远方的市场和食物资源。

随着埃及、两河流域、中国和印度进入农业文明时代，战争便在这些地方呈现出明显上升的趋势，形成了人类历史上最早的战争高峰。例如，埃及古王国从公元前23世纪起不断发生诸侯混战，直到公元前2000年才重新统一为埃及中王国。而在埃及中王国鼎盛的一百多年里，频频对外征战，开疆辟土，势力到达地中海的克里特岛。在公元前1570年左右建立的埃及新王国也毫不逊色，法老图特摩斯三世曾于公元前1490—前1436年间连续进行了18次大规模远征，势力扩张到今天的巴勒斯坦、叙利亚和红海一带。①

在常年的战争和战争威胁下，那些不能适应战争或者军事力量太弱的行为体会被消灭，其领土会被强国所侵占，体系成员的总数会不断减少，权力越来越集中，甚至可能产生垄断体系权力的帝国。从公元前770年开始到公元前221年结束的春秋战国时期，持续了几百年的战争使得中华大地从140多个诸侯国变成为一个帝国（秦），不到四年就有一个诸侯国被征服和消失。②

如果帝国可以长期有效维系其统治，那么敌对文化将会自动消失，因为多国合并成一国之后，诸侯便成为郡县州府。国际关系都不存在了，自然也就没有了体系文化。但世上既无不死之人，也无不衰之国，再强大的帝国也不可能长久存在。内部动乱和外部战争往往会导致帝国衰亡或解体，大小国家会再次陷入征战和兼并的循环。

---

① 参见李巨廉：《战争与和平——时代主旋律的变动》，学林出版社1999年版，第44—49页。

② 参见翦伯赞主编：《中国史纲要（修订本）》上册，北京大学出版社2006年版，第36—58页。

走出丛林法则的竞争文化

在古代国际关系中，处于敌对文化下的国家遵循"强权即公理"的法则，征服战争、领土兼并、殖民掠夺成为国际关系的常态。大国经常用武力争夺领土和资源，用战争确立自己的国际地位，将本国的国际声誉建立在蹂躏和征服他国的基础之上。

近代以来，随着竞争文化成为体系文化，国家拥有了在国际上存活的"身份证"——主权之后，就能享受国际体系的"社会保障制度"，不会被任意地吞并或征服，国家的消亡不再成为国际关系的常态。

具体而言，竞争文化下的国家行为呈现出以下特点：

第一，国家间不管发生什么冲突，都不会以摧毁或者征服对方为最终目的。由于任何主权国家都不能剥夺其他主权国家在世界舞台上的生存资格，那么即使是在竞争中败下阵来，国家也不会因此被开除"球籍"，不会因此面临亡国灭种的危机。

第二，在生存有了底线保障的前提下，国家会更重视绝对收益而不是相对损失，国家之间的合作成为可能。国家不必担心别国实力比自己强时自己就无立足之地，所以，如果合作能使本国获益，哪怕其他国家获益更大，它也会选择合作。

第三，军事力量的重要性和地位下降。国家不再需要为了生存和安全而建立和维持一支尽可能强大的军事力量。大国的军事力量主要用于遏制竞争对手、形成均势或产生威慑力，以维护世界秩序和自己的国际地位。

第四，如果争端导致战争，国家会限制自己的暴力行为。尽管国家对竞争对手也会使用暴力，但受到主权原则的限制，战争中的胜利者一般不会采取将对方斩尽杀绝的政策。

今天的世界体系虽然也有纷争动乱，但凭借坚船利炮就能随意逼迫他国割地赔款的情况几乎不复存在，殖民地、半殖民地更是成了历史名词。近代史上西方列强动辄诉诸战争或战争威胁以实现自身利益的野蛮方式已越来越不是"通用法则"。

二战结束至今，所有获得了主权的国家都存活了下来，国家死亡率趋近于零，世界上国家的数量增长了近三倍，弱小国家蓬勃发展，甚至那些长期内乱、未能成为现代国家的所谓"失败国家"也能生存。这些事实表明，弱肉强食、适者生存的丛林法则不再是国际关系的行为逻辑。

那么，国际关系是如何走出敌对文化的"黑暗森林"的呢？

欧洲三十年战争之后建立的威斯特伐利亚体系既是近代国际关系的开端，也是世界体系中竞争文化的开端。因为威斯特伐利亚和会文件中浓墨重彩提及的主权原则（包括主权独立、主权平等、主权国家之间互不侵犯）在欧洲国家得以确立，所有获得主权的国家都获得了在国际社会的生存权。

不过，威斯特伐利亚体系所开创的主权制度长期以来只存在于少数欧洲国家中，这些国家基本都信仰基督教、建立了君主政体并遵循共同的外交法则，甚至国家元首之间往往还存在着错综复杂的姻亲关系。在这些欧洲国家眼中，只有符合以上"文明"标准的国家才拥有主权，不被承认为文明国家也就没有主权。

所以，竞争文化在很长一段时间内是一种仅限于少数欧美强国的封闭性文化，亚非拉大部分地区都被它们视为可以随意侵占的"未开化"地区，即便是拥有悠久历史的中华帝国、奥斯曼土耳其帝国也被排除在外。

加上历史发展存在惯性，在威斯特伐利亚体系建立后的相当长时间里，有的国家仍旧长期奉行弱肉强食的丛林法则，19世纪四处攻城略地的沙俄就是其中的典型。而体系中谋求获得更大权力地位的崛起国也试图摆脱竞争文化的束缚，如法国大革命之后的拿破仑帝国、统一之后威廉二世执政的德国和纳粹兴起后的希特勒德国。

只不过，体系中居于主导地位的大国出于维护自身利益和国际秩序的需要，不愿轻易让体系文化从竞争文化倒退到敌对文化。那些挑战竞争文化的崛起国最终被维持竞争文化的大国一一弹压下去。

在付出了惨重的战争代价之后，竞争文化在国际体系中的地位日益巩固，范围日益扩大。第二次世界大战后，主权平等原则写进了《联合国宪章》，成为国际关系最基本和最根本的原则；同时，《联合国宪章》规定，"凡其他爱好和平之国家，接受本宪章所载之义务，经本组织认为确能并愿意履行该项义务者，得为联合国会员国"，扩大了主权国家体系的成员范围。这标志着竞争文化在全球的确立。

二战后，尊重国家主权和领土完整已经成为国际社会的重要行为准则。随着时间的推移，越来越多国家彼此尊重各自的生存权，以武力侵占另一个国家的领土不再为国际规范所接受。国家领土的合法性已经在很大程度上取决于国际社会的承认，而不仅仅取决于事实上的占领和管理。2014年俄罗斯占领乌克兰的克里米亚，但至今世界上绝大多数国家都不承认俄罗斯对克里米亚的主权。

可以说，在竞争文化占主流的时代，领土扩张在国际关系中已经过时。任何国家，不管出于何种目的和原因侵占、吞并或瓜分别国领土，都会遭到国际社会的强烈谴责和严厉制裁。

与敌对文化类似，竞争文化出现的背后同样有着一定的时代背景和物质条件。其中，地理大发现和工业革命是其主要原因。

地理大发现使早期欧洲国家争夺的对象和主战场发生了转移。原先在欧洲国家活动范围之外的亚非拉地区进入了西欧统治者的视野，他们开始建立庞大的海军，大肆发展海外殖民，到亚非拉去寻找重金属、原料和市场。这使得西欧列强不用在有限地盘内争个你死我活，甚至可以在全球殖民扩张中"分工合作"，划分出清晰的势力范围。

随着工业革命的进一步发展，科学技术对经济发展和提高国力的意义日益凸显，为世界进入竞争文化提供了更多物质条件。1909年至1949年，美国人均总产出翻了一番，其中人均资本（即资本和劳力）

增加的贡献率只有 12.5%，而技术进步的贡献率达到 87.5%。[①] 当科技成为第一生产力之后，土地的重要性自然就下降了，不惜血本侵占他国领土以掠夺财货的必要性也没以前那么大了。

当然，如果军事征服轻而易举或代价不大，"大家一起活"的竞争文化也不一定有发展的空间，崇尚敌对文化的强国依然会倾向于为所欲为。而近代欧洲恰恰是在灭国战争必要性降低的同时，军事征服和统治他国的难度却越来越高。

这一点和下一章将会详细阐述的民族主义紧密相关。对一国领土的占领相当于对该国国民的奴役，而一旦该国人民有意愿和决心保卫自己的国家，征服就难以取得成功。哪怕列强想要合谋瓜分一国的领土，也会遭到拥有强烈民族意识的该国国民的抵制。例如，近代以来波兰虽然三次被列强瓜分，但最后都成功恢复了独立地位；第一次世界大战后协约国企图瓜分土耳其，结果被凯末尔领导的民族解放运动挫败。

竞争文化的确立最终还有赖于体系内主导国家的推动。二战结束后，美苏两个超级大国取代了欧洲百年来在世界舞台上的中心地位。对这两个地大物博的"洲际大国"来说，殖民地没有太大的实际意义。更何况，美苏在意识形态上对殖民行为深恶痛绝，在政治制度上与殖民统治格格不入。苏联立志要解放全世界一切被压迫和被奴役的民族，美国本身就是一个从殖民地独立、推崇"自由"的新国家。当世界体系中起主导作用的新型大国不需要殖民地并认为殖民地具有非法性时，这就为亚非拉的民族解放运动创造了良好的国际环境。

随着全球殖民体系的分崩离析，以及主权国家的认定不再需要符合近代欧洲列强所谓的"文明标准"，越来越多的殖民地在独立之后成为国际社会的正式成员。

[①] 参见〔美〕罗伯特·M. 索洛等：《经济增长因素分析》（史清琪等选译），商务印书馆1991年版，第12页。

二战后至今，联合国的成员国增长了近三倍，主权国家的数量由二战结束时的 51 个增加到现在的将近 200 个。所有新独立的国家不仅都能存活，而且有些国家还蓬勃发展，跻身世界发达国家之列，如东南亚的微型城市国家新加坡。

国家间如何萌生友谊文化？

随着美苏冷战的结束，大国之间的敌意进一步消退，竞争文化在世界体系中的地位更为稳固。和平解决争端、协商解决分歧获得绝大多数国家的赞成和支持，武力特别是战争手段被视为不得已而为之的最后手段。

当然，这并不等于说今天世界上不存在蛮不讲理的国际暴力行为，而是说如今战争的目标、形态、理由及合法性等都与二战之前大为不同。哪怕是很难用权力去制衡的超级大国，也不可能像半个多世纪之前那样滥用武力。

在竞争文化制约下，国际社会在向着讲道理、拒蛮力、守规则、识大体的方向缓慢而坚定地前行。国家"动武"不光要充分考虑自身的诉求与利害关系，更要兼顾国际法和国际惯例的规定，力争获得更多的国际支持与合法性。

相较于世界大战期间那种阵营分明、你死我活的相互残杀，当前的体系文化无疑已经有了巨大的进步。那么，世界体系的文化还有可能再向前进化吗？

与竞争文化相比，国家互视为友的友谊文化更趋近于人类的大同理想。友谊文化下的非暴力原则促使国家形成多元安全共同体。在多元安全共同体中，战争不再被认为是解决争端的合法手段，国家会以谈判、仲裁或诉诸法律等方式解决矛盾和冲突。

友谊文化下的互助原则促使集体安全出现。集体安全的基础是"人人为我，我为人人"（all for one, and one for all），也可以说是同甘共苦或者患难与共。与针对具体敌方且有明确期限的传统军事结盟不同的是，集体安全体系的成员会长期认为，任何一员受到的外来威胁都相当于是整个共同体面临的威胁。

不同国家能成为相互不打仗、有事商量办、有敌齐对抗的朋友吗？听起来有点天方夜谭的"朋友圈"，在现实国际关系中已经有了一个典型，那就是二战后建立的欧洲联盟。

> 在历史上，西欧范围的战争第一次被各国政府和人民视为不合理和不可能，不值得去做严肃的准备。在这个意义上，西欧已成为一个安全的共同体。虽然它仍然没有感到不受威胁，但在内部，其人民并不感到有来自任何西欧联邦的威胁。
>
> ——卡尔·多伊奇①

欧洲是两次世界大战的主战场，列强之间数百年争战不休，法德两国自1870—1871年普法战争以来更是仇深似海。然而，二战之后法德不仅握手言和，尽释前嫌，而且联手推动欧洲一体化。虽然近年来遭遇英国脱欧的冲击，但欧盟仍是全球结构配套最齐全、立法程序最完备、在经济生产领域相互依赖程度最高、带有"超国家"性质的区域组织。

从《罗马条约》开始到20世纪末，欧洲对内先后统一了关税，制定了共同的农业政策、工业和社会政策，建立了内部的共同市场，建立了欧洲中央银行和"欧元区"，建立了立法程序和许多专项法律，对外有了共同的关税政策和商业政策。它像一个国家那样对外派出使节，欧盟委员会主席在布鲁塞尔像国家元首那样接受其他国家使节呈

---

① 〔美〕卡尔·多伊奇：《国际关系分析》（周启朋等译），世界知识出版社1992年版，第316页。

递的国书。①

曾有人认为,这种联合不过是苏联威胁和两极格局下西欧国家抱团自保的结果,一旦共同的外部威胁消失,欧洲就会重回尔虞我诈的老路。然而,冷战结束后,尽管欧盟遭遇了欧债危机、难民问题、英国脱欧等挑战和波折,而且欧洲国家在如何对待科索沃战争、伊拉克战争等问题上也有分歧,但欧洲并没有回到你死我活的战争状态。

摒弃暴力手段、追求集体安全的友谊文化在二战结束后的欧洲出现,与很多因素有关。

首先,欧洲国家的潜在意识中有很强的洲际认同感,这是推动欧盟形成的不可或缺的历史伦理因素,也是其他地区很难具备的历史人文条件。与亚洲、非洲、拉丁美洲相比,欧洲国家拥有共同的文明起源和宗教信仰,多数国家视古希腊和古罗马为共同的"精神故乡",这种"同源分流"的自我意识是其他大洲完全不具备的,也是欧洲联盟的精神土壤。②

其次,从生产力发展水平来看,欧洲整体发展水平已进入后工业化时代,人们对社会福利的追求导致国家职能和重心的变化。特别是在欧洲发达国家,由于越来越多的人选择了一种满足眼前利益和需求的享乐主义的生活方式,政府职能越来越倾向于围绕个人发展和消费而转变。个人消费替代了集体荣耀,成为国家生活的核心主题。③

最后,欧洲国家的民主文化和民主制度的建立对战争形成了有效制约。自由主义学者认为,民主之所以能制约战争,是因为民主的文化约束力和制度约束力。民主文化强调"宽容",容忍不同意见的存

---

① 参见陈乐民:《欧洲——分与合,衰落与中兴》,载资中筠主编:《冷眼向洋:百年风云启示录》上卷,生活·读书·新知三联书店 2000 年版,第 334、384、385 页。
② 参见陈乐民:《欧洲文明十五讲》,北京大学出版社 2004 年版,第 214—215 页。
③ 参见〔英〕安德鲁·海伍德:《全球政治学》(白云真等译),中国人民大学出版社 2014 年版,第 118 页。

在，以妥协的方式解决内部冲突，而不是将对手消灭。民主制度下权力的分割与制衡使得决策者发动战争受到诸多因素的限制，不能为所欲为，从而降低了领导人发动战争的意愿和能力。

美国学者弗朗西斯·福山（Francis Fukuyama）认为，自由民主制度下"最后的人"经过对长远利益的算计，选择了一种满足眼前利益和需求的享乐主义的生活方式。他们不追求伟大、成就和杰出，因而也没有了竞争、冒险和奋进的精神。[1]

生活在这种环境下的有些人可能会因衣食无忧、不必为生存担忧而变得不思进取，竞争只是少数人的事情，人类进步的动力可能大不如前，科学技术的发展和武器更新换代的速度也会慢下来。不过，从世界和平与安全的角度看，与为了"名誉""利益"和"崇高事业"而不惜性命相搏的"最初之人"相比，生活在这种状态中的"最后之人"能让人类在地球上生活的时间更长久些。

除此之外，二战后核武器的出现，使战争有可能导致人类同归于尽的可怕后果，核武器反倒成为制约大国间战争的相对可靠的工具。再热衷于战争的国家，也不希望看到玉石俱焚、同归于尽的结果。欧洲是世界上和平主义运动的发源地，目前也是世界上最激烈的反对战争的地区之一。

与此同时，在全球化所形成的相互依存的国际环境下，军事力量的效用大大下降。一方面，现代战争成本极其昂贵；另一方面，战争后果不堪设想。国家与其靠打仗来谋求国际地位，还不如把同样的成本投入科技创新这样的领域更加划算。欧洲国家正是依靠技术创新提高了整个国家的竞争力和生活水平，从而降低了依靠战争获利的必要性。

综上，欧洲国家之间之所以形成了友谊文化，既有欧洲自身的特

---

[1] 参见〔美〕弗兰西斯·福山：《历史的终结》（本书翻译组译），远方出版社1998年版，第364—365页。

殊原因，也有时代发展和人类文明进步的大背景。其中，生产力发展水平是人类进入友谊文化的物质基础，核武器的现实威胁是迫使人们放下武器、探求和平之路的客观因素，经济上的相互依存是促使人们和平共处、合作共赢的有利条件。

▶▶ 思考：体系文化演进的动力是什么？

经过几百年的变迁与反复，体系文化的关键词从敌对发展为竞争，甚至在部分地区还出现了友谊文化。这一点在大国关系中体现得尤其明显。今天的大国之间仍存在着竞争和较量，但已不是历史上的生死之斗，而是胜负之争。大国即便互视为对手也不愿发生直接的军事冲突，以免结成无可挽回的冤家对头。

体系文化从野蛮走向文明，演化的动力是什么？

一方面，生产力决定生产关系。影响体系文化演进最重要的客观因素正是生产力发展水平，它决定着大国在世界体系中所争夺资源的内容和实力竞争的方式。

在不同的社会生产力发展水平下，国家所需要的最重要的资源并不相同。在农业社会，国家间争夺的资源主要是土地和人口；在工业社会，国家间争夺的主要是原材料、资本和市场。在农业社会，国家为争夺土地而战是求生存；在工业社会，随着劳动生产力的提高，人类已经不再完全依赖土地而生存。随着新航路的开辟和新大陆的发现，最先开始工业化的欧洲国家不再局限于在欧陆的争斗，而是到全世界去开拓殖民地、寻求原料产地和商品销售市场。此时，国家之间仍有战争，但战争不是为了存活，战争的形态也发生了变化，一般为局部战争和有限战争。敌对文化开始逐渐向竞争文化转变。

随着生产力的进一步提高，科学技术在经济发展中的重要性超过了能源和资源，单纯作为原料产地和商品市场的殖民地对于发达工业国的重要性大大下降。二战后，国际社会改变了对主权国家的认定标准，国家获得主权的门槛大大降低，亚非拉殖民地半殖民地独立后都成为世界体系中的主权国家，竞争文化由此向全世界扩展，从而成为世界体系的主导文化。

20世纪中后期，原先的老牌发达国家进入了主要凭借知识和技术创造财富的后工业社会。大国依旧在意"硬"的地缘政治，但也越来越在意"软政治"，如币缘政治（本币的国际流通范围和数量）、环境政治、知识产权政治、品牌政治和国际形象政治，因此支配或干预欠发达国家内政的诱惑力相对减弱。[①] 竞争文化作为世界体系主导文化的地位得以巩固。

另一方面，生产力发展引发的国家竞争手段的技术水平的变化，直接导致冲突方式的改变。随着生产力的提高，主要武器由冷兵器发展到热兵器乃至核武器，这对战争产生了巨大影响。

欧洲三十年战争期间，正是武器由冷兵器向火器过渡的时期，火枪和火炮开始得到广泛的应用，战争的武器装备、作战方法和军事制度有了质的飞跃，所以战争的激烈、密集、消耗和破坏程度都超过了以往的战争。[②]

两次世界大战中常规武器的发展造成了数以千万计的死伤，反过来对军事斗争乃至人类社会产生了巨大影响。而核战争有可能导致人类文明毁灭的严重后果，更使大国之间极力避免直接的军事冲突。

其他重要军事手段如卫星侦察和情报技术的突破，也让大规模战争变得过时。因为这些情报技术使得大国的重要军事力量部署都显示在卫星之下，降低了某个国家出其不意发动全球战争的可能性。[③]

生产力发展水平的不断提高是体系文化演进的物质基础。人们对

---

① 参见潘维:《正在崛起的"新型大国关系"》，《人民论坛》2013年第11期，第31—32页。
② 参见李巨廉:《战争与和平——时代主旋律的变动》，学林出版社1999年版，第84—86页。
③ 参见〔美〕约翰·刘易斯·加迪斯:《长和平——冷战史考察》（潘亚玲译），上海人民出版社2019年版，第304—305页。

国家之间关系的期望与认识则是推动体系文化演变的不可忽视的主观因素。

在很长一段时间内，人们认为，国家只有拥有远远强于他国的军事力量，才能保证不被其他国家征服和吞并。所以，即便是爱好和平的国家也会遵循"能战才能和"的原则，积极拓展军备力量。

然而，敌对文化中国家的高死亡率使人们有了创造竞争文化的动机。越来越多的国家认识到，武力侵略不仅胜算不如预想的高，而且往往很不划算，搞不好反过来还落了个国弱民穷的下场。

于是，威斯特伐利亚和会才会制定主权原则，与会者相互保证，承认对方的生存权利，不采取极端手段征服和摧毁对方。这便是竞争文化的开始。

当然，竞争文化的发展过程不是一帆风顺的，这种对国家间关系认知的改变不是在所有国家都同时发生的，也不是一旦发生改变就持久稳固的。有些刚进入体系的国家还不适应新的体系文化，依然梦想"夺取阳光下的土地"，比如统一之后威廉二世执政的德国；体系中一些崛起中的国家为了获得更大的权力，认为强大的军事力量和辽阔的国土面积仍是与他国竞争的必要条件，比如20世纪初的沙俄和日本。

正如本章一开始就强调的那样，体系文化会制约甚至惩罚"不合时宜"的行为和"不按规矩出牌"的国家。哪怕是笃信敌对文化、热衷烧杀抢掠的强国，也会在一次又一次的失败中改变"打仗又简单又划算"的想法，转向"打仗很困难又吃亏"甚至"不打仗反而能获得更大的好处"的想法。

在第二次世界大战中，发动侵略战争的德国和日本都一败涂地，而它们也从战争中得到了足够的教训。二战结束后，德国和日本放弃了"大炮"却换来了"黄油"，创造了经济复苏和腾飞的奇迹，在竞争中重新获得了大国地位和国际尊重。

二战给欧洲人带来的惨痛教训和深刻反思之一，就是虽然纳粹势力最终落败，但各国付出的代价实在是太大了，它几乎毁灭了整个欧洲文明乃至人类文明。为了避免这样的情况再次发生，还是要限制甚至取消暴力的合法性和使用权，杜绝敌对文化死灰复燃的可能。于是，欧洲在经历了人类历史上最残酷的战争后诞生了友谊文化。

　　有必要强调的是，物质基础和主观认识是相互印证、相辅相成的。对体系文化的认识必须有客观现实作为基础。只有目睹发动侵略的国家总是"偷鸡不着蚀把米"，只有眼见屠城灭国的国家遭到反击和衰败，只有看到致力于和平发展事业带来的好处之后，多数国家才会改变自己对国际关系的固有认知，接受新的体系文化。

　　对体系文化的研究和探讨，让我们认识到人类在无政府状态下并非束手无策。既然体系文化是国家建构的，人类朝着理想方向努力便有可能让世界变得更加美好，而忽视这一点则可能会让国家永远摆脱不了冷战思维。

推荐阅读书目

〔美〕亚历山大·温特：《国际政治的社会理论》（秦亚青译），上海人民出版社2000年版。

〔英〕赫德利·布尔：《无政府社会——世界政治秩序研究》（张小明译），世界知识出版社2003年版。

唐世平：《国际政治的社会演化：从公元前8000年到未来》（董杰旻、朱鸣译），中信出版社2017年版。

第六章

现代国家

国家的基本特征乃是单一核心特征所确立的：主权。归根结底，国家之所以是国家，是因为国家能够在其领土范围内实施主权管辖，是自主、独立的行为体。

——安德鲁·海伍德①

尽管民族主义会广泛地带来恐怖和毁灭，但民族和民族主义也为现代世界秩序提供了唯一现实的社会文化框架。如今它们还没有势均力敌的竞争对手。

——安东尼·D. 史密斯②

民族被想象为一个共同体，因为尽管在每个民族内部可能存在普遍的不平等与剥削，民族总是被设想为一种深刻的、平等的同志爱。最终，正是这种友爱关系在过去两个世纪中，驱使数以百万计的人们甘愿为民族——这个有限的想象——去屠杀或从容赴死。

——本尼迪克特·安德森③

---

① 〔英〕安德鲁·海伍德：《全球政治学》（白云真等译），中国人民大学出版社2014年版，第111页。
② 〔英〕安东尼·D. 史密斯：《全球化时代的民族与民族主义》（龚维斌、良警宇译），中央编译出版社2002年版，第191页。
③ 〔美〕本尼迪克特·安德森：《想象的共同体——民族主义的起源与散布（增订版）》（吴叡人译），上海人民出版社2011年版，第7页。

1919 年的巴黎和会上，中国代表团收回山东权益的要求遭到列强的拒绝。消息传回国内后，青年学生喊着"内惩国贼、外争国权"的口号走上北京街头，是为轰轰烈烈的五四运动。随后，多地工商界人士迅速参与支持，使这场运动演化为一场举国动员的外交抗争。

其实，近代中国的"丧权辱国"是从清政府时期就开始的。那么，为什么在清政府签署《南京条约》《天津条约》《北京条约》这些不平等条约时没有类似的民间抗议活动发生？为什么最屈辱的《辛丑条约》没有激起举国上下的反对和抗争？

今天我们所熟知的"国家主权""主权独立""主权平等"等概念，是现代国家才有的特质，所谓"万众一心""举国之力"，也是转型为现代国家之后才有的现象。

自世界体系形成以来，现代国家一直是世界体系中的主角。只有了解现代国家的性质和特点，才能全面把握国际关系的特征和趋势。

现代国家的构成要素

现代国家是国际舞台上的主角，现代国家具有哪些特点？什么样的国家才是现代国家呢？国际法所承认的国家应具备领土、人口、政府和主权四要素。

第一，领土。领土是国家得以形成和发展的主要物质基础之一，也是国家在国际社会存在和发挥作用的客观前提。古代国家的领土和边界往往不太明确，且经常处于变动之中，而现代国家则有得到国际法承认和保护的明确的领土范围。领土的神圣性从 19 世纪开始得到国际社会的广泛承认，侵犯别国的领土被视为对国家主权的挑战。

领土最早只是指陆地上的领土，现在还包括领海和领空。根据相关国际法，沿海国家对于距海岸线 12 海里内的地区有管辖权，任何国家的航空器都不能随意飞越其他国家的领空。

20 世纪末开始，随着经济的发展及国家间相互依赖和交流的加深，边界的重要性有所下降。美国和加拿大之间、欧盟《申根协定》参与国之间人员、货物等可不受边界限制而自由往返。

不过，领土争端仍是今天国际关系中的热点问题，因为领土对于国家而言并不仅仅是供人居住和活动的场所，它还是国家和民族历史、文化、宗教记忆的一部分，是联系国民和形成国家认同的纽带。例如，以色列人和巴勒斯坦人所争夺的耶路撒冷地区，双方都视为本民族宗教的圣地，而圣地显然是不能轻易放弃的。

领海和领空成为国家领土的一部分之后，领海和领空的摩擦和争夺也成为国际关系中比较突出的现象。比如，中国与部分东南亚国家在南海问题上存在着领土争端；俄罗斯和挪威在巴伦支海曾因捕鱼、石油开发及领土归属等问题发生冲突。

> 新的时代正在到来。这是一个矛盾重重的时代……国家在变化，但它们并没有消失。国家主权受到了侵蚀，但仍然受到强烈的维护。政府被削弱了，但它们继续仗势欺人……边界仍然阻挡着入侵者，但漏洞也越来越多。地理景观已经让位于民族景观、媒体景观、思想景观、技术景观、金融景观，但领土仍然是许多人所专注的东西。
>
> ——詹姆斯·罗西瑙[①]

---

① James Rosenau, "The Dynamism of a Turbulent World," in Michael T. Klare and Yogesh Chandran, eds., *World Security: Challenges for a New Century*, 3rd ed., New York: St. Martin's Press, 1998, p. 18.

第二，人口。一定数量的定居的人口是构成国家的要素之一。现代国家的人民不仅是国内政治生活中的重要角色，而且是国家政治权力合法性的唯一来源，是国家主权的所有者。

人民在国家中的身份地位由臣民变成公民，这是现代国家与古代国家最本质的区别。公民在本国享有诸如选举和被选举等政治权利以及社会福利等其他权利。

第三，政府。作为一个国家，必须是一个有组织的社会。政府是国家必不可少的、最重要的组织机构。政府的基本职能是为人民提供安全和秩序。对外保证国家的主权独立，代表国民参与国际关系；对内维持社会秩序，保护人民的生命财产安全。在国际关系中，政府是国家在国际社会的正式代表，是国家主权的行使者。

为了确保政府有效履行其职能，所有现代国家都有由政府控制的军队和警察，所有政府都设有外交部、国防部、司法部、公安部等类似部门。二战后，随着联合国——全球集体安全保障机制的建立，主权制度得以维护，国家的生存得到基本保障，有些国家不再设有常备军和国防部。

现代国家的政府工作人员都被称为"公务员"，亦即人民的公仆（public servants）。为了保证政府权力为人民所用，政府的统治要基于"人民的同意"。从理论上说，政府应该代表生活在该国领土上的人民，获得大部分人民的支持，或者至少没有遭到大部分民众的反对。具体到现实生活中，就是国家的执政者和政务官一般要经选举产生。政府必须在宪法和法律规定的范围内行使权力。

随着经济社会生活日益复杂，大多数国家的政府开始承担越来越多的经济与社会功能，包括对社会财富进行一定程度的再分配，承担义务教育和提供公共设施等责任。在经济和社会发生危机的时刻，政府一般都会采取积极干预的政策。

衡量一个政府是否"合格"的最基本指标是，能否为人民提供安全、维护社会秩序，即政府能否在其国家领土上进行有效的统治。

如果政府不能有效抵抗外来侵略甚至投降外敌，或者不能维护社会秩序、保障人民生命和财产安全，国家就会被视为"失败国家"。

第四，主权。主权是指一国独立自主处理内外事务的最高权力。它是国家区别于其他社会集团的最重要属性，是现代国家作为国际关系主要行为体的最重要特征。主权可分为对内主权与对外主权，也可以形容为"对内最高、对外独立"。

对内主权指主权是凌驾于国内其他权威之上的最高权威，涉及国内权力的分配。对外主权指主权是独立于所有外部权威之外的权威，国家因此在国际法上享有平等权。这意味着作为世界舞台上的主要行为体，国家拥有独立自主的权威。

虽然主权是国家独立自主地处理内外事务的权力，但在现实中，由于主权不是先验存在的东西，而是社会建构的产物，主权原则在实践中受到诸如国际制度、国际规范以及主权国家自身实力的制约，拥有主权的国家并不意味着获得了完全的自由，可以为所欲为。

国家拥有主权，除了自我宣示，还必须得到国际社会的承认。具备了领土、人口和政府的国家只有获得国际承认才能获得主权。当今世界，成为联合国的会员国是国家获得主权的重要标志。

国家主权高于一切？

主权是现代国家最根本的属性，也是国家作为国际体系中的主要行为体最重要的特征。人们耳熟能详的一句话就是"主权高于一切"。这是否意味着对一个国家来说，主权就比其他任何东西都重要呢？我们必须把这句话放到它所产生的历史背景下加以考察。

如果我们希望说明人们为什么以主权的方式来理解权力的话，我们首先必须解释他们为什么会认为在其社会中存在着某种最终的和绝对的权威，而在此之前他们又为何没有这样的想法。

——辛斯利[①]

主权这一概念是在欧洲中世纪的权力斗争中诞生的。虽然英国和法国在强有力的君主统治下实现了国家独立与统一，但这两个国家在不久之后也陷入了战乱。法国从1562年开始陷入绵延三十年的宗教战争；英国的资产阶级革命则从1640年开始，到1689年才告一段落。

这两个国家发生战乱，是在现代国家的形成过程中，宗教、文化和政治方面整合的必然，是通过"乱"而走向"治"的过程。而战乱中不可避免地产生的种种暴行和动荡，使政治学家们切身感受到秩序的重要性。

"主权高于一切"正是法国三十年宗教战争期间，法国思想家让·博丹（Jean Bodin）为了实现国家内部权力的统一而提出的。博丹强调，国家必须在其内部有某种能够完全决定自己的事务的，类似家长那样的绝对的、至高无上的权力，这种权力就是主权。[②] 在现代国家的雏形——君主国中，统治者们将自己视为主权的唯一拥有者和国家的代言人。

"主权至高无上"成为君主实行集权统治的依据。路易十四时期的法国是较为典型的君主国。这位1643年至1715年在位的君主自称"太阳王"，他留下的名言"朕即国家"，换言之就是"主权在王"。直到18世纪末，人们还一直把国家与管辖国家的人混为一谈。

不过，上述情况很快受到了挑战。启蒙思想家们对主权提出了这样的解释：因为国家就像一个大家庭，需要有专人来负责管理公共事务。统治者的角色就如同一个大家庭雇用的管家一样。政府存在的目的是给人们提供安全和秩序。政府的权力来自人民的授予。

[①] F. G. Hinsley, *Sovereignty,* 2nd ed., Cambridge: Cambridge University Press, 1986, pp. 1-2.

[②] 参见唐士其：《西方政治思想史》，北京大学出版社2002年版，第191—193页。

卢梭的人民主权论认为，国家是人们根据社会契约组成的政体，因此国家主权所有者也是人民，政府行使主权的合法性和正当性应该基于人民的意志（public will）。

在实践中，最早对"主权在王"明确予以否定的是荷兰。16世纪，包括现在荷兰、比利时在内的地区成立联省共和国，脱离西班牙独立。因荷兰省最大，经济最发达，所以也称为荷兰共和国。一位史学家曾如此描述担任荷兰共和国执政一职的奥兰治亲王威廉三世：他不是一位选任君主，而是由各省等级代表会议正式任命的一位军事指挥官和行政长官。如果他过多地摆出亲王的派头，便会引起猜疑。①

此后，最早的现代国家如英、美、法等国纷纷通过民主革命或政治改良运动，建立起了民主制度，树立了主权在民的观念。按照现代民主理论，人民是国家主权的所有者，统治者是国家主权的使用者，经由人民选举产生的政府才有合法性。

可以说，主权是近代欧洲的历史产物，它是在西欧从封建时代走向现代国家的转型过程中，人们为了解决当时因权力高度分散而造成的国家间战争冲突不断、国内社会混乱无序、人人自危的状况而找到的一把"钥匙"。主权国家的出现和主权平等原则的确立塑造了现代世界体系，在一定程度上维持了国际秩序。

从国家治理的视角看，主权使人民免遭除本国政府之外的其他任何权力的侵犯，得到了安全和保护。代表民众掌握主权的政府成为凌驾于国内其他权威之上的最高权威，垄断了合法暴力，消除了内部一切非法势力对国民合法权利的侵犯。

从国际关系的视角来看，主权国家对外独立自主，不必听命于任何外部权威，从法理上消除了外部势力对本国国民的控制和侵犯，使国家的生存权得到了保护。

---

① 参见〔英〕小约翰·威尔斯：《1688年的全球史》（赵辉译），海南出版社2004年版，第307页。

但主权原则并不意味着拥有主权的国家就可以在国际社会为所欲为，因为国家除了拥有独立权之外，还需遵守主权平等原则。主权平等原则一方面规定各国在法律上一律平等，各国均享有主权的固有权利，各国的领土及政治独立不受侵犯，各国均有权利选择其政治、社会、经济及文化制度；另一方面也规定各国均有义务尊重他国的国际人格，各国均有责任履行其国际义务，并与其他国家和平相处。无论是对其他国家的侵略，还是侵害本国人民的合法权利，都可能因为违背上述原则而遭到国际社会的谴责甚至制裁。

此外，人类面临着越来越严重和紧迫的核扩散、气候变化、传染病的全球蔓延等全球问题。如果每个国家都把这些事情看作"主权"范围内的事情，坚持主权独立，各自为政，这些全球问题可能造成严重的后果，最后有可能使所有的国家都成为受害者。

> 近代国际体系生成以来，主权一直是民族国家赖以生存的法宝和利器。……但是，随着全球化的深化和新技术革命的到来，任何国家都不再可能按照以往那种方式自行其是，既无法不顾及国内社会和人民的意愿而做出专制决定，也不能在不考虑国际环境的压力的背景下实施外交和对外战略方针。主权范畴调整的新动向是执政者根据国内人民和国际社会的主流意志因地制宜、因时制宜、因事制宜地实行政治变革和政策调整，放弃过去那种把国家意志强加于内外民意的专横做法。
>
> ——王逸舟[①]

由此可知，"主权高于一切"这句话的产生有其特殊的历史背景。当今世界，国家出于自身利益和国际道义对主权进行自我约束并自主让渡本国部分主权，以积极姿态加入全球化和地区化的合作与竞争，

---

① 王逸舟：《国际政治概论（第三版）》，北京大学出版社 2020 年版，第 14 页。

可以获得更大的发展空间，进一步增强综合国力，从而更有效地维护国家主权。

战争与现代国家的诞生

中世纪后期，英格兰、法兰西等国家出现了向君主国过渡的趋势。这种以专制王权为典型特征的新国家，与15世纪以前的城邦、王国、帝国都有很大不同，是现代国家的雏形。

这些国家的君主垄断了经济、宗教和文艺等一切领域的最终决策权，成立了自上而下的权力机构，对国民实行专制统治，初步统一了国内市场。但是，当时欧洲最强的政治势力依然是有教权光芒笼罩的神圣罗马帝国，它同西班牙和南德意志的天主教诸邦联盟，梦想恢复查理五世"一统欧洲"的蓝图。与之相比，后来崛起的列强都是配角，法国内部社会混乱、宗教冲突不断，英国的影响力则更多体现在远离欧洲大陆的商业和海军上。

> 欧洲体系何以转变得如此急剧，以至神圣罗马帝国成了无足轻重的政治势力，而大陆在18世纪终于由英国、法国、奥地利、普鲁士和俄国支配？答案当然是战争，或者说得更精确些，是一系列战争。
>
> ——戈登·克雷格、亚历山大·乔治[①]

君主国正是在战争的考验中逐步强大并走向现代国家。绵延不断的战争凝聚了内部民心，增强了共同体观念，加强了政治集权，减少了地方割据，也削弱了神权、教权对世俗权力斗争的影响，确立了国

[①] 〔美〕戈登·克雷格、亚历山大·乔治:《武力与治国方略：我们时代的外交问题》(时殷弘、周桂银、石斌译)，商务印书馆2004年版，第13页。

家独一无二的国际行为体地位。

首先,欧洲连年的对抗和战争强化了群体的分立,民族主义开始作为一种意识形态出现。民族主义的兴起,有助于消除内部冲突,将新兴的政府和变革的社会联结成一个相互支持的整体。

战争意味着大难当头,当务之急就是要分清敌我,即明确"谁是我们""谁是他们",以便团结自己人,抗击外来者。在确定"我们为什么是我们"时,共同的语言文字、宗教信仰、历史记忆、生活方式等得到强调和强化,成为团结民众、凝聚民心的主要因素。所以,人们通过战争与同伴形成认同感,将"我者"同与自己语言、宗教、历史和地理位置不同的"他者"区分开,这样就建立了自己的民族和国家特性。

> "民族国家"的普遍出现,结束了"只知有教,不知有国"的神权大一统时期,古典意义的"帝国"观念从此让位给近代国家观念。
>
> ——陈乐民[①]

其次,在战争的压力下,政治权力和经济权力相互利用与结合,君主和新兴的商业阶层结合,商业、国王、官僚制度形成互动,使得国家成为强有力的经济实体和战争工具。战争各方对武器和财富优势的追求又促使技术和科学发明迅速发展,这为海外殖民扩张奠定了物质基础,而扩张掠夺又反过来为新生的国家提供了巩固与发展的财源。

于是,国王们顺应潮流,与新兴的资产阶级和市民阶层结盟,双方相互利用,以求实现自己的利益。新兴的商业阶层帮助君主反对教会和诸侯,而国王则凭借着商人阶层带来的金钱和东方传来的新式火

---

① 陈乐民、周弘:《欧洲文明的进程》,生活·读书·新知三联书店2003年版,第111页。

器，用火药炸开了封建主的城堡，扫除了商路上的抢劫者和勒索者，促进了商业的发展。曾经的割据者们纷纷变成献媚国王的廷臣。

> 在最近的1000年里，导致欧洲和世界其他地区分离的是资本权力和强权政治之间复杂的辩证逻辑，这种关系不自觉地导致了现代国家的产生……在现代国家里，关键的结合体现在资本的所有者为国家提供财政资源，而强权政治的统治者让资本在政治中发挥重要作用。这种结合能更有效地调动不同群体中个人的潜力，在战争和经济中创造出效率。
>
> ——巴里·布赞、理查德·利特尔[①]

资产阶级和市民阶层当然也得到了好处。在路易十四时期，法国撤销了阻碍国内贸易发展的各种关卡，还对进口货物征收关税，鼓励商业船队发展，寻求能够为本国商品制造业提供原材料和稳定市场的殖民地。

最后，为了应对外部威胁和冲突，国家需要高效的行政制度、税收制度和动员能力，国家官僚体系由此建立，现代国家机器初步形成。战争威胁下形成的"挑战－应战机制"使得欧洲民族国家趋于完善、现代化和强大。

早在十七八世纪，那些日后被视为列强的国家已将其政府结构现代化，以理性的方式动员经济和社会资源，建立起卓有成效和遵守纪律的军队以及一套管理文职官员的制度。

可以说，战争和为战争所做的准备缔造了现代国家，国家最终成为凌驾于各个阶层之上的、垄断了合法暴力的权力机构，"君权神授"成为历史。

---

① 〔英〕巴里·布赞、理查德·利特尔：《世界历史中的国际体系——国际关系研究的再构建》（刘德斌主译），高等教育出版社2004年版，第219—220页。

成为欧洲主角的君主国不再为宗教信仰而战,现实政治和国家利益成为它们制定对外政策所遵循的最高准则。1618年至1648年的欧洲三十年战争给了教皇权威致命的一击。在威斯特伐利亚和会上,国家观念开始取代神权观念。

战争的胜利也显示了新国家形态比前现代国家具有巨大优越性。当现代国家登上历史舞台之后,它取代了几乎所有其他的政治单元,使之殖民化或屈服于它的统治。

时至今日,战争对很多国家维系国家统一和民族团结仍然起着不可替代的作用。国难当头之际,全体国民上下同心,团结一致。此时的国家展示出高度的凝聚力,政府也由此获得了最高的权威。

民族主义与国家建构

最早的现代国家都是从民族到国家,即先有民族认同,在此基础上再建立国家。比如,最早在欧洲建立的现代国家都是单一民族国家,这些国家的人民通常属于一个民族,如英格兰人、法兰西人、日耳曼人等,他们之间界限分明。在这些国家,民族认同与国家认同是一致的。

二战后独立的国家则一般是从国家到民族,即先建立国家,再构建民族认同。国家认同是建立在一个新构建的、囊括国内所有族群的大的民族认同基础上的。民族认同是将全体国民凝聚在一起的黏合剂。

民族主义是形成民族认同的基础。在最早的现代国家的形成过程中,出现于中世纪欧洲的民族主义起到了凝聚民心、整合社会、建立国家的作用。

民族主义作为一种意识形态和信念,认为世界上的人是分民族的,主张每个民族都有自决(self-determination)的权利,应该成为现存民族国家内的一个自治(self-governing)单元或建立自己的民族国家。

1789年爆发的法国大革命，在实践中第一次展示了民族主义的巨大力量。为了在旧政权的进攻下生存下来，革命领袖们不得不动员渴望为祖国而战的公民组成军队。

在促进民族认同方面，法国革命要求所有的法国公民说"国家语言"而不是方言，建立大批公立小学教授法语并灌输热爱国家的思想。此外，法国革命还创立了国旗、国歌和国家节日等民族主义仪式和象征。民族主义开始压倒人们对宗教和地区的忠诚。

法国大革命以后，民族意识得到普遍传播。19世纪，中小国家如意大利、希腊、匈牙利的民族主义不断高涨，或是起义反抗外国统治，或是革命成立独立共和国。意大利和德国在19世纪中期之后实现了统一。

西欧列强在世界其他地区的征服与扩张，唤醒了当地民众的民族意识，民族主义得以在世界范围内广泛传播。民族主义追求的基本目标就是民族自治，而民族自治的最终诉求就是取得国家地位。

受北美独立运动影响的民族主义另有特色。它反对欧洲的殖民统治，主张民族独立，主张建立民主共和国，主张国内各民族平等和种族平等。18世纪末19世纪初拉丁美洲爆发了世界近代史上规模最大的反对殖民统治、争取民族独立的斗争，大片地区从西班牙和葡萄牙的殖民统治下获得了独立，诞生了阿根廷、巴西、智利、墨西哥、委内瑞拉等国家，但这些国家只是现代民族国家的雏形。

值得一提的是，在西方列强的殖民压力之下，经历倒幕运动和明治维新的日本国民意识苏醒，日本成为非西方地区最早的现代国家。

搭着一战结束和战胜国分赃的顺风车，随着奥匈帝国、奥斯曼帝国、德意志帝国和沙俄帝国的土崩瓦解，原先四大帝国在东欧和南欧的附属国纷纷独立，诞生了捷克斯洛伐克、匈牙利、芬兰、波罗的海三国（爱沙尼亚、拉脱维亚、立陶宛）等一批新生国家。

二战结束后,战败国德国和意大利一蹶不振,战胜国英国和法国也是千疮百孔,已经没有多少能力管制原有的殖民地。在二战后成为超级大国的美国和苏联,一直都是支持民族自决的国家,美国本身就是英属殖民地独立后建立的国家,而苏联信奉的共产主义更是以解放全人类为目标。在它们成为主导国际事务的主要力量之后,殖民地的民族解放运动席卷亚非拉。1945年联合国成立时只有51个成员国,但仅20世纪50年代中期到60年代末,非洲就先后有30多个国家独立。

> 20世纪开始时,占世界陆地面积和人口数量大部分的广大不发达地区,差不多全是欧洲列强(加上刚崛起的美国和日本)的殖民地半殖民地,而到70年代后期各殖民帝国业已全部瓦解,半殖民统治则充其量只剩下很少地区并且气息奄奄……它是非西方民族"对西方造反"的结果,而贯穿其中的是政治独立、主权平等、种族平等和文化解放这四大主题。
> ——时殷弘[①]

二战后从殖民地独立的国家则走了另外一条国家建构的道路。它们基本上都是从国家到民族,国家已经建立了,而民族认同还没有形成,尤其是非洲国家。这些国家虽然在较短时间内具备了现代国家的要素——领土、人口和政府,并获得了主权,但却无法形成统一的民族认同,长期面临着国家建构的艰巨任务。

在这些国家中,对民族认同的形成构成最大挑战的是部族主义。目前,非洲大陆大约存在几千个部族,除了埃及、马达加斯加等少数国家之外,部族主义是阻碍非洲国家进行国家建构的一大顽疾。部族主义对非洲的消极影响主要表现为政党部族化、军队部族化和政府部

---

① 时殷弘主编:《新趋势·新格局·新规范》,法律出版社2000年版,第292—293页。

族化，许多国家的政治斗争演变为部族武装冲突，导致内战频仍和地方割据。1992年肯尼亚大选诱发大规模部族冲突；20世纪80年代以来索马里部族势力进行旷日持久的内战；最悲惨的是1994年卢旺达内战，由胡图族控制的政府军对图西族进行了有组织的大屠杀，共造成80万—100万人死亡，死亡人数占当时卢旺达总人口的1/8。

≫ 思考：如何看待民族主义？

民族主义曾在追求国家统一和独立自主方面发挥了巨大的积极作用。但是今天，"民族主义"在很多场合都被作为一个贬义词来使用。在一些知识精英眼中，民族主义俨然已经成为一个落后的、过时的概念。为何会有这样的变化呢？

一方面，一些国家的民族主义发展成了扩张性民族主义或民族沙文主义，这使民族主义与侵略性政策、军国主义和战争联系在一起。

民族主义诞生之初强调的是各民族的平等和自决，但有的民族主义者并不尊重其他民族的权利，而只追求凌驾于其他民族之上的特权。他们的观点是，不同民族具有不同的特性与品行，命运也应该有三六九等之分，一些民族适于统治，其他一些民族适于被统治。民族沙文主义者把自己的民族视为独特的，某种程度上是"上帝的子民"，将其他民族都视为弱者和卑劣者或敌对者和威胁者，由此产生了仇外心理和扩张心态。

这方面最典型的例子是纳粹德国的雅利安主义，它将德意志民族（雅利安人）描绘为注定一统天下的"优等民族"，并得到了反犹主义的支持，成为第二次世界大战的根源之一。

另一方面，冷战后世界范围内出现的民族分离主义成为许多地区动荡、内战与混乱的源头。

民族分离主义是民族主义的一种极端表现形态，指在多民族国家中，期望脱离所在国，建立本民族独立国家的社会运动或思潮。

冷战结束之后,民族分离主义在全球广泛存在且愈演愈烈,是21世纪主权国家面临的主要挑战之一。几乎所有的多民族国家中都有打算分离出去或具有分离倾向的族群。其中比较受关注的有俄罗斯的车臣、英国的北爱尔兰、斯里兰卡的泰米尔、中东的库尔德人聚居区、格鲁吉亚的南奥塞梯和阿布哈兹、加拿大的魁北克、法国的科西嘉、西班牙和法国的几个巴斯克人居住的省份、印度的旁遮普省等。

一些分离主义运动竭力煽动种族对立和种族仇恨,以此作为动员群众情绪的手段,为种族清洗和仇杀开辟道路。在科索沃战争前,塞族人镇压阿族人,战后阿族则野蛮清洗塞族人。在非洲大湖地区各国,种族清洗式的屠杀达到了疯狂的地步,造成上百万人死亡。在库尔德人聚集区、斯里兰卡泰米尔地区、俄联邦的车臣战争和北爱尔兰新教徒和天主教徒的冲突中,这种情况也时有出现。

种族清洗和报复性仇杀带来的结果和影响是长久并极具破坏性的,它使人们丧失理智和人性,加深了各种族之间的矛盾和仇恨,使本来可能通过谈判解决的问题长期拖延。

当今世界,由于极端民族主义和民族分离主义给世界带来灾难和动荡,人们越来越倾向于提倡爱国主义,而对民族主义持比较审慎的态度。

爱国主义与民族主义的差别在于,民族主义越来越强调个人对一个民族的自我意识与民族认同感、自豪感、优越感,其出发点和归结点往往都是本民族利益,因此在强烈关注本民族利益的同时,也容易导致对其他民族利益的忽视甚至否定。而爱国主义以本国为效忠对象,认同自己国家的文化价值观和政治制度,追求国家的长远利益,不会贬低和否定其他国家,往往被视为推动国家发展和社会进步的巨大动力。

不过,也有人认为,在没有地域、血缘和种族联系的情况下,语言与历史、政治忠诚和文化价值观无法使公民从国家获得安全感和归属感。民族认同的弱化也可能导致爱国主义的褪色。

例如，二战期间，美国人万众一心，同仇敌忾，爱国主义达到了有史以来的最高峰。但从20世纪60年代开始，在多元文化主义思潮的影响下，这种爱国主义热情开始减弱。随之而来的是人们对身份政治（identity politics）的追崇，人们越来越关注和强调彼此之间的差异性，对自己所属的小群体有强烈的认同感，而对国家的认同越来越淡漠，美国的国家特性、国民身份在逐渐淡化和消损。① 亨廷顿曾经忧虑地预言，如果这种趋势继续下去，"国将不国"，美国将面临分离或解体的命运。2017年高举"美国优先"（America first）旗帜的特朗普在美国大选中获胜，被视为民族主义在美国强势回归的标志。

的确，近代以来，像民族主义这样具有强大生命力的意识形态是非常罕见的。只要民族国家还是国际舞台上的主要行为体，作为集体认同的民族主义就依然会有很强的感召力。今天有不少人依旧相信，民族身份才是真实稳定的，而全球主义或者世界主义则是非常虚幻的，因为"世界公民"不是一种可靠的身份认同，也无法提供人们需要的集体归属感。

近年来，曾经引领全球化的欧美国家普遍出现民族主义的"复兴"，这意味着民族主义的普遍性和持久性不宜低估。民族主义与全球主义之间的纠葛，将会在很长一段时间内继续存在。

推荐阅读书目

陈乐民：《欧洲文明十五讲（典藏版）》，北京大学出版社2020年版。

〔美〕查尔斯·蒂利：《强制、资本和欧洲国家（公元990—1992年）》（魏洪钟译），上海人民出版社2007年版。

〔美〕本尼迪克特·安德森：《想象的共同体：民族主义的起源与散布（增

---

① 参见〔美〕塞缪尔·亨廷顿：《我们是谁？——美国国家特性面临的挑战》（程克雄译），新华出版社2005年版，第114—115页。

订版）》（吴爰人译），上海人民出版社 2011 年版。

〔英〕安东尼·D. 史密斯：《全球化时代的民族与民族主义》（龚维斌、良警宇译），中央编译出版社 2002 年版。

〔美〕塞缪尔·亨廷顿：《我们是谁？——美国国家特性面临的挑战》（程克雄译），新华出版社 2005 年版。

第七章

国家利益

纷纭复杂的对外政策问题以国家利益为焦点便可以变得有条有理；只有用国家利益的概念才能解释国家及其政府的行为。

——弗雷德·桑德曼①

国家不是一张白纸，可以随意书写各种利益。

——亚历山大·温特②

在物质上，国家需要安全与发展；在精神上，国家需要国际社会尊重与承认。尤其是对大国来讲，在许多情况下精神需要的重要性不亚于物质需要。

——阎学通③

---

① 〔美〕威廉·奥尔森、戴维·麦克莱伦、弗雷德·桑德曼编：《国际关系的理论与实践》（王沿等译），中国社会科学出版社1987年版，第78页。
② 〔美〕亚历山大·温特：《国际政治的社会理论》（秦亚青译），上海人民出版社2000年版，第293页。
③ 阎学通：《中国国家利益分析》，天津人民出版社1996年版，第10—11页。

"国家利益"是一个国人非常熟悉的词,它经常出现在中国政府工作报告、领导人讲话和外交官的发言之中,比如人们耳熟能详的"中国的国家利益不容侵犯""我们不会用中国的国家利益做交易""中国人民捍卫国家利益的决心不会动摇"等。

在 20 世纪 90 年代以前,中国政府和学界极少提到中国的国家利益。国际关系学者会研究其他国家的国家利益,如美国的国家利益、日本的国家利益、俄罗斯的国家利益,但几乎没人研究中国的国家利益。这种现象使得 20 世纪 90 年代初从美国留学回来的阎学通博士感到十分惊讶。在美国,对美国国家利益的讨论和研究多得令人厌烦,为何在中国却恰恰相反呢?如果我们连中国的国家利益是什么都不清楚,我们怎么能确定对外政策的目标呢?①

1996 年,阎学通博士出版了他的第一部学术专著《中国国家利益分析》,这也是我国学者写的第一本研究国家利益的理论著作。这部著作在中国学界引起了极大反响,《中国社会科学季刊》专门就这部著作组织了一次学术研讨会,政治学和国际关系学界的知名学者针对书中的观点展开了激烈的讨论,发言内容经整理后以专栏的形式刊登在 1997 年《中国社会科学季刊》秋季刊上。学界认为,阎学通博士这部著作的政治影响和社会影响可能超过了学术影响,它使中国人重新认识中国的国家性质和中国在世界体系中的位置。

什么是国家利益?如何界定国家利益?哪些因素会影响人们对国家利益的判断?国家利益与世界利益是什么关系?这些是本章要讨论的主要问题。

---

① 参见阎学通:《中国国家利益分析》,天津人民出版社 1996 年版,前言 1—2 页。

如何理解国家利益？

国家利益是国际关系学最基本的核心概念之一，国家利益在国际关系研究中出现的频率之高是其他概念所无法企及的。那么，什么是国家利益呢？

在国家形成之前，显然不会有"国家利益"一说。那么，在国家形成之后，国家利益是不是也就自然产生了呢？理论上讲，有了国家就应该有国家利益，但"国家利益"是从英文"national interests"翻译过来的，有了"nation"才会有"national interests"，所以"国家利益"这个概念是与现代民族国家（nation-state）一同产生的。

在中国传统文化中，"利益"（或简称"利"）常与"道义"（或简称"义"）相对，一般用作贬义词。人们常说"君子喻于义，小人喻于利"，不管是个人、集体还是国家，追求自身利益都被视为是自私的、狭隘的、不符合道义的事情。在西方文化中，利益与权利（rights）联系在一起，表达自己的利益、维护自己的利益、增进自己的利益被认为是天经地义的事情。《布莱克维尔政治学百科全书》对"利益"一词的解释是："对人们表示尊重的方式之一，就是严肃地对待他们的利益，把他们的利益看作是值得支持的，因为他们（作为独立的个体或主体）的福利是天生的权利。"[①]

同样，民族国家在国际社会追求自身的利益被视为一件理所当然和光明正大的事情。国家利益是国际关系学研究的核心问题，西方学者既研究本国的国家利益，也研究别国的国家利益。美国有一本学术期刊的名字就叫《国家利益》（National Interests）。

但是，利益是与权利联系在一起的，国家不能随意界定自己的利益，更不能把"欲望"和"野心"等同于利益。比如，某国若将自己

---

① 〔英〕戴维·米勒、韦农·波格丹诺主编：《布莱克维尔政治学百科全书（修订版）》（邓正来等译），中国政法大学出版社2002年版，第386页。

统治世界、称霸世界的目标称之为国家利益，是得不到其他国家的支持和尊重的。正如有学者指出的那样，国家利益是一种合法性相互制约的利益，国家利益的合法性受制于其所处的国际体系，任何国家的国家利益必须与国际体系的机制相一致，或得到体系中大多数国家的认同。[①]

通过以上分析，我们可以把国家利益定义为现代民族国家在国际社会赖以生存和延续的、不以人的意志为转移的、具有普遍性的基本条件。国家只有具体了这些条件才能生存和发展，而国家若忽视这些条件或这些条件长期得不到满足，便有可能"国将不国"。

在现代国家形成过程中产生的国家利益，其合法性源于国家主权，国家主权被认为是至高无上的，因而国家利益也是至高无上的。于是，维护国家利益成为一国制定对外政策的主要目标和依据。英国在19世纪长期奉行光荣孤立和均势战略，美国在二战中实现从孤立主义向全球主义的转变，中国从中苏结盟到独立自主不结盟……这些对外政策的调整和变化，都源自决策者对其国家利益的判断。

由于维护国家利益是一国对外政策的起点和动因，它也成为检验一国对外政策成功与否的依据和标准，研究者和社会公众以此来判断、检验和评价对外政策的成败得失。增进国家利益的政策值得肯定，而损害国家利益的政策备受指责。1933年希特勒上台后，大肆扩军备战，在1938年吞并奥地利后，又对捷克斯洛伐克提出领土要求。英法出于自保和"祸水东引"的考虑采取了绥靖政策，在慕尼黑会议上牺牲了中东欧国家的利益。但希特勒并未停下侵略脚步，英法从作壁上观到引火烧身，国家安全遭到严重威胁。绥靖政策被历史证明是一项有损英法国家利益的错误政策。

正是由于国家利益决定着国家的对外政策和对外行为，研究者可

[①] 参见王正毅：《国家利益是合法性相互制约的利益——兼评阎学通〈中国国家利益分析〉》，《中国社会科学季刊》（香港）1997年秋季卷，第138—142页。

以通过分析一国的国家利益，或者依据其利益表述或利益诉求，判断或预测其对外政策和对外行为。

美国的《国家安全战略报告》是冷战后历届美国政府阐述其国家安全战略的重要报告，报告在分析美国所处的战略安全环境以及美国国家利益面临的主要威胁的基础上，阐明美国政府的国家安全理念，为美国政府制定相应的对外政策提供指导方针。美国政府在2017年年底发布的《国家安全战略报告》中认为，中国近年来的发展与美国的期望（民主化、市场化）背道而驰，美国长期以来对华实行的"接触"政策彻底失败。中国在政治、经济、军事、外交等各方面对美国形成挑战。中国是美国的全面的"战略竞争对手"。美国面临的主要威胁就是像中国这样的"修正主义国家"。此后，美国对华政策发生了转折性的变化，中美关系跌入建交以来的谷底。

近代欧洲的国际体系形成之后，国家之间的联系和互动增强，国家利益之间的冲突和不可调和成为国际争端乃至世界大战的主要原因，而协调国家利益成为解决国际争端的主要方式。1814年拿破仑帝国失败之后，欧洲列强在奥地利首都维也纳召开了近十个月的维也纳会议。奥地利首相梅特涅提出了保持"欧洲协调"的原则，他意识到利益的重新分配是暂时的，定期举行外交大臣会晤、互通信息可能是协调利益纠纷、避免冲突反复爆发的更好方式。"大国协调"成就斐然。与征战不断的18世纪不同，欧洲在拿破仑战争之后出现了近一百年的和平局面。除了克里米亚战争、普法战争等战争之外，欧洲没有发生过席卷所有大国的大规模战争。①

进入21世纪，世界体系中国家利益的协调主要是靠国际组织和国际法。国际组织为鼓励和促进国家以和平协商方式解决矛盾和冲突提供了平台，而国际法为规范和调整主权国家之间的关系提供了具有法律约束力的原则、规则和制度。本书第十一章"国际组织"和第

---

① 参见袁明主编：《国际关系史》，北京大学出版社2005年版，第40页。

十二章"国际法"将对此进行详细阐述。

国家利益的主要内涵

自世界体系形成以来，世界舞台上的任何一个行为体只要是以"国家"的身份存在，就必然要具备赖以生存和延续的、不以人的意志为转移的、具有普遍性的基本条件，否则就不能称其为"国家"。

那么，这些基本条件是什么呢？学者们的认识不尽相同。现实主义者认为，生存是国家的根本利益，甚至是唯一利益。新自由主义学派学者亚历山大·乔治（Alexander George）和罗伯特·基欧汉提出国家利益包含三项内容——生存、独立、经济财富，或者说是安全、自由、财产。①建构主义学派的代表人物温特在其后又加了第四种利益——集体自尊（collective self-esteem）。②这四种利益构成了国家利益的基本内容。

第一，**生存（或安全）**。几乎所有学者都把生存放在国家利益的首位，认为它是国家的根本利益和核心利益。国家的生存从根本上讲是指人的生存，人要生存就需要土地，所以国家的生存也包括居民赖以生存的土地。由于国家的生存得到保障就意味着国家获得了安全，大多数学者把国家的生存等同于国家安全。

1945年联合国成立之前，对国家生存构成最大威胁的是外敌入侵，其结果或者是国家被外国吞并，不复存在，或者是国家割地赔款，国土不再完整。而如今，国家生存面临的最大威胁主要来自非传统安全因素。比如，传染病的大流行使大量国民失去健康和生命，国

---

① 参见 Alexander George and Robert Keohane, "The Concept of National Interests: Uses and Limitation," in Alexander George, *Presidential Decision-making in Foreign Policy*, Boulder: Westview Press, 1980, p. 224。

② 参见〔美〕亚历山大·温特：《国际政治的社会理论》（秦亚青译），上海人民出版社2000年版，第294页。

家人口锐减；全球变暖，海平面上升，使得一些太平洋岛国的国土面积消失，民众不再有居住之所。

第二，**独立（或自由）**。国家不仅需要生存，而且也需要自由。自由主义和建构主义所说的自由是指一个国家有能力自主地控制本国的资源分配和决定本国事务。此外，保持本民族的文化特性也属于国家的独立或自由。文化，从广义上讲是指一个国家或民族的生活方式，语言是文化的载体。如果一个国家不能决定自己的语言，那它就没什么自由可言。甚至可以说，如果一个国家失去了它的语言，它就从此消亡了。

现代国家的独立或自由来自国家拥有的主权。享有主权即意味着国家有了独立自主地处理内外事务的最高权力。如果没有自由，国家满足其内部需求和应对外部紧急情况的能力就会受到限制。

第三，**经济财富**。经济财富指保持社会中的生产方式，在延伸意义上也包括保护国家的自然资源和生态环境。

为了国民的生存和发展，国家必须拥有一定的物质资源和物质条件，在此基础上满足人们对"过上好日子"的需求。处在不同历史发展阶段的国家对经济财富的理解不同。对于刚进入工业时代的国家而言，促进经济增长、提高人民物质生活水平是国家追求的主要目标，GDP 的增长被视为国家财富增长的主要体现。而对于那些已经进入后工业社会的国家来说，发展经济已不再意味着单纯促进经济增长，而是促进社会各方面的协调发展。一些发达国家并不太关心 GDP，而是更为重视民众生活质量的提高和人与自然的和谐共处。

第四，**集体自尊**。正如每一个人都渴望得到承认，获得做人的尊严一样，国家也不例外。对于国家而言，集体自尊是国家利益的核心组成部分，得到国际社会对其身份的承认是国家参与国际政治的重要目标之一。如果国家要求承认的需求得不到国际社会的满足，就会发生"要求承认的政治斗争"。例如，有学者认为，德国在第二次世界大战中的扩张，很大程度上是对一战后在《凡尔赛和约》中遭受的民族耻辱进行报复。

在不同的历史阶段和不同的体系文化中，国家获取尊严的方式差别很大。在奉行"强权即公理"的时代，国家主要通过征服和战胜对手来获得"荣耀"。在国家之间形成竞争关系的体系文化下，集体自尊首先是指主权得到其他国家的承认，因为获得国际承认意味着这个国家至少在形式上被视为国际社会平等的一员，这样它就既可以免受被征服的实际威胁，也可以避免因没有合法的国际地位而受到的精神威胁。

但是，主权获得承认只是现代民族国家在这方面的最低需要。当今世界，大多数国家是通过实现国内的良治和遵守国际法、承担国际责任来赢得国际社会的尊重的。由于国家的尊严就是国民的尊严，国家没有尊严，国民也不可能有尊严，一个国家的国民在国际社会所受到的待遇，在很大程度上可以体现出国际社会对这个国家是否给予尊重以及给予了多大程度的尊重。

正如人的需求并非绝对地从物质到精神一样，上述国家利益的四个方面的重要性并非绝对地越靠前越重要。很多时候，国家会将尊严置于经济利益之上，为了尊严不惜付出经济上的代价。此外，在面对具体问题时，这四种利益之间经常存在着张力，四种利益并不总是相兼容的，实现一种利益有可能要以牺牲其他利益为代价。例如，大国为了获得更大的尊严就要承担一些经济利益上的损失（比如对外援助），小国为了获得安全（比如与大国结盟）必然要损失一些自由。现实生活中，很多情况下国家常常面临"鱼与熊掌不可兼得"的情况，最后只能"两害相权取其轻"。

还需要说明的是，这些利益对任何国家而言都是相对的，而不是绝对的。例如，领土是国家生存的必要条件，但国家失去一部分领土并不意味着它就不能生存，如印度尼西亚在东帝汶独立后仍然存在。再如，自由是国家必需的，但世界体系中的所有国家都不可能做到完全自由，在自由与不自由之间存在很大的弹性空间。有些国家对自由的需求很高，强调在对外关系中要独立自主；有些国家对自由的需求则没有那么高，当依赖他国的收益大于损失时，国家可以放弃一部分自由。冷战时期，美国与菲律宾签订了《美菲军事协助条约》，美国1947年租用菲律宾23处陆海空基地，并在基地内享有广泛的治外法权。菲律宾相当于用一部分国家主权来换取美国的军事庇护。

总之，生存、独立、经济财富和集体自尊是国家利益的基本内容，所有国家都同时追求这些利益；只有这些利益都基本得到实现，国家才得以生存和发展。但在不同历史时期，处于不同发展阶段、有着不同文化背景的国家对这四种利益的具体内涵和实现方式有着不同的认知。世界舞台上，国家利益是以丰富多彩的形式呈现出来的，国家利益是客观性与主观性相结合的产物。

影响国家利益的因素

国家的生存（或安全）、独立（或自由）、经济财富和集体自尊这四个方面共同构成了国家利益的基本内容，也成为国家对外采取行动的根本动力。

尽管世界上所有的国家都有其国家利益，且所有国家的国家利益在本质上是相同的，但不同国家对其利益的认知和判断不尽相同，那么，有哪些因素会影响国家对其利益的判断呢？

第一是世界体系层次的因素，包括体系文化、世界格局或国际局势的变化等。在国家互为敌人的体系文化下，所有国家都将安全置于国家利益的首位，因为国家只有在保障生存的前提下才有可能去追求和实现其他利益。

随着二战后主权制度在全球的确立和巩固，主权国家的生存利益基本得到保障，国家不必为了生存而扩军备战，国家即便没有军队也可以照样生存。随着苏联的解体和冷战的结束，国家从此不必在两个超级大国之间"选边站"，也不必担心大国之间的紧张关系和对峙会殃及自身。和平与发展成为时代主题，发展经济、提高人民物质生活水平成为大多数国家的首要利益。中国正是在这样的国际大背景之下，以经济建设为中心，才获得了经济的快速增长。

第二是国家实力，它决定了国家依靠自身力量来实现其利益的能力。世界体系中，任何国家要实现自己的利益目标，都会涉及与其他行为体的互动，国家需要运用自己的实力去影响和改变其他行为体的态度与行为。国家实力不足，或者实力运用不当，就不能顺利地实现自己的利益目标。

现实主义者认为，实力是决定国家利益的唯一因素。国家有多大的实力就去追求多大的目标，实力越强，追求的目标就越高。比如，集体自尊对小国而言，只是获得在国际社会的平等地位；而对大国而言，则是获得国际社会的领导地位。在这种视角下，国际关系就如包含超级、甲级、乙级等不同级别的足球联赛体系，实力不同的国家就像俱乐部一样各有目标，强者追求"夺冠"，弱者追求"保级"。

第三是历史文化因素，它决定了国家对其利益的具体内涵的理解和对实现方式的认知。历史文化背景不同的国家对国家利益具体内容的界定和实现方式的选择都不尽相同。

从历史经验看，一国的实力地位并不总能决定这个国家的利益选择。20世纪20年代，美国拥有世界首屈一指的经济实力，但在对外关系中却一直坚持孤立主义。美国在一战之后和大萧条中两次拒绝接过领导世界的"权杖"。美国总统哈定（任期为1921—1923年）认为，美国恰当的国际角色是充当国际社会的道义领袖而不是政治领袖。其继任者胡佛同样拒绝在维护东亚国际秩序中承担领导责任。①

当今世界体系中，实力地位相同的国家未必有相同的利益认知。原因在于，虽然所有国家都有本质上相同的物质和精神需求，但在不

---

① 参见王立新：《踌躇的霸权：美国获得世界领导地位的曲折历程》，《美国研究》2015年第1期，第10—11、17—18页。

同文化模式中，国家对其重要性及满足方式的认知相当不同。正如吃饭是所有人的基本需求，但人们在吃什么、怎么吃上表现千差万别。文化学者把人们对如何实现客观需求的认知称为"自我利益"或"主观"利益。"自我利益"或"主观"利益主要是由文化建构的。

自国家形成之日起，文化就影响着这个国家对其具体国家利益及其实现形式的认识。不同国家对其利益有不同的界定，这一点即便是笃信权力政治的现实主义者也无法完全否认。

> 在一个特定的历史时期之内，哪种利益能够决定政治行动，要视制定对外政策时所处的政治和文化环境而定。
> ——汉斯·摩根索[1]

美国文化以"自由主义－个人主义"为核心价值观，经过文化建构的美国国家利益，"独立"体现为维护美国的宪政民主体制，"经济财富"体现为维护美国的资本主义生产方式和自由市场经济体制。美国人深信，作为奉上帝旨意建造的、令世人景仰和效仿的"山巅之城"，美国的不同凡响之处就在于它最早和最成功地建立了民主制度。美国的"天定命运"就是要把美式民主推广至全世界。

美国文化所促成的美国对本国国家利益的认识是区别它与其他国家的标志之一。假如美国文化价值观中没有这样的内容，美国就不可能追求这样的国家利益。历史上曾经出现的拥有与美国相似实力和地位的国家，如罗马帝国、英帝国等，都没有像美国那样追求在全世界"输出民主"，其追求的理想目标和影响世界的方式与美国不尽相同，甚至相去甚远。

总之，由于国家利益受到众多因素的影响，不同国家对其利益

---

[1] 〔美〕汉斯·摩根索：《国家间政治：权力斗争与和平（第七版）》（徐昕、郝望、李保平译），北京大学出版社2006年版，第35页。

的具体内容的认知和实现方式的选择不尽相同，且随形势的变化而变化。学者在对一国的国家利益进行分析和判断时，需要综合考虑以上各种因素，并根据形势的变化对其做动态的研究。

国家利益与世界利益的关系

今天世界上有近 200 个国家，每个国家都有自己的利益考量，那么不同国家之间的利益是什么关系？

在多数现实主义学者眼中，国家本质上是自私、利己的，追求国家利益是国家利己主义的体现。古典现实主义的代表人物摩根索认为，民族主义精神一旦在民族国家内得以实现，它就被证明是完全忠于一国利益和排他的，而不是世界主义和人道主义的。[1]

进攻性现实主义甚至认为，国家间的利益关系在本质上是相悖的、冲突的，国家任何时候的基本目标都是阻止其他国家"赶超自己"。一个国家的最佳生存之道是利用其他国家，牺牲他国之利，为自己获取权力。[2]

其实，现实主义只看到了国家利益的一个方面，没有看到不同国家利益可能存在交集的一面。追求生存、独立、经济财富和集体自尊是国家天经地义的利益，但这并不意味着各国的国家利益就是不相容的，一国利益的实现必然以损害其他国家的利益为前提。所有国家都有着某些相同的需求，如持久的世界和平、良好的生态环境、稳定的国际政治经济秩序等，所有国家和所有人都可以从中受益，因此，这些利益应该是全人类的利益，或者称之为"国际利益""世界利益"。

新自由主义流派不否认国家利益具有自私性和自利性，但它同时

---

[1] 参见〔美〕汉斯·摩根索：《国家间政治：权力斗争与和平（第七版）》（徐昕、郝望、李保平译），北京大学出版社 2006 年版，第 315 页。

[2] 参见〔美〕约翰·米尔斯海默：《大国政治的悲剧》（王义桅、唐小松译），上海人民出版社 2003 年版，第 38 页。

强调，国家利益也具有利他性和互利性。特别是随着人类进入"相互依赖的时代"，国家在政治、经济、军事、社会、生态等方面相互渗透、相互影响，各种利益交织在一起。世界已经变成"你中有我，我中有你"的命运共同体，国家已经形成了"一荣俱荣、一损俱损"的局面。

　　国家对狭隘的、零和的自我利益和全球地位的追求，常常需要耗费高得惊人的成本，甚至会弄巧成拙。例如，20世纪70年代，东西方国家关系逐渐走向缓和，美国因为国内经济陷入"滞胀"而决定从越南撤军和进行战略收缩，但苏联却为了扩张势力范围悍然出兵阿富汗，结果深陷战争泥潭，国力大幅损耗，而且国际形象一落千丈。在遭遇"9·11"恐怖袭击之后，世界唯一的超级大国美国为了获得绝对的安全，几乎重蹈当年苏联的覆辙，反恐战争导致美国深陷伊拉克和阿富汗而不能自拔，极大地损耗了美国的实力，成为美国霸权衰落的开始。

　　其实，世界利益与国家利益在本质上是一致的，世界利益是在国际社会获得了合法性的国家利益的综合，世界利益是国家利益中的普遍利益和长远利益。

　　前文已经讲过，由于国家利益是多方面的、多层次的，一种利益的实现有可能损害另一种利益的实现，甚至以牺牲另一种利益为代价，而且，很多时候国家的短期利益与长期利益之间也存在着矛盾。在这种情况下，人们很容易把本国利益之间的矛盾归结为世界利益与国家利益的矛盾或对立。例如，某些国家因首先考虑实现工业化或经济增长的短期利益，认为国际社会要求国家承担保护环境和维护生态平衡的义务和责任有碍于自己的国家利益。其实，保护环境、维护生态平衡既是世界利益也是国家利益，国家需要平衡自身短期利益与长期利益，而不是以国家利益反对世界利益。

　　当今世界，国家利益与全人类共同利益的相关性不断增加，人类日益成为一个命运共同体。国家利益与世界利益相融合的程度越来高。比如，可持续发展是人类在发展模式上的一种新追求，它既符合国家利益，又符合世界利益，国际利益与世界利益是相辅相成、融为一体的。相对于传统的国家利益观，对世界利益的认可和共享是国家利益的新生长点。

全球化时代，来自全球化的挑战和全球问题的压力要求各国逐步树立全球意识和全人类利益优先的原则。国家只有协调好自身利益与世界利益的关系，使二者并行不悖，才能更好地维护国家的现实利益和长远利益。

> 当今大多数国家把自己视为"国家组成的社会"的一个部分，它们遵循这个社会的规范，不是出于对自我利益的考虑，认为这样做对它们各自的利益有好处，而是因为内化并认同了这些规范。这不是要否认国家在国家组成的社会范围内所做的许多事情是出于自私考虑的。但是，在涉及许多共存的根本问题上，国家已经获取了某种程度的集体利益。
>
> ——亚历山大·温特①

中国国家主席习近平曾指出："人类已经进入互联互通的新时代，各国利益休戚相关、命运紧密相连。全球性威胁和挑战需要强有力的全球性应对。"②

2020年席卷全球的新冠肺炎疫情，就是一次艰苦的、事关人类命运的全球性斗争，"全球性的胜利"必须基于"全球性的协同合作"。因为病毒不分国界，没有一个人、一个国家可以无视疫情的侵袭。面对疫情，那些不积极作为甚至对国际协作采取消极态度的国家会因此

---

① 〔美〕亚历山大·温特：《国际政治的社会理论》（秦亚青译），上海人民出版社2000年版，第302页。

② 《习近平在联合国成立75周年纪念峰会上的讲话》（2020年9月21日），http://jhsjk.people.cn/article/31869865，2023年4月30日访问。

付出代价。在海外疫情狂潮汹涌之时,中国主动出击,开展大规模的国际援助,既御"毒"于国门之外,维护自身的国家利益,也为全世界的抗疫斗争做出自己的贡献,以实现全人类的生存安全。

只有每个人都关心人类的命运,人类才会有光明的前途;只有人类更加人道、理性和进步,每个国家和每个人才会有美好的未来。同时,对于那些深陷眼前利益与长远利益的冲突的国家而言,外界的帮助也是必需的。对此,世界大国既然在国际关系中享有更大的权力,也就有更大的责任来推进世界利益的实现。

▶▶ 思考:国家利益是如何体现的?

从理论上来讲,国家利益指的是一个国家的整体利益,是这个国家国民的共同利益,但在现实生活中,以"国家利益"面目或名义出现的言行和对外政策未必真正代表了国家利益,很可能是某个领导人的个人利益、某个政党的利益或某些利益集团的利益。以至于有些学者认为,国家利益就是一个"人造"的概念,在现实生活中根本就是不存在的。那么,国家利益这个看不见、摸不着的东西在现实中是如何体现出来的呢?我们如何判断政府制定的某项政策是否体现了国家利益呢?

也许有人会说,国家利益可以从制定政策的目的或动机体现出来,为了国家、为了人民的政策自然就体现了国家利益。这个办法听起来很有道理,但国家内外政策的解释权主要掌握在政策制定者的手中,很多以"人民的名义"制定的政策未必符合人民的利益。比如,1938年时任英国首相张伯伦宣称,满足纳粹德国侵占苏台德地区要求的《慕尼黑协定》实现了"这代人的和平"。然而,德国随后侵占了捷克斯洛伐克全境,继而入侵波兰和法国,英国人民不仅没有得到和平,而且一度面临亡国的风险。

也许有人会说,国家利益可以从政策实施的效果体现出来,维护或保障了国家和人民利益的政策就体现了国家利益。一些学者在对某项政策进行评估时就经常使用这种方法。但现实中，人们对同一政策的效果经常见仁见智，更何况短期效果好的政策未必符合国家的长远利益。1941年日本偷袭珍珠港出奇制胜，使美国短期内失去了在西南太平洋的制海权和制空权，但从长远看日本却是得不偿失，因为美国国内的孤立主义因此偃旗息鼓，全球第一大工业国的参战成为日本的噩梦。

如此一来，国家利益是否真的就是虚无缥缈，在实际生活中无法显现呢？我们知道，法律上有实体正义和程序正义，从政策目标和政策结果来判断一项政策是否体现了国家利益是在检验政策是否符合实体正义，如果这种判断方式不能得出一个可靠的结论，我们可以换一个思路，从政策制定的程序上来判断它是否体现了程序正义，体现了程序正义的政策应该就是体现了国家利益。国家利益的程序正义应该包括国家政权的性质、决策者的权力是否受到约束以及决策者是否会为错误的政策承担责任等三个方面。

第一，国家利益是现代国家诞生之后的产物，国民利益只存在于主权在民的国家。在独裁专制国家存在的是政权利益，而不是国家利益或国民利益。

只有那些在宪法中规定了人民是国家权力的来源，人民是国家权力的所有者的国家，才存在所谓的国家利益，国家才会以实现国民利益为目标而制定政策。人民主权的国家一个最基本的特征就是国家领导人或决策者必须经民选产生。在一个领导人实行终身制或继承制的国家里，即便这个国家名义上是人民的国家，其领导人或决策者制定的政策很可能是为了个人利益、家族利益或领导集团的利益。

第二，经民选产生的决策者，其权力必须受到宪法和法律的约束，不可无法无天，为所欲为。任何国家，只要国家权力集中于一人之手，这个国家就不可能有国家利益或国民利益。

在权力受到约束的国家，国家利益是可以与阶级利益、政党利益、个人利益相统一的。例如,生存既是国家利益也是决策者的个人利益,同时也是执政党的利益。因为如果国家不存在了,决策者也就没有决策权了,执政党也就不可能再执政了。决策者在做任何决策时一定会考虑个人利益或政党利益,但个人利益或政党利益只有与国家利益相一致时才能被民众接受。而由于决策者的权力受到来自宪法、制度、公共舆论等的多重制约,决策者很难让个人利益凌驾于国家利益之上。

第三,如果政府的决策产生了严重的后果,损害了国家利益,决策者要为自己的错误决策承担责任。也就是说,这个国家必须有对领导人或决策者问责的制度。如果决策者不会为自己的错误决策付出任何代价,甚至不允许民众对其政策进行评论,那这个决策者不管是经民选产生,还是以其他方式上台,他的地位就类似于皇帝一样,这个国家也就根本不是人民主权的国家了。

此外,为了保证国家的内外政策确实是为了国家为了人民,民众在政策的制定和执行过程中必须有知情权、表达权和参与权。民众不仅可以通过参加选举、公共舆论、示威游行、组团结社等方式间接影响政策,而且还必须有参与决策的正常的、合法的、便捷的途径,比如,参加听证会、对政府决策进行复议、向行政和立法机构反映情况等。

需要说明的是,尽管经过符合国家利益的正当决策程序而产生的政策可以体现国家利益,但政策实施的结果未必一定能维护国家利益。因为一项政策的实现需要天时地利人和等诸多条件,每一项政策在实施过程中都存在一定的不确定性。

1919年巴黎和会的主要参与者——英国和法国都是民主国家。当时两国的民众对德国深恶痛绝,英法两国领袖迫于民意便在和会上极力主张严惩德国,却由此激发了德国的不满和仇恨心态,为日后二战的爆发埋下了隐患。

此外,民众在对外决策中的参与程度也并不是越高越好。单纯从参与度看,最能体现国家利益的决策方式应该是全民公投,全民公投的结果在很多西方国家都具有最高的合法性,但全民公投的选择未必符合国家的整体长远利益,"英国脱欧"便是例证。

2016年举行的决定英国在欧盟去留的全民公投中,赞成脱欧的票数占51.9%,超过半数,脱欧派取得了胜利。但公投之前,英国民众没有对"脱欧"与"留欧"哪个更符合英国的利益有过认真而充分的思考、讨论和辩论,英国脱欧的仓促决策对英国的政府形象和国家利益都造成极大的损害。

总之,如何确保一国决策者制定的政策体现的是国家利益,而不是统治者个人利益或某个政党、集团的利益,并最大程度地实现国家利益,这对任何国家都是一个考验,需要结合具体情况具体分析。国家利益的最佳体现方式,是民主和集中的结合,是精英和民众的平衡,是大众讨论和代议决策的统一。如果全部依靠公投这样的方式来确定国家利益,很容易导致极端民粹主义;而如果全部依靠少数精英来替大众做出选择,则容易发生个人专断从而导致错误决策。从长时段来说,一国在决策时如能广开言路、广纳民意,更加贴近民众真实诉求、凝聚民众利益呼声,将会更好地实现国家利益。

推荐阅读书目

阎学通:《中国国家利益分析》,天津人民出版社1996年版。

〔美〕玛莎·芬尼莫尔:《国际社会的国家利益》(袁正清译),上海人民出版社2012年版。

〔美〕威廉森·默里、〔英〕麦格雷戈·诺克斯、〔美〕阿尔文·伯恩斯坦编:《缔造战略:统治者、国家与战争》(时殷弘等译),世界知识出版社2004年版。

第八章

国家实力

上古竞于道德，中世逐于智谋，当今争于气力。

——韩非[1]

不同类型的权力是高度相互依赖的……我们很难想象，无论在什么历史时期，一个国家能够具有一种权力而不具有其他权力。就本质而言，权力是一个不可分割的整体。

——〔英〕爱德华·卡尔[2]

过去，对一个大国的考验是其在战争中的力量，而今天，权力的界定不再强调军事力量和征服。技术、教育和经济增长等因素在国际权力中正变得日益重要。

——〔美〕约瑟夫·奈[3]

---

[1] （清）王先慎撰：《韩非子集解》（钟哲点校），中华书局2016年版，第487页。

[2] 〔英〕爱德华·卡尔：《20年危机（1919—1939）：国际关系研究导论》（秦亚青译），世界知识出版社2005年版，第103页。

[3] Joseph S. Nye, Jr., "Soft Power," *Foreign Policy*, Vol. 80. No. 80, 1990, p. 154.

第一次世界大战在欧洲刚爆发时，一名德国海军上将被要求给美国的军事实力打分，他简洁地回答"零"。正是基于对美国军事实力的这种判断，德国对美国商船实行"无限制潜艇战"，结果引火烧身，给自己增加了一个可怕的对手。[①] 其实，美国自 19 世纪末开始就已经是世界第一大工业国，美国的经济实力更是居世界之首，那为何美国的实力没有引起其他国家的重视呢？

什么是国家实力？为何国际关系学重视对国家实力的研究？国家实力由哪些要素构成？国家实力可以测量吗？什么是国家的"软实力"？这些是本章探讨的问题。

实力与权力

"实力"这个概念是从英文翻译过来的。在英文中，实力和权力是同一个词——power。不过，在国际关系的实践中，实力并非完全等同于权力。实力是指一国所拥有的实际力量，可以概略理解为国家的能力（capability），辽阔的土地和高素质的人口都是国家能力的表现形式。而权力则是国家在国际关系中的影响力和控制力。

国际社会中，所有国家都有实力，只是实力大小不同，但只有极少数国家拥有权力。国际关系主要关注的是有权力的国家，"世界大国"对应的英文是"world power"，亦即在世界上有权力的国家。从这个意义上讲，"national power"翻译为"国家权力"——一国在世界舞台

[①] 参见〔美〕约翰·罗尔克编著：《世界舞台上的国际政治（第 9 版）》（宋伟等译），北京大学出版社 2005 年版，第 318 页。

上拥有的权力——可能更准确一些。①

虽然国家权力主要来源于国家实力，国家实力是国家权力的基础，但国家实力不会自动转换成国家权力，国家也不是有多大的实力就有多大的权力，实力转化为权力需要一定的条件。

首先，国家权力只有在国际关系中才能体现。如果一个具有强大实力的国家与其他国家都不打交道，它就不会对其他国家产生影响力。只有被其他国家感知到的实力才能产生影响力、形成真正的权力。例如，一战之前的美国在外交上实行孤立主义政策，除了与其他国家的商贸关系之外，美国与外界的交往和联系很少。大多数国家对美国的了解非常有限，欧洲国家普遍对美国持轻视的态度。由于美国的实力没有被其他国家意识到，它就不可能对其他国家产生威慑或吸引的作用，因而也无法有效影响他国的行为。

其次，军事实力是一国实力最重要的构成部分，在战争年代，军事实力更是一国实力最突出的标志，因而也成为其他国家衡量该国实力的主要依据。军事实力弱的国家，即便其他方面的实力很强，也不会被视为世界大国。

一战前的美国，其实力主要体现在工业和经济领域，美国的军事力量只相当于一个三流国家的水平。直到西奥多·罗斯福和伍德罗·威尔逊在一战中把一部分经济实力转化为军事实力，美国的国际影响力才得以展现。一战后，美国成为公认的世界大国，成为多极格局中实力最强的一极。二战期间，美国在和平时期生产小汽车、民用飞机的工厂很快就转为生产坦克和战斗机，美国成为当时世界最大的先进武器的生产国和输出国。强大的军事实力使美国成为反法西斯联盟的领袖，也为其二战后成为世界超级大国奠定了坚实的物质基础。

一般情况下，一国的军事实力比较容易被其他国家感知到。比

---

① 笔者注意到，汉斯·摩根索的《国家间政治》中文版本中对"national power"一词的翻译就是国家权力，而不是国家实力。参见〔美〕汉斯·摩根索：《国家间政治：权力斗争与和平（第七版）》（徐昕、郝望、李保平译），北京大学出版社 2006 年版。

如，它可以通过军事演习或阅兵展示其军事实力，其他国家也可以通过它的军费开支来了解其军事力量。与军事实力相比，其他实力，如政治实力、国民凝聚力、文化吸引力等，则是不太容易被准确感知的。

需要说明的是，由于权力只有在关系中才能发挥作用，在考察一国的国家实力时，不能只看它实力的绝对量，即绝对实力，相对实力才是决定一国国际地位的主要因素。清政府经过洋务运动后，已经有了洋枪洋炮甚至洋舰队，实力远远超过康乾时代，但比起明治维新之后的日本却是实力不济，在1894年的甲午战争中惨败。由此可知，一个国家绝对实力的提高并不一定带来国际地位的提升，一个国家绝对实力的下降也未必会导致其国际地位下降。国际关系中，一般是用一国实力的国际排名来衡量其实力地位。

如今经常在舆论上出现的"美国衰落"，其实并不是指美国再度出现了大萧条或实力倒退。冷战结束后，除了在2008年金融危机和2020年新冠肺炎疫情期间，美国经济始终保持增长态势，美国的综合国力在全世界仍居于领先地位。不过，美国实力的增长速度相对于中国来说要慢很多，而且美国经济在全球经济中所占份额也在减少，因此，很多人得出了美国"相对衰落"的结论。

由于实力排名居前的、拥有权力的国家才能对世界局势产生直接而显著的影响，才能对世界的战争与和平起到决定性作用，国际关系主要关注这类国家，也就是世界体系中的大国。世界大国将其国家实力转换成权力的标志是，它具有了影响国际环境及他国意志和行为的能力，即国际影响力。国家既可以通过强制手段发挥其影响力，也可以通过非强制手段发挥其影响力。强制手段包括使用武力或武力威慑、经济制裁等，非强制手段包括创建国际组织、建立国际制度、设置国际议程等。

当今世界，国家强制力的使用受到越来越多的限制，其功效也大大减弱。世界大国对国际事务的影响力主要体现在其在国际社会所倡导的道义原则及榜样力量对其他国家的吸引力和感召力，因而大国在国际社会所拥有的追随国的数量也是其国际影响力的重要体现。

大国实力与世界和平

作为国际关系学的核心概念和国际关系研究的重要内容，国家实力的重要性主要体现在它同世界战争与和平的紧密关系上。一方面，大国的实力变化以及战略关系决定着世界的战争与和平，决定着世界格局的走向，甚至会影响体系文化的变迁；另一方面，大国的实力是维护世界和平和建立世界秩序不可或缺的因素。

世界体系中大国实力的兴衰变化还可以成为人们判断世界体系是否稳定的风向标。结构现实主义认为，国家以自身的实力来界定自己的利益。当国家实力增强时，就会在国际社会谋求更大的利益。而如果这个崛起中的国家以非和平手段来谋求利益，就有可能引发世界格局动荡，国际秩序可能因此失衡。

19世纪后期，德国的统一和法国的衰落直接冲击了原有的欧洲均势格局，"从此欧洲少了一个女管家，来了一个男主人"[1]。法国政治家莱昂·甘必大对此评论说："欧洲再没有和平，没有自由和进步。割让阿尔萨斯和洛林意味着在和平的假面目下无休止的战争。"[2] 随着法国复仇情绪的高涨和德国扩张势头的发展，维也纳会议确定的欧洲协调的局面濒临崩溃，普法战争后的和平局面成为一种"武装的和平"。

大国实力的变化不仅可以改变格局，还可能导致体系文化的变迁。20世纪的美苏成为凌驾于其他国家之上的超级大国之后，即按自己的利益和价值观来改造传统国际体系的行为规范。美国对民族自决、集体安全、禁止侵略战争和大规模屠杀、保障个人人权等新的国际规范的确立起了关键性的作用。而同样追求超越传统国际政治的苏

---

[1] 方连庆等编：《国际关系史（近代卷）》上册，北京大学出版社2006年版，第359页。

[2] Paul Deschanel, *Gambetta*, London: William Heinemann, 1920, p. 153.

联也参与塑造了 20 世纪的部分新国际规范。列宁在十月革命后就极力提倡民族自决，加上苏联后来为亚非拉地区部分民族解放运动提供的支持，这些都有助于反对殖民主义和反对种族主义等重大国际规范的形成。

由于大国实力的变化是历史发展的常态，世界体系中总是有些国家在崛起，有些国家在衰落，探讨大国实力兴衰的规律，成为国际关系研究一个长盛不衰的课题。

另外，大国的实力对维护世界和平也起着至关重要的作用。英国学者爱德华·卡尔（Edward H. Carr）认为，乌托邦主义无法维护世界和平，因为乌托邦主义的三大基石——普世道德、国际舆论和国家利益的和谐——都是不稳固、不可靠的。只有权力才是国际关系中至关重要的，无视权力无法带来和平。①

在现实主义者眼中，虽然实现世界持久和平是遥不可及的梦想，但大国之间如果实现了权力均衡，就能在某种程度上维持一种和平共处的态势。因为各国都担心一个拥有绝对权力的国家会危及其他所有国家的利益，所以，任何一个国家如果试图通过战争来获取更多权力，就会刺激其他国家组成联盟加以遏制，进而削弱这个国家的权力。如此一来，各国都不会轻易发动战争。欧洲之所以在维也纳体系下维持了百年的稳定，原因就在于此。

事实上，世界大国的权力不仅是用来维护自身利益的，而且也是用来维护世界秩序的。当世界体系中国家的违法行为得不到应有的惩罚时，国际法、国际规范都会变得形同虚设，毫无意义，世界秩序就不可能得到维护。世界大国承担着用强制力警戒和惩罚国际违法行为的责任，此乃"大国的责任"。这种观念最早在 19 世纪的欧洲协调上得以体现，之后国际联盟理事会和联合国安理会的建立也是这一观念

---

① 参见〔英〕爱德华·卡尔：《20 年危机（1919—1939）：国际关系研究导论》（秦亚青译），世界知识出版社 2005 年版，第 72—81 页。

在 20 世纪的实践。

> 强国地位就是参与处理本区域或世界范围内所有重大国际问题（连同有重大国家安全影响的国内问题）的公认的权利地位。它的前提条件一是拥有强国实力，二是广泛参与区域或世界范围内的国际事务特别是国际政治事务，并且在此等事务上同多数其他强国有足够的协调与协作。
> ——时殷弘[①]

历史上，世界大国一般都是通过自己军事力量的威慑力或直接使用军事实力来维持世界秩序，大国在世界舞台上的角色有点像是"世界警察"；而自二战以来，大国主要是凭借自己的实力地位通过制定国际规则来建立和维护世界秩序。

国家实力的构成要素

一说起国家实力，很容易让人联想到古代的兵强马壮和近代的坚船利炮。在结构现实主义者看来，国家实力主要指以军事力量为主的物质性力量，认为它决定了国家在世界体系中的位置。

进攻性现实主义者不但接受了结构现实主义关于权力的观点，而且还把物质性力量进一步简化为军事力量。他们认为，在国际政治中，一国有效的权力最终取决于军事力量以及它与对手军事力量的对比。[②]

不过，现实主义者的这一观点很容易受到质疑和挑战。古今中

[①] 时殷弘编：《新趋势·新格局·新规范》，法律出版社 2000 年版，第 447 页。
[②] 参见〔美〕约翰·米尔斯海默：《大国政治的悲剧》（王义桅、唐小松译），上海人民出版社 2003 年版，第 62 页。

外，以少胜多、以弱胜强的例子并不少见。在越南战场上的美军堪称"武装到了牙齿"，但实战中却吃尽苦头，最终只能坐回谈判桌前。

国家实力并非仅仅是军事实力，而是一国能在国际社会发挥影响力的所有力量的总和。也就是说，国家实力是由多方面的力量，如物质力量与非物质力量、有形力量与无形力量、客观力量与主观力量等，共同作用而形成的。

> 不可触摸的因素，比如目标人群抵抗一个更强大的军队的愿望，以及用生命捍卫家园的意志，是弱小一些的国家抵抗一个更加强大的军事力量、保卫自己的关键因素。
>
> ——查尔斯·W. 凯格利[①]

为了突出国家实力的综合性，以与现实主义语境中单向度（极端简化）的国家实力有所区别，有的学者使用"综合实力"（comprehensive national power）来替代"国家实力"。

综合实力是指一国在国际关系中发挥作用的全部力量的有机综合。它既包括一国的物质力量，又包括一国的精神力量；既包括一国的现实力量，也包括一国潜在的、可资利用的实力资源以及可转化为现实力量的机制等。除了一国所具有的国土面积、自然资源、人口规模等物质条件之外，一国的政治实力、经济实力、军事实力、科技实力也是其综合实力的构成要素。近年来，网络实力成为大国竞争的一个新领域，因而成为一国综合实力的重要组成部分。

政治实力

政治实力主要指政府的组织动员能力和领导人的能力。政府的组织动员能力是指政府运用非强制手段使其内外政策得到民众的支持

---

① 〔美〕查尔斯·W. 凯格利：《世界政治：走向新秩序？（插图第 11 版）》（夏维勇、阮淑俊译），世界图书出版公司 2010 年版，第 347 页。

和拥护,以及运用各种资源和机制快速、有效地应对国内外各种事件的能力。

> 国家综合实力由操作性实力要素和资源性实力要素两类构成。……政治实力是操作性实力,军事实力、经济实力和文化实力是资源性实力,没有前者,后者就无法发挥作用。……政治实力是综合实力的根本,也是其他实力发挥作用的基础。
>
> ——阎学通[①]

国家领导人的能力是国家政治实力的重要组成部分,因为国家意志最终是由制定和执行国策的个人或群体来反映和体现的。国家领导人在国家政府机构中担任首要职务,领导人的决策能力、领导能力和国际形象等在很大程度上可以体现国家的政治实力。

二战初期的英国在张伯伦下台、丘吉尔上台之后,很快就走出了绥靖失败的阴影,成为抗击纳粹侵略的排头兵。电影《至暗时刻》的结局重现了历史上的真实一幕。在敦刻尔克撤退后,丘吉尔发表了史诗般的演说,称英国将继续作战,绝不投降。

经济实力

经济基础决定上层建筑,经济实力堪称综合实力的基石。如今,经济实力越来越成为制约综合实力中其他组成部分的重要因素。经济实力在很大程度上影响了一国军事力量的规模与水平、生活质量及政局的稳定等。

二战时期的美国被称为"民主国家的兵工厂",没直接参战之前就为盟国提供了大量援助。当时美国是全球工业制品和食品的最大生产国、世界最大的金融和债权国,黄金储备世界第一,还拥有巨大的

[①] 阎学通:《世界权力的转移:政治领导与战略竞争》,北京大学出版社2015年版,第21页。

国内市场。20世纪20年代，美国的生产量比其他六大国加在一起还要多，而且生产能力拥有压倒性优势，美国制造业的人均生产总值几乎是英国或德国的两倍，是苏联或意大利的10—11倍。[①]

衡量经济实力的指标很多。最常用的有国内生产总值（GDP）和人均国内生产总值，第一、二、三产业的产值，以及国民收入、经济增长率、对外贸易、外汇储备、对外投资和国际竞争力的排名等。

为了解读的便利，很多人会把经济实力简化为一个国家的经济规模，并倾向于使用 GDP 作为衡量的指标。GDP 虽然能反映一国的生产能力，使人们对一国的经济活动有个大致的认识，但是它不能涵盖经济实力的全部内容，而且它没有考虑到经济增长的成本。比如，对环境的污染、对资源的浪费和造成的社会冲突等。

有学者用可持续发展指标（SDI）来测量经济实力，因为 SDI 扣除了经济发展的成本，更为客观和准确。不过，SDI 相对难以计算，而且各国目前还未就如何具体操作达成共识。[②]

军事实力

军事实力长期被视为国家实力的主要标志。从历史上看，能被称为强国的一般都是重要战争中的胜利国。美国19世纪末工业总产值就位居世界第一了，但要等到在一战中崭露头角之后才能与英法等老牌列强平起平坐。

与其他实力相比，军事实力确实有其特殊性。比如军事实力具有相对独立性，可以直接投入使用，而且效果立竿见影。更重要的是，基于暴力的军事实力具有强制性，是国家维护和推进国家利益的坚强后盾，也是大国维持世界和地区秩序的必要手段。

军事实力包括：武装部队及其装备的数量、质量与战斗力，迅速

[①] 参见〔美〕保罗·肯尼迪：《大国的兴衰》（陈景彪等译），国际文化出版公司2006年版，第320—321页。

[②] 参见叶文虎、仝川：《联合国可持续发展指标体系述评》，《中国人口、资源与环境》1997年第3期，第83页。

部署的机动能力,以及军事科研与生产的能力与水平。二战之后,是否有核力量是衡量大国军事实力的一个重要指标。

为了解读的便利,研究者往往会对军事实力进行简化衡量,比如,以军费开支来衡量一国军事实力是通行做法。不过,实际情况则要复杂得多。因为除了需要计算国家总共为国防花了多少钱之外,还有一个钱怎么花的问题:这些钱是投入军事科研,还是抚恤家属?是购买武器,还是购置军装?军费开支中是否存在大量的浪费和贪污?

当然,即便是简化衡量也可以得出很多重要结论。从军费开支可以看出,军事实力对大国的意义远远超过一般国家。世界上军费开支最大的10个国家的军费开支(参见表8.1)的总和占世界军费开支总数的75%,其中仅美国的军费开支就占世界的约39%。

表8.1 2020年世界军费开支最大的10个国家排行榜

排名	国家	开支（10亿美元）
1	美国	778.0
2	中国	252.0
3	印度	72.9
4	俄罗斯	61.7
5	英国	59.2
6	沙特阿拉伯	57.5
7	德国	52.8
8	法国	52.7
9	日本	49.1
10	韩国	45.7
全球合计		1981

资料来源:SIPRI, "Trends in World Military Expenditure, 2020," April 2021, https://www.sipri.org/sites/default/files/2021-04/fs_2104_milex_0.pdf, 2021年5月30日访问。

科技实力

"科技是第一生产力。"当今世界,科学技术,尤其是信息时代的高科技,在综合国力中的地位越来越重要。生产力的加速发展、社会财富的快速增加、军事技术的革新、产业结构的调整和升级……很大程度上都得益于科技进步。

国家的科技实力主要由三个层次的能力组成。一是基础科学研究。判断一个国家这方面能力的最主要指标,是该国在诺贝尔奖自然科学项目上的获奖数目。其中美国一枝独秀,诺贝尔奖得主数量远远超过其他国家。

二是科技发明。判断标准主要是国家每年申请的专利数量。2018年,美国、中国、日本分列国际申请专利排行榜前三位,且数量远超其他国家。这三国申请的专利数量占全球总量的三分之二以上。

三是创新开发。创新开发能力几乎无所不包,涵盖新物品的采用、新生产方式的采用、新市场的开辟、原材料或半制成品的新供给来源的获得等。

可以看出,这三种能力的难度是逐级递减的。美国在世界上的超级大国地位,在很大程度上是其在科技方面全方位的领先地位造就的。

依国家体量、经济发展速度、国民生产总值、军费支出和军事装备等硬指标衡量,中国多半能够位居世界前三,但在科技实力方面,中国在不少领域与发达国家的差距还比较明显。比如,与德国制造对比,与日本尖端机器人对比,与美国的芯片设计、军工实验室和航天技术对比,与英国的发动机、医学制药、生物育种和微电子对比,中国总体上还处于追赶阶段。[1]

网络实力

近年来,世界大国在网络空间领域的竞争日趋激烈。随着通信基

---

[1] 参见王逸舟:《仁智大国:"创造性介入"概说》,北京大学出版社2018年版,第313页。

础设施的升级和智能设备的普及，大数据、云计算、物联网、人工智能推进网络空间不断升级换代，网络成为大国较量的新领域，网络实力重要性日益凸显。

网络实力是国家在网络空间内所拥有的可支配的资源和所具有的能力。一国在网络空间的实力主要体现在其网络设备与技术水平、规则制定能力以及塑造网络空间主导价值观的能力。

中国接触互联网的时间并不早，但近年来依靠网络产业的发展壮大和全球最多的应用人群，中国的网络实力堪称突飞猛进，在5G等方面的技术甚至挑战了美国在网络领域的全球领导地位。为遏制中国网络实力的发展，美国近期频繁干预中国互联网企业在美运营、指责中国政府支持商业网络窃密、阻止其盟友伙伴采购和部署中国企业提供的5G网络设备等。

上述几种国家实力相互联系、相互影响，甚至是环环紧扣。例如，军事力量依赖科研能力和经济实力支撑，一国军事力量的强大背后必有强大的科技和经济实力。又如，科技实力需要经费投入和人才支撑，一国科技实力的强大往往伴随雄厚的经济基础和较高的教育水平。与此同时，不同的构成要素发挥的功能不同，各种实力要素之间具有不可替代性，国家把一种实力要素转换成另一种实力要素是需要条件的，因此，只有各种实力要素均衡发展，国家才能在国际事务中占有主导地位。从现实来看，尽管美国的实力相对衰落，但相较于世界上的其他国家而言，美国的综合实力仍然是世界上最强的。

软实力

冷战后，国际关系学对国家实力的研究进入一个新阶段，一个突出的表现就是"软实力"（soft power）概念的诞生。[①]

---

① 其实，从奈对软实力和硬实力的定义来看，软实力和硬实力翻译成"软权力"和"硬权力"更准确。

美国哈佛大学教授约瑟夫·奈在1990年出版的《注定领导世界：美国权力性质的变迁》一书，以及同年在《对外政策》杂志上发表的《软实力》一文中，最早明确地提出和论述了"软实力"概念。这个概念很快流行起来，成为冷战后使用频率极高的一个术语。

根据约瑟夫·奈的软实力理论，"硬实力"指的是军事和经济力量等具体资源相关的"硬性命令式权力"，"软实力"指的是文化、意识形态和制度等抽象资源相关的、决定他人偏好的"软性同化式权力"。

换句话说，硬实力的表现，是国家利用强权威逼别国做它们不想做的事情；而软实力则体现为，国家通过思想文化的吸引力或者决定政治议题的能力，让其他国家自愿效仿或者接受自己的规则，从而改变其他国家的偏好和政策选择。

> 传统的经济手段和军事资源已经不足以解释当下的种种现象了。它们虽然有助于理解强迫和收买是如何发挥作用的，却无法解释吸引和说服的威力所在。于是，我提出了"软实力"这个概念。它或许听起来是个新术语，但就其所指的行为而言却早已不是新鲜事物。
>
> ——约瑟夫·奈[①]

概言之，软实力与硬实力本质性的不同在于，软实力是一种吸引力而不是强制力，是让其他国家自愿认同或服从的能力。它集中体现为国家由于自身的成功而产生的文化吸引力、意识形态吸引力和国家塑造国际规则、规划政治议题的能力。

文化具有全球吸引力是软实力强国的重要表现；在国家软实力中，文化价值观所产生的吸引力是最高级的一种实力。文化吸引力不

---

① 〔美〕约瑟夫·奈：《软实力》（马娟娟译），中信出版社2013年版，中文版序第1页。

仅能使国家"不战而胜",而且它所获得的收益是长期而稳定的。

为增强意识形态或政治价值观念的吸引力,大国都很重视政府宣传和公共外交,改善自身的形象并丑化其对手。冷战在很大程度上是美苏争夺人心的宣传战。1953年,美国建立了新闻总署,耗费了数十亿美元,通过美国之音、自由电台和自由欧洲电台,播发有利于美国和西方的新闻和评论。为了与美国对抗,苏联不仅设立莫斯科广播电台,还资助了大量学术和新闻会议、出版物、广告、工会、学生团体、和平运动以及其他活动。

如果一个国家可以通过建立和主导国际规范及国际制度,左右世界政治的议事日程,那么它就可以影响其他国家的价值判断以及行为方式。

今天,西方世界的地位已远不如昔,但西方国家仍然在提供国际公共产品、制定国际规则方面拥有巨大的优势。例如,20世纪90年代以来,在欧洲国家的推动下,全球气候变化成为国际社会广泛关注和研究的重大议题。1992年5月9日,联合国大会通过了《联合国气候变化框架公约》(UNFCCC)。截至2023年7月,共198个缔约方。

中国、印度、巴西、南非等新兴经济体虽然在经济贸易方面有巨大的后发优势,但在国际规则、国际制度的确立以及国际话语权上仍处于明显劣势。人们熟悉的《巴黎气候协定》《京都议定书》《维也纳公约》《日内瓦公约》《奥斯陆和平进程》等一系列重要的国际公约、国际合作机制多以西方国家城市命名推出,就是一个例证。时至今日,在全球难民危机、气候变化、濒危物种保护、防止核扩散等领域,绝大多数解决方案的主导权仍在西方。

为什么软实力会变得如此重要?除了核武器的出现使大国之间不再可能爆发战争,从而使军事力量的作用大大下降之外,国家间的联系和相互依赖不断加深,是软实力越发重要的时代基础。图文、信息和观念的跨国界交流,使得人们可以轻松接触和判断他国的文化和价值观、其政府的内外政策。当然,这一趋势也受益于全球范围内不断提高的识字率和教育水准。

在这种情况下，哪怕是超级大国，如果过分依赖硬实力去实现国家利益和对外战略，也要承担丧失民心的风险。如果说小布什政府因遭受"9·11"恐怖袭击而发动反恐战争还能得到国际社会的同情和理解的话，那么2003年美国在没有联合国安理会授权的情况下贸然入侵伊拉克就得不偿失了，因为这不仅激起了伊斯兰世界的反美浪潮、引来了多数盟友的不满，而且也没有实现美国改造伊拉克和中东的目标。奥巴马上台之后很快改弦更张，更强调软实力战略，才在一定程度上挽回了美国受损的国际形象。

然而，特朗普上台后，美国的国际形象和软实力再次受损。撕毁伊核协议，退出联合国教科文组织，退出《巴黎气候协定》……奉行孤立主义和主张"美国优先"的特朗普做出一个又一个震惊世界的"退群"举动。为了美国的政治、安全和经济利益最大化，特朗普把"退群"玩成了一种向其他国家、国际组织抬高要价或重新安排利益分配的游戏，这种游戏严重损害了美国的国际形象。

冷战后，"软实力"概念成为热词，折射出当今世界大国竞争的新趋势，大国在国际社会以身作则、树立榜样、坚持和维护国际道义已成为大国获得国际威望和国际支持的主要方式。

≫ 思考：国家实力可以测量吗？

在了解国家实力的构成要素之后，是否可以对国家的综合实力进行测量，然后做出一个国家实力排行榜呢？很多学者和学术机构尝试这样做，国内外也有不少类似的排行榜。不过，有关国家实力能否测量、如何测量的问题，学界一直存在诸多争议。目前为止，还没有哪个国家实力排行榜得到了学界的广泛认同。

20世纪80年代，一位名为雷·克莱因（Ray S. Cline）的美国学者提出了一个计算国家实力的方程（后来被人们称为"克莱因方程"）：

$$Pp=(C+E+M)\times(S+W)$$

在这个方程中，克莱因把一国能被感知到的国家实力（Perceived Power）分为物质要素和精神要素两部分，并认为二者之间是乘积的关系。其中，物质要素包括 C、E、M 三项：C（Critical Mass）指的是基本实体，包括领土和人口；E（Economic Capability）指的是经济能力，包括国民生产总值、能源、矿物、工业生产和粮食生产能力以及对外贸易；M（Military Capability）指的是军事能力，包括常规军事力量和核力量。精神要素包括 S 和 W 两项，S（Strategic Purpose）是指战略意图，W（Will to Pursue National Strategy）是指国家意志。

不难看出，这个方程中的物质要素是相对容易观察和判断的有形力量，而精神要素则是不易观察和测量的无形力量。使用这个方程来测量国家的实力很不容易，关键原因就在于一国的战略意图和国家意志很难精准打分。

克莱因方程真正的意义在于，它揭示了国家有形力量与无形力量的关系并不是"相加"而是"相乘"。有形力量弱小但无形力量强大的国家不一定好对付。比方说，有凝聚力的国家比较容易在对外政策目标的内容、顺序和实现方式上达成共识，这样就便于国家对有限的资源实现最优配置，充分发挥国家有形力量的作用，从而最大限度地把国家的物质资源运用到国家所追求的对外政策目标上。反过来说，国家如果缺乏政治凝聚力和向心力，那么有形力量再强也没有意义。

其实，国家实力的物质要素和精神要素是相互倚重、相辅相成的。如果把国家的物质力量看作一个人的骨骼和肌肉，那么精神力量就像是一个人的灵魂和精神。如同不存在只有肉体没有灵魂或只有灵魂没有肉体的人一样，所有的国家都同时具有物质力量和精神力量，只是有些国家的物质力量强于精神力量，而有些国家的精神力量强于物质力量。

不过，物质要素与精神要素二者之间是相互作用、相互影响的。

一个国家物质上的成就可以增强国民的自信心和凝聚力,如美国的强盛使美国人产生了文化上的优越感,并在全世界推广其文化价值观;而一国经济和军事上的失败则会导致国民对政府的信任危机,如晚清政府的垮台很大程度上是其在对外战争中屡战屡败的结果;物质力量强的国家如果没有与之相称的精神力量的支撑,则很难单靠物质力量来维持统治,如苏联二战后一直是仅次于美国的世界军事强国,但意识形态和共产主义信仰的崩塌成为国家解体的重要原因之一。

正是由于国家实力中的精神要素或者无形力量如此之重要,但又难以进行测量,人们很难对国家的整体实力进行量化计算和排名。即便是一些有影响的量化研究也很难得到广泛的认同。

在全球化时代,对国家实力的测量难度会越来越大,因为"一个国家文化的普世性及其建立有利的规则和制度、控制国际行为领域的能力是关键性权力之源"①。而国家的这些能力都是难以进行量化和准确测量的。与此同时,国家的有形力量,比如军事力量,不仅在使用上受到极大的限制,而且其功效也大大下降。当今世界,一国的军事实力不再能够直接决定国家的国际地位,甚至不能确保国家能够继续存在。1991年,苏联的军事力量,特别是它的核实力完好无损,但这个超级大国依然解体而不复存在。更值得注意的是,国家追求强大的军事力量还有可能对其国家形象产生负面影响,从而削弱其软实力和综合实力。

基于以上原因,国际关系学界对国家实力的测量和排名都采取比较谨慎的态度,一般都是对国家实力的一个方面进行单项测量和排名,比如国家软实力排行榜(前30位)、全球竞争力排行榜,或者对能体现某方面实力的一个或多个客观指标进行排名,如军费开支前10位国家排行榜。

---

① 〔美〕约瑟夫·奈:《硬权力与软权力》(门洪华译),北京大学出版社2005年版,第118页。

推荐阅读书目

阎学通：《大国领导力》，中信出版社2020年版。

〔美〕约瑟夫·奈：《软实力》（马娟娟译），中信出版社2013年版。

〔美〕保罗·肯尼迪：《大国的兴衰》（陈景彪等译），国际文化出版公司2006年版。

〔美〕戴维·S.兰德斯：《国富国穷》（门洪华等译），新华出版社2010年版。

王逸舟：《仁智大国："创造性介入"概说》，北京大学出版社2018年版。

第九章

外交与武力

上兵伐谋，其次伐交，其次伐兵，其下攻城。

——孙武①

外交本质上是一种政治活动，国家对外交要有充足的资源支持，从事外交者要有高超的艺术，外交是国家实力的重要组成部分。

——杰夫·贝里奇②

当代世界政治里，只有长时段才可观测到的一个趋势是：在国际制度的生成演进中，乃至整个国际体系的变迁过程中，经贸、外交、法律等各种制度与约定方式的作用逐渐增强，军事制度在保持强势地位的同时，其权重和优先性逐渐下降。

——王逸舟③

---

① 《孙子兵法注译》（李零译注），巴蜀书社1991年版，第14页。
② Geoff R. Berridge, *Diplomacy: Theory and Practice*, 2nd ed., Houndmills: Palgrave, 2002, p. 1.
③ 王逸舟：《仁智大国："创造性介入"概说》，北京大学出版社2018年版，第49页。

上一章谈到，国家实力有软实力和硬实力之分，而国家运用实力来实现国家利益同样也有软硬两种最基本的手段。软的是外交，也就是通过和平手段影响别国的行为以实现本国利益；硬的是武力，即通过暴力手段强制改变他国行为来达到目标。外交被认为是国家处理对外关系的文明手段，而武力则被认为是维护国家利益必不可少的手段。表面上看，这是国家在对外交往中实现其利益的两种截然不同的方式或手段；不过，在实际运用中，外交和武力常常是交织在一起，难解难分的。比如，武力威慑既是和平的外交手段，也是武力使用的一种方式。

有人认为，只要国家的军事力量强大，就可以在一切对外关系中随心所欲。但其实武力并不能解决对外关系中的所有问题，今天的美国军事实力冠绝全球，但却相继在阿富汗、伊拉克深陷泥潭，大大消耗了国力。不仅如此，国际法明确规定，禁止使用武力和武力威胁解决国际争端，滥用武力的国家要承担法律责任。

本章将介绍外交和武力的不同特点和作用，并就一些似是而非的观点进行讨论。

"弱国无外交"？

近代以来，清政府在对外交涉中的一系列惨败和西方列强强加的不平等条约导致有人将"弱国无外交"奉为不言自明、无可争辩的真理。这种说法的潜台词是：外交需要以实力为后盾，为了取得外交上的胜利，必须增强国力。反之，如果国家实力不强，外交官再有本事也是白搭。

这种说法并非毫无道理。但"弱国无外交"不能被"只有强国才有外交"的命题偷换，因为这种推论会演变成典型的力量决定论，即只要成为强国,对外关系中的一切问题都可以解决,甚至不需要外交也能解决。

事实并非如此。作为采用和平方式来处理国际事务的行为,外交是所有国家的必需品,这与国家强弱没有必然联系。外交(diplomacy)是主权国家为了维护、实现和促进自身的利益,以国际法和国际惯例为基础,通过正式代表本国的最高领导和以专职外交部门为核心的中央政府部门,以传递和交流信息、访问、会谈、谈判、签订协议等和平方式处理国际关系和国际事务的行动和过程。① 世界体系中的任何国家都不可能与外界没有任何交往。实力再强大的国家,也必须设立外交部门。越是强国,外交部和外交官在政府部门中的分量就越重。

近代以来,欧洲大国选择外交官有极其严苛的标准。在一位外交学者笔下,16世纪晚期欧洲国家选任大使堪称是万里挑一:"他在数学、建筑、音乐、物理以及世俗和宗教法规等方面造诣甚深,能用流利的拉丁文交谈和写作,同时必须精通希腊文、西班牙文、法文、德文和土耳其文。他既应是熟读经典著作的学者、历史学家、地理学家和兵法学家,也必须具备欣赏诗歌的素养。"②

作为超级大国的美国,外交部门在行政分支中排名第一。主管外交并兼管部分内政事务的美国国务院,在政府各部中居首席地位,其行政首长国务卿是仅次于正、副总统的高级行政官员。国务卿还掌管着美利坚合众国的国印,具有副署美国总统发布的某些文告、保存法律和条约的原件等职权。

世界舞台上除了个别强国、大国之外,绝大多数国家都是中小国家和发展中国家。对于这些国家来说,巧妙的外交斗争策略、方法、手段,是弱国、小国弥补物质力量之不足,加强自己与大国或强国抗衡的地位、维护国家利益必不可少的选择。中国近代外交史上同样有

---

① 国际组织成为国际关系的行为体之后,外交的主体也包括国际组织。

② 〔美〕马丁·梅耶:《外交官》(夏祖煃、吴继淦、张维、朱美德译),世界知识出版社1988年版,第151页。

外交官通过个人努力证明弱国更要讲外交。①

国家无论强弱大小,在对外关系中都需要重视运用外交手段的一个重要原因是,以外交方式而不是武力来处理对外事务是一个国家文明的体现。同时,外交还有一系列武力不具备的特殊功能。

一是沟通。通过设立使馆、互访、会晤、谈判等方式与他国保持联系,了解彼此的意图、战略、政策与利益,有助于更好地相互理解和保护各自的利益,减少误解和分歧,处理矛盾与冲突,推动合作与交流。

今天,信息技术和交通通信的革命性变革,极大地增强了外交的沟通功能。互联网可以让信息瞬间传至全球各个角落,国家元首可以通过热线电话直接对话,沟通效率大幅提高。

二是谈判。谈判是一种最古老和最典型的外交方式。国家间的相互竞争甚至利益冲突是国际关系的常态,外交能够在多大程度上缓和或改变国家关系的紧张状态,取决于国家在多大程度上把外交理解为理性追求国家利益的手段。外交谈判的目的不是简单粗暴地将对方"怼回去",而是相关各方通过协商找到可行的、双赢的妥协方案。

全球化时代,国家间关系错综复杂,国家利益相互交织,运用外交手段来化解国家间的矛盾与冲突是更理性、代价更小且结果也更稳定的方式。

三是搜集信息。外交系统有大批人员驻外,他们需要掌握其他国家可能影响到本国利益的相关事态的发展,了解他国的政治、军事、经济和社会各领域状况,摸清他国的内外政策及其走向,以便为本国制定正确的对外政策提供参考和佐证,为本国各项制度的完善和科技文化事业的进步提供外国的参考经验。

与从事秘密工作的特工和间谍不同,职业外交人员必须从合法途

---

① 例如,在中俄关于伊犁的谈判中,中方代表曾纪泽多次援引国际法和国际惯例与俄周旋,最终收回伊犁。参见厉声:《中俄伊犁交涉》,新疆人民出版社1995年版。

径搜集信息。比如关注驻在国的广播、电视、报刊和网络，收集并研究该国领导人的讲话、政府公告和官方材料，了解社会各方面的状况和动向；比如接触驻在国的朝野人士，广交朋友，获得各方信息。

1946年美国驻苏代办乔治·凯南长达8000字的电报，堪称外交史上最有影响力的信息之一。这份给美国国务院的电报对战后苏联的意图和做法做出了比较全面的分析，成为美国制定对苏遏制战略的重要依据。

四是危机管控。国家之间难免会有矛盾和摩擦，甚至会发生一些冲突，外交的功能在于防止其升级和激化，将矛盾和冲突限制在一定的范围内，或者通过协商与谈判，使冲突逐步降级，最终予以解决或消除。

缺乏外交管控的危机是十分危险的，极端情况下会走向大规模战争。1914年6月28日，奥匈帝国皇储斐迪南大公在萨拉热窝遇刺，巴尔干半岛紧张局势骤然升级。7月23日，奥匈帝国向塞尔维亚发出了条件苛刻的最后通牒。虽然塞尔维亚几乎对此照单全收，但奥匈帝国驻塞尔维亚大使断定塞尔维亚不会接受通牒中的条件，竟然连通牒复函都没拆开就径自宣布与塞尔维亚断交并回国。关键时刻，外交没有给危机"降温"，反而使形势急剧恶化。之后的几天里，奥匈帝国所属的同盟国与塞尔维亚所属的协约国两大军事同盟分别开启军事动员。1914年7月28日，第一次世界大战正式爆发。①

当今世界，外交是国家维护、推进和实现其利益的最核心的手段、最直接的技术和最重要的艺术。一国对他国的政策，不管是制裁还是援助，是干预还是孤立，其作用和功效在很大程度上都是通过外交体现出来的。

需要说明的是，有些人习惯用"软""硬"来评价外交，似乎认

---

① 参见〔英〕李德·哈特：《第一次世界大战战史》（林光余译），上海人民出版社2010年版，第18—20页。

为外交越强硬越能体现国家实力,所以外交应该越"硬"越好。其实评价外交成败的标准是,相关各方是否在维护各自核心利益的前提下用和平手段解决了彼此间的问题。以互谅互让、合作共赢的方式来化解矛盾、消除分歧、缓和关系、增进国家间的友好关系是外交的最高境界。

有效外交应遵循的基本原则

外交是科学、艺术与技巧的统一,它需要外交人员有超乎寻常的想象力,在具体的外交活动过程如谈判、会谈中,创造性地将原则性和灵活性有机结合起来,根据事态发展和形势变化,灵活制定对策,恰如其分地通过相互妥协和让步,达到利益上的协调。

不过,这并不意味着外交没有任何规矩。遵循一些外交的普遍原则,可以提高外交成功的可能性。这些原则包括脚踏实地、审慎发言、寻找共同点、换位思考、沉着冷静和留有余地等。

脚踏实地是指要确定符合实际的目标,过高、过大和太过理想的目标都不可取。所谓"形势比人强",国家要认清自己所处的环境和自身的实力,制定力所能及的外交目标。比如,中国抗战初期需要更多外援,但指望美国参战共同对付日本是不现实的,因为当时美国孤立主义盛行,中国能多得到一些物资援助就不错了。

审慎发言是指发言前要深思熟虑。外交场合讲究不轻易允诺,但话一出口,就不能出尔反尔。老练的外交人员都会对自己的发言思虑再三。

寻找共同点就是要找到相关国家的共同利益所在。外交场合不宜搞对立,否则谈判很容易陷入僵局。

受到两极对峙和反共思潮影响,1955年的万隆会议上,有的国家在发言中攻击共产主义,希望与西方结盟。中国总理周恩来对此做了精彩回应,他说中国代表团是来求团结而不是来吵架的,中国共产党人从不讳言相信共产主义,但亚洲国家间有求同存异的基础,应当互相同情和支持,而不是互相疑虑和恐惧、互相排斥和对立。最终,会议公报突出了反殖民主义主题,和平共处的各项原则被写入报告。①

换位思考就是要尽量理解对方的处境,站在对方的角度思考问题。国家之间有时会因文化差异、信息缺乏或者误解而妨碍正常的沟通和交流。在国际交往中,即使不同意对方的做法和言行,也要去想想他为什么要这么做,而不是一味反对。

曾为中美关系做出历史性贡献的基辛格博士回忆说,他在和周恩来起草《中美上海联合公报》时,曾经考虑过把中方版本中的一句话换成美方版本的,但又担心周恩来可能反对。最终达成的公报有一半以上的内容是双方各自表述在意识形态、国际事务、越南和台湾问题上面的不同观点,但这些见解不一的部分却给双方有同感的主题赋予了重要意义。②

沉着冷静就是遇事不急不躁、等待时机。外交不是一项一蹴而就的工作,过于急躁不是毁了谈判,就是给对方留下软弱和没有底气的印象。除非其中一方实在强势,否则谈判不可能很快结束。只有保持沉着冷静的战略定力,才能把握时机。

1982年10月,中苏政治谈判重新开始。虽然连续三年都没有实质性进展,但中方一直坚持中苏关系正常化要具备越南从柬埔寨撤军、苏联从阿富汗撤军和从蒙古撤军等三个条件,没有急于求成。1985年戈尔巴乔夫上台后,苏联对华态度大幅转变,谈判进程随之加速。基本消除三大障碍后戈尔巴乔夫访问北京,双方发表《中苏联合公报》,双方关系实现了正常化。③

---

① 参见杨奎松主编:《冷战时期的中国对外关系》,北京大学出版社2006年版,第73—74页。

② 参见〔美〕亨利·基辛格:《大外交》(顾淑馨、林添贵译),海南出版社1998年版,第672—673页。

③ 参见杨奎松主编:《冷战时期的中国对外关系》,北京大学出版社2006年版,第209—212页。

留有余地就是在保全自己面子的同时要照顾对方的心理感受。所谓"眼前留一线,日后好相见",很多国家会长期打交道,一次谈判不成也用不着割席断交,日后可能还有其他的合作机会。

1989年下半年,美国政府相继对中国采取了暂停武器销售、商业出口和制止国际金融机构向中国提供新贷款等制裁措施。但是考虑到美国已不可能切断与中国的联系,未来两国还要长期相处,美国对华制裁很快调整和弱化。关于美国进出口银行暂停对美国方面同中国进行商业活动给予资助的禁令1989年年底就被取消,世界银行在1990年就开始恢复向中国提供贷款,亚洲开发银行也从1991年5月开始恢复对华正常贷款业务。①

> 以下是我认为完美的外交家需要具备的素质。忠于事实、准确、冷静、耐心、风度翩翩、谦虚和忠诚。它们同时也是完美的外交需要具备的条件。"但是,"读者可能会反对,"你忘了知识、洞察力、谨慎、好客、迷人、勤劳、勇气,还有圆滑。"我并没有忘,我只是将它们视为理所当然而已。
>
> ——哈罗德·尼科尔森②

一国外交的质量是其国家政治实力的重要组成部分,也是其软实力的体现方式。正如明白了比赛规则并不能保证比赛一定获胜一样,掌握了有效外交的原则也未必能保证外交一定成功。因为外交是实践的艺术,每个国家的外交都需要具备专业素养、谈判技巧、实践经验以及富有想象力的职业外交官。优秀的外交家都是在实践中不断探索、磨炼和总结经验教训而成长起来的。

---

① 参见周世俭:《美国对华制裁情况回顾》,《国际贸易》1995年第2期,第22—25页。

② 转引自〔美〕康威·汉得森:《国际关系:世纪之交的冲突与合作》(金帆译),海南出版社、三环出版社2004年版,第220页。

运用武力的等级与代价

武力是国家用于解决彼此间矛盾与冲突的传统手段之一，其历史和外交一样久远，且武力与外交常常是同时或交替使用。在农业文明时代，武力被视为维护国家生存利益的最直接、最有效的手段。

但武力不能简单地与战争画等号。从国家运用武力的级别来看，由低到高可以分为以下几个级别：作为外交后盾、武力威慑、军事干预和直接发动战争。

军事实力发挥作用并不一定需要"舞刀弄棒"，因为武力本身就能影响其他国家的态度。就像一个身强体壮的人，他可能举止文雅，看起来人畜无害，但别人看他虎背熊腰也不敢轻易动粗。

除了震慑对手不要以卵击石之外，作为外交后盾的武力还可以用来巩固盟友关系和拉拢中立者。冷战时期，在两大阵营对抗的背景下，西方阵营内部也常有矛盾发生，但美国的"老大"地位一直没有动摇，重要原因之一是大多数西方国家依赖美国强大的军事力量，为它们提供安全保护。

并不是所有国家都能时刻意识到对手的强大。为了施加更大的压力，国家会进行武力威慑。19世纪末，中日签订《马关条约》后，俄、德、法三国派出军舰，以此威胁日本，要求其放弃占领辽东半岛。日本最终向清政府索取3000万两白银作为"赎辽费"，接受了三国武力下的"忠告"。[①]

比威慑力度更高一级的武力使用方式是军事干预，即将本国的军事力量派遣到他国的领土上来影响该国的事态发展和政策。具体措施包括提供武器和其他军事资源、训练别国军队或提供军事顾问、向别国派遣秘密部队、招募雇佣军等。

得到被干预国政府同意的军事干预相当于军事支持。比如在越南

---

① 参见〔美〕马士、宓亨利：《远东国际关系史》（姚曾廙等译），上海书店出版社1998年版，第389—390页。

抗法斗争中，中国向越南提供了军事物资、武器装备、人员训练等援助，派遣军事顾问团协助越南人民军建军和战役指挥，支持了越南的民族解放斗争。[①]

未经被干预国政府同意的军事干预则属于武力干涉内政。比如美国向台湾当局出售武器装备，或是派出关岛或冲绳基地的航母到台海地区游弋，这种行为一直遭到中国政府的严正抗议。

在各种外交努力宣告失败后，联合国安理会对种族屠杀等人道主义灾难也会采取军事干预的手段，这种干预行动一般处于安理会控制和监督之下。一旦履行完人道主义任务，干预力量必须尽快撤离。

使用武力的最高级别就是直接发动战争。战争有多种分类方式和类型，国际关系中最常见的是将战争分为有限战争、全面战争与核战争，或者常规战争与非常规战争。（参见表9.1）

表 9.1　战争分类

分类标准	名称	特点	案例
战争方式	常规战争	国家以公开形式交战	1904—1905年的日俄战争
	非常规战争	国家通过非正式渠道或秘密进行的军事干预和军事斗争	1961年美国企图推翻古巴革命政权的猪湾事件
战争等级	有限战争	地域有限、目标有限、动用资源有限的战争	1950—1953年的朝鲜战争
	全面战争	举国动员并以彻底打败对方为目的的战争，即总体战	1931—1945年的中国抗日战争
	核战争	使用了核武器的战争	第二次世界大战末期美国用原子弹轰炸日本的广岛、长崎

[①] 参见牛军：《中华人民共和国对外关系史概论（1949—2000）》，北京大学出版社2010年版，第76页。

国家在使用武力时，一般会采取由低到高的策略。通常是在其他手段已用尽且都无效的情况下，才进行武力干预甚至发动战争。

直接使用武力的代价非常大。在古代，虽然战争的烈度和伤亡程度比现代战争小得多，但大规模的对外战争也足以耗尽国力，甚至导致改朝换代。今天的战争更是耗资巨大，庞大的军费开支及其造成的浪费令人咂舌。美国的一架 B2 轰炸机价值 22 亿美元，以重量计算比黄金还要贵 2 倍到 3 倍。

即使国家仰仗强大武力战无不胜、攻无不克，也不一定能永远取得战略优势。运用武力解决国家之间的矛盾，军事上的成功往往播下民族间仇恨的种子，代价要由子孙承担。法德之间长达上百年、代代相传的敌视和血仇就是前车之鉴。

滥用武力还会导致国家把大量资源集中投放到军事领域，忽视经济建设、科技进步等方面的投入，最终反而会削弱国家的整体实力。冷战时期，苏联在经济实力远不及美国的情况下与美国搞军备竞赛，将大量的人力、物力、财力投入军事领域，导致国民经济畸形发展，人民的生活水平长期得不到提高，为日后苏联解体埋下了隐患。

过度依赖和使用武力还会对国家形象造成较大的负面影响。一国追求强大的军事力量势必会造成或加剧地区或世界的紧张局势，受到国际舆论的强烈谴责。从长远来看，这将不利于一国提升其国际影响力、感召力和国际地位。此外，国家使用武力的有效性和过去相比也已经大打折扣。大国有时希望通过发动战争的方式来彻底解决问题，但结果往往难以如愿。例如，俄罗斯对乌克兰发起了"特别军事行动"，没想到"闪电战"打成了"持久战"。号称世界第二军事强国的俄罗斯不仅无法在战场上赢得胜利，甚至连结束战争都做不到，除非从乌克兰全部撤军。这场战争没有改善俄罗斯的安全环境，反而使其安全环境恶化。

核武器对武力使用的复杂影响

核武器是人类迄今为止所发明的威力最大的武器,具有常规武器不能比拟的巨大杀伤力,一场有核国家之间的大战将会使战争失去其本身的意义。因为一旦核大战爆发,人类文明将毁于一旦,战争不会有胜利者。

> 如果政治的目的是改变对手的生命,而不是消灭对手的生命的话,原子弹和氢弹不可能为这样的政治目的服务,因为它们不可能顾及人对人的最终责任,甚至不可能顾及人们对彼此失误和错误的包容。它们意味着人们不仅可能是,而且就是自己最坏的敌人。
>
> ——乔治·凯南[1]

核武器仅有的两次实战使用均是在二战末期。1945年8月6日和9日,为了尽快结束战争,美国先后在日本广岛和长崎投下了两颗原子弹,引起了灾难性的后果。在广岛,全市9万幢建筑中有6万幢被毁,死亡人数为11.9万人。在长崎,5.2万幢建筑中有1.4万幢被毁,7.4万人死亡,7.5万人重伤。[2]

现代核武器的杀伤力早已超过这两次使用的原子弹。核武器蕴含的可怕威力对军事斗争乃至人类社会产生了巨大影响。由于任何国家都难以承受核打击的灾难性后果,核武器作为有核国家实现国家利益的一种重要手段,其主要方式是通过"核强迫"(nuclear coercion)和

---

[1] 转引自〔美〕约翰·刘易斯·加迪斯:《冷战》(翟强、张静译),社会科学文献出版社2016年版,第46页。

[2] 数据来源:The Manhattan Engineer District, "The Atomic Bombings of Hiroshima and Nagasaki," June 29, 1946, https://www.atomicarchive.com/resources/documents/med/index.html, 2021年5月1日访问;Ministry of Foreign Affairs of Japan, "Research Study on Impacts of the Use of Nuclear Weapons in Various Aspects," March 2014, https://www.mofa.go.jp/files/000051562.pdf, 2021年5月1日访问。

"核威慑"（nuclear deterrence）来影响他国行为。具体而言，一个国家利用它所拥有的核武器实力强迫其他国家做自己原本不想做的事情，就是核强迫；一个国家利用它所拥有的核武器实力让其他国家放弃自己原本想做的事情，就是核威慑。

冷战时期，在美苏都成为核国家之后，双方都拥有庞大的核武器，继而拥有在遭遇对方攻击后的核反击能力，即能够抵御对方的进攻而且能破坏对方主要的战略目标和打击对方人口密集地区的能力。两国领导人很快意识到，核战争有可能导致人类文明毁灭的严重后果，两国之间大规模的战争不仅"无利可图"，而且"不可思议"。于是在"相互确保摧毁"的前提下，两国都放弃了在军事上与对方一决雌雄的做法，相互核威慑带来了"恐怖平衡"，维持了二战后世界的总体和平。[1] 所以，具有讽刺意味的是，核武器的存在反而成为维护世界和平、防止世界大战的客观条件。

与此同时，美苏两国在防止核扩散方面达成共识。1968年，美苏向联合国提交草案并在联合国大会通过《不扩散核武器条约》。该条约于1968年7月1日开放供各国签署，1970年3月5日生效，1995年期满之际联合国通过决议将其无限期延长。核不扩散的义务由所有缔约国共同履行，即有核武器的国家不得向无核武器国家提供核武器及其技术，无核武器国家也不得获取核武器及其技术。[2]

由于核武器不能直接使用，或者只能作为压箱底的杀手锏，大国的军事战略和竞争态势因此发生了巨大变化。美苏两个超级大国以核武器作为争夺世界霸权的重要工具，为获得"核优势"而进行的军备竞赛逐渐平息，两国的核弹头数量自20世纪70年代开始大幅削减（见图9.1）。一些拥有过核武器或可能发展核武器的国家，如南非、乌克兰等实现了无核化；一些国家停止了核武器的发展；建立无核区的协议

---

[1] 参见〔英〕安德鲁·海伍德：《全球政治学》（白云真等译），中国人民大学出版社2014年版，第259页。

[2] 参见李少军：《论核不扩散体制》，《世界经济与政治》2001年第1期，第36—37页。

陆续出现，如 1995 年东盟十国签订的《东南亚无核武器区条约》就规定禁止在东南亚地区生产、试验、使用和拥有核武器。①

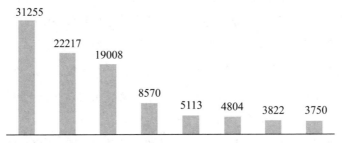

图 9.1　美国核弹头数量变化

资料来源：《美国核武库储备 5113 枚核弹头》，新华社华盛顿 2010 年 5 月 3 日电；《美国停止公布核武器数量》，美联社 2019 年 4 月 17 日电；《美国时隔 4 年再度公布核弹头数量》，新华社华盛顿 2021 年 10 月 5 日电。

但是，也有一些国家为了提高政治地位、增强自身实力或维护自身的利益，希望继核大国之后也成为"核俱乐部"的成员。20 世纪 90 年代印度和巴基斯坦相继获得核武器后，中东地区的伊朗和东北亚的朝鲜也开始发展核武器。截至 2021 年 1 月 1 日，已有 191 个国家加入《不扩散核武器条约》，但印度、巴基斯坦等少数持有核武器的国家没有加入条约，朝鲜一度加入后于 2003 年退约。

冷战时期，核武器与核威慑主要集中在全球层面。冷战结束后，地区层面的核威慑与核扩散速度惊人。国际核不扩散机制正在不断松动。很多国家缺乏控制使用核武器的经验，也没有强大的指挥和管理能力。万一有侵略性的独裁国家获得了核武器，那它就会给地区甚至全球带来安全恐慌。如果这样的国家本身就处在局势紧张的地区，那核武器被滥用的可能性就更大了。

---

① 参见张春：《弃核的可能性：理论探讨与案例比较》，《世界经济与政治》2007 年第 12 期，第 55 页。

然而，更令人担忧的是，近年来世界范围的核裁军势头出现倒退。美俄在履约问题上不断相互指责，俄罗斯暂停履行《新削减战略武器条约》，美俄战略稳定谈判难以恢复。在美国遏制打压中国战略的牵引之下，美英澳建立三边安全伙伴关系并开展核潜艇合作，日韩等国政界传出"核共享"之声，亚太地区核扩散风险不断加剧。

此外，俄乌冲突导致核大国关系的不确定性大幅上升，俄罗斯几次威胁要动用核武器，核战争的阴影再次笼罩在世界上空。由于俄乌冲突仍在持续，处于十字路口的全球核安全治理机制承受巨大压力。联合国秘书长古特雷斯在 2023 年裁军和不扩散宣传国际日的公开致辞中说："全世界储存的核武器数量仍在 13 000 件左右，在使用风险达到冷战以来最高水平之时，这些核武器足以多次摧毁我们的地球。"[①]

▶▶ 思考：国家能否"动口不动手"？

从上述内容可以看出，武力和外交这两种手段看似截然相反，但在实际运用中二者并非泾渭分明或水火不容。一方面，武力是外交的后盾，强大的军事力量可以增加谈判桌上的筹码；另一方面，国家在动用武力解决问题时也离不开运用外交的手段去组建联盟或离间对手，战争胜利后也要依靠外交来建立新的秩序。

随着人类的文明进步，国际社会已将禁止使用武力和武力威胁、和平解决国际争端作为国际关系的基本原则。那么，有哪些方式可以让国家之间更多采取外交手段、减少武力因素呢？

一个最简单的思路是，如同国内政府依靠垄断合法暴力来维持社会秩序一样，发生矛盾和冲突的双方若要保持和平也必须仰仗外力，也就是超级大国或国际组织。如果第三方拥有凌驾于敌对双方之上的强大实力，那么它就可以为一方或双方提供足够的安全保障，让敌对

---

① 安东尼奥·古特雷斯：《2023 年秘书长致辞》，https://www.un.org/zh/observances/disarmament-non-proliferation-awareness-day/messages，2023 年 4 月 30 日访问。

双方减少使用武力的必要性。

例如，二战后以联合国安理会为核心的国际安全架构的建立，辅之以一系列由主权国家参与的公约、协定和文件，在很大程度上减少了国家间使用武力的情形。

再如，二战结束后美国在德国境内驻军，既约束了德国的军备，也缓解了西欧各国对德国再崛起的恐惧。德国向法国等西欧国家释放的和解善意由此变得可信，法国可以放下对德国恢复元气的恐惧而改善法德关系，甚至形成推动欧洲一体化的"德法轴心"。[①]

此外，还有两个办法可以减少国家之间的兵戎相见：一是提高使用武力的成本和代价，二是提高和平外交的收益。

相比外交而言，武力的代价高昂，战争更意味着大批生命的消逝。因此，提高使用武力的成本可以迫使有矛盾冲突的国家不得不坐回到谈判桌前。无论美苏"冷和平"背后有多少原因，核武器这一因素都肯定名列前茅。"相互确保摧毁"的威胁使美苏都保持了足够的谨慎，让双方的领导人多次在战争边缘悬崖勒马。

当然，提高使用武力的成本和代价需要足够的透明度支撑，也就是国家要对彼此的实力特别是军事实力的真实情况有相当准确的了解。误解或误判是刺激国家使用武力的重要原因之一，近代以来有很多决策者都是因为低估对手而贸然发动了战争。因此，增加国家间透明度的机制可以减少误判的危险，从而降低使用武力的可能性。

军事实力的透明化既有必要性也有可行性。随着卫星技术的进步，大国可以深入了解彼此的武器系统和军事水平。冷战期间，美苏逐步建立国际军事透明机制，双方均有借此制约对手、谋求主导地位的意图，但客观上这一机制也在增进国家间互信、防止误读误判、改

[①] 参见〔美〕罗伯特·A.帕斯特编：《世纪之旅——七大国百年外交风云》（胡利平、杨韵琴译），上海人民出版社2001年版，第120页。

善国际安全环境等方面发挥了重要作用。①

国际组织也可以在提高国家间军事透明度上发挥重要作用。例如，2021年，国际原子能机构在全球1300多个核设施和设施外地点开展了核查活动，为185个已签署有效保障协定的国家得出了保障结论。②

提高外交的收益是防止国家走向战争的另一个方法。即便是领土争端也有可能不通过武力来解决。

中苏第三次边界争议谈判中，双方就同意根据"互谅互让"的精神解决那些因条约规定笼统或相互矛盾而导致的争议地区。比如，中苏西段边界上有不少地方是以非通航河流为界，而每条河都有两条以上河源，但条约只笼统规定以河为界，并未指明哪条河源为界。根据谈判参与者的回忆，当时双方或将一块争议地区大体平分，或将两块争议性质相同、面积又差不多的地区进行对等交换，不少争议地区问题迎刃而解。③

另一种为人熟知的方式是"搁置争议、共同开发"，将解决边界与领土争端从零和博弈的思维路径转向互利共赢的思维范式。例如，在中国方面的率先倡导下，2005年，中国、菲律宾和越南三个在南中国海地区存在领土与大陆架争端的国家达成共同开发南中国海资源的协议。2008年，中日两国也达成了对两国存在争端的东海大陆架上的石油资源进行共同开发的共识。

千百年前的古人都明白，"兵者，不祥之器，圣人不得已而用之"，"苟能制侵陵，岂在多杀伤"。生活在21世纪文明时代的国家更应慎用、巧用武力，更应注重运用外交手段，发挥外交的潜力，用更智慧的方式维护国家利益。

---

① 参见徐辉、韩晓峰：《美国军事透明政策及其对中国的影响》，《外交评论》2014年第2期，第81—84页。

② 参见《国际原子能机构发布〈2021年保障声明〉》，http://exportcontrol.mofcom.gov.cn/article/gjdt/202206/674.html，2023年月1日访问。

③ 参见鲁桂成：《亲历中苏边界谈判》，《俄罗斯研究》2019年第4期，第27页。

推荐阅读书目

赵可金:《外交学原理》,上海教育出版社 2011 年版。

〔瑞典〕克里斯特·约恩松、〔瑞典〕马丁·霍尔:《外交的本质》(肖玙译),北京大学出版社 2020 年版。

〔美〕戈登·克雷格、亚历山大·乔治:《武力与治国方略:我们时代的外交问题》(时殷弘、周桂银、石斌译),商务印书馆 2004 年版。

〔美〕亨利·基辛格:《大外交》(顾淑馨、林添贵译),海南出版社 1998 年版。

〔美〕罗伯特·A.帕斯特编:《世纪之旅——七大国百年外交风云》(胡利平、杨韵琴译),上海人民出版社 2001 年版。

第十章

对外政策

对外政策问题……（是）个人和集体生存的双重问题。

——雷蒙·阿隆[①]

工业时代的大国表现出一种惊人的自残倾向。那些因推行过于带有侵略性的对外政策而最终遭到失败的高度发达的社会为此付出了血与财富的代价，有时甚至本国的生存都处于危境当中。

——杰克·斯奈德[②]

对外政策至少是一种双重博弈，政治家们处于国际谈判（无论是危机还是非危机期间）和国内政治力量的压力之间……成功的对外政策必须符合两个条件：一方面要让其他国家能够接受，另一方面要能获得国内选民的同意。

——罗伯特·帕特南[③]

[①] Raymond Aron, *Peace and War: A Theory of International Relations*, London: Weidenfeld and Nicolson, 1966, p. 17.

[②] 〔美〕杰克·斯奈德：《帝国的迷思：国内政治与对外扩张》（于铁军等译），北京大学出版社2007年版，第1页。

[③] Robert D. Putnam, "Diplomacy and Domestic Politics: The Logic of Two level Games," *International Organization*, Vol. 42, No. 3, 1998, p. 434.

2018年5月,时任美国总统特朗普突然宣布对华加征关税。好不容易偃旗息鼓几个月的中美贸易摩擦再起波折且愈演愈烈,不到半年时间几乎所有中国输美商品都上了特朗普的加税名单。

与此同时,美国在经贸、科技、文明、金融、地缘等领域都对中国采取了对抗性举措。既有中止高科技产品对华出口、制裁中国高科技企业的"脱钩",也有对中国在美机构和个人施加的限制,还有在中国周边举行军事演习和大规模舆论抨击这样的施压。

美国对华政策的转变究竟是特朗普一个人的想法和偏好,还是美国共和党精英推动的结果,抑或美国两党和民众的共识?要回答这个问题,首先必须认识和了解对外政策。

何谓对外政策?

对外政策(foreign policy)是国家决策者为实现国家利益所规定的特定目标而制定的,处理与他国或其他国际行为体关系的战略和行动方针。

在中文中,"对外政策"经常与"外交政策"混用。其实,"对外"和"外交"这两个词的含义并不相同。在国际关系中,"外交"与"武力"相对,是指国家以和平方式开展的对外活动;而"对外"则是指一国与他国政府或其他国际行为体的关系。对外政策的实施和实现方式可以有和平方式(即外交),也可以有非和平方式(如发动战争),外交只是国家实施对外政策的一种手段。

此外,对外政策所涉及的内容和范围比外交要广泛得多。一般而言,国家重大的对外政策包含的内容和拟解决的问题有:(1)把国家利益由观念变成具体的、可操作的目标;(2)判断同政策目标有关的国际和国内形势；(3) 评估实现所期望目标的国家能力；(4) 制订运用国家能力、实现国家目标的计划或战略；(5) 定期回顾和评估政策的实施过程。

与之相对应，对外政策研究也包括三部分：(1) 对外政策的目标。国家利益是一国对外政策的出发点和最终目标，国家利益决定了对外政策追求的目标，是否实现了国家利益是检验对外政策成败的标准，所以国家利益的轻重缓急和具体内容是对外政策研究的核心。(2) 对外政策的制约因素，如国际环境、综合国力、意识形态、利益集团等。这些因素使得不同国家在相同的国际环境下采取不同的对外政策，或不同的国家针对相同的问题采取不同的对外政策。(3) 对外政策制定过程，亦即对外决策方式。不同决策者、制度建构以及所面临问题的性质决定了对外政策有不同的产生过程。

当然，外交与对外政策之间有着紧密的关联。对外政策是外交得以开展的指导思想。没有明确的对外政策，就不可能有目标清晰的外交；而外交水平和表现反过来也会影响国家对外政策的落实。

> 外交这个词虽然在英语中存在不到两个世纪，可是它曾遭到滥用或被混淆。比如说，有时它被用作对外政策的同义词。但是，对外政策是政府制定的，而不是由外交家们。
>
> ——萨道义[1]

需要说明的是，对外政策研究是需要条件的，并不是每个国家的对外政策都具备研究的条件。出于国家安全考虑，一些国家重要的对外政策的制定过程是高度保密的，只有日后通过解密档案才能看见。

---

[1] 〔英〕戈尔-布思主编：《萨道义外交实践指南（第五版）》（杨立义等译），上海译文出版社1984年版，第1页。

有的国家出于种种利益考虑不愿把自己的真实目标昭告天下，甚至发"烟幕弹"，公开的目标不一定是真实的目标，这就使得对外政策研究面临很大的困难。

看不见的对外政策或不采取行动的对外政策是无法研究的，但是国家采取对外行为相当于对外政策的"面世"，而特定对外政策指导下的对外行动是可以进行分析和研究的。因为国家一旦制定了对外政策，就需要通过外交、军事、法律、经济等手段予以实施，这些政策都会以特定的行为表现出来，并产生一定的影响。

霸权政策与均势政策

一个国家就对外关系中具有全局性、根本性的问题制定的政策叫作对外战略或大战略，它是一个国家最重要也是最高层次的对外政策。根据国家实施对外战略所采用的不同手段和方式，可以把对外政策分为几种不同的类型。其中，人们比较熟悉是霸权政策。

英文中的"hegemony"是源于古希腊语的一个中性词，有"领导""控制"和"支配"的含义，但无"横行霸道"之义。霸权政策是指国家追求超越其他国家的强大国力，并建立一个由自己主导的世界秩序或地区秩序。所谓"霸权国"或"霸主"（hegemon），在国际关系学中，尤其是现实主义国际关系理论中，也是一个中性词，指有能力也有意愿建立以自己为主导的世界或地区秩序的国家。

不过，自由主义国际关系理论依据霸权国建立秩序的方式区分了"霸权"和"领导"，认为主要运用硬实力来统治世界的是霸权，而运用软实力来治理世界的则是领导。在与"领导"相对应的语境下，"霸权"有了越来越明显的贬义色彩。

霸权政策具有两面性。一方面，霸权国一般会使用强权胁迫甚至损害他国权益的方式来追求和维持世界秩序；另一方面，霸权国也为国际社会提供了公共产品，比如美国霸权之下建立的国际贸易制度、国际货币体系以及国际安全保障体制，使无政府的国际体系呈现出一定的有序性，客观上使大多数国家从中获益。因此，在国际关系理论中有"霸权稳定论"之说。

> 近年来，随着美国实力的相对衰落，学界普遍认为，美国霸权的终结将意味着世界秩序的更加混乱和更大的不确定性。除非霸权存在，一种特殊类型的国际经济秩序，即自由经济秩序，就不可能繁荣和获得充分发展。
>
> ——罗伯特·吉尔平[①]

那么，是不是世界体系中实力超强的国家都会采取美国这样的霸权政策呢？答案是否定的，比如19世纪的"日不落帝国"英国就选择了建立和维持欧陆国家之间力量相对平衡状态的均势或制衡政策。

在整个19世纪，英国对外政策的基本目标就是保持欧洲列强的势力均衡，不容任何力量破坏这种局面。英国所奉行的大陆均势政策有四个特点：一是反对任何国家主宰欧洲大陆，谁有这个念头就反对谁，即便是曾经的盟友也照反不误；二是不会彻底消灭追求欧洲霸权的国家，而是削弱或约束它，防止多极格局失衡；三是拒绝加入永久性联盟，平时不和任何欧洲大陆国家保持军事同盟的关系，只在局势危急时才根据情况订立有期限的暂时盟约；四是在海外大肆扩张，但不追求在欧洲大陆获得领土或势力范围。[②]

其实，即便是美国也没有在其成为世界大国之后就立刻采取霸权政策。一战后的美国虽然已经具备了影响国际事务、塑造国际规则的

---

① 〔美〕罗伯特·吉尔平：《国际关系政治经济学》（杨宇光等译），经济科学出版社1989年版，第88页。

② 参见〔美〕亨利·基辛格：《大外交》（顾淑馨、林添贵译），海南出版社1998年版，第78—81页。

实力，但它最终还是选择退回到孤立主义，对国际事务基本上采取不参与的态度。直到1941年12月7日日本偷袭美国珍珠港，美国才彻底放弃了孤立主义，加入了反对德意日法西斯的战争，并在其中发挥了重要作用。

为何世界大国不轻易采取霸权政策呢？这是因为，任何一个国家要想长期维持超越其他国家的实力和维护世界秩序，就必须不断付出代价。《大国的兴衰》一书考察了近代以来的大国兴衰之后得出结论，大国的过度扩张是导致其衰落的主要原因。大国为了保持其领导地位不得不保持强大的军事力量，承担维护世界秩序的责任，最终不堪重负而衰落，这就是霸权国的悲剧。现实中，作为超级大国的美国就是一例。

毫无疑问，美国从世界领导地位获得的好处非常多，如远超其他国家的安全感、美国人的优越感、美元作为世界货币为美国带来的经济利益、美国文化在全世界的流行。特别是二战胜利后的一段时间，美国被众多国家追随和拥戴，享受着"全球帝国"的光辉和"领袖"的荣耀。

但霸权政策和领导地位也给美国带来巨大的心理和道德负担：如何在一个核时代扮演好领导国的角色，维护美国作为盟友保护国和"自由捍卫者"的信誉，成为冷战时期美国历届领导人忧心和焦虑之事。这一焦虑与对苏联扩张和共产主义传播的恐惧促使美国走上全球干涉之路，并因此付出巨大的代价。

冷战结束后，尽管苏联的威胁和意识形态竞争不复存在，但在维护地区稳定、打击国际恐怖主义、应对人道主义灾难、防止大规模杀伤性武器扩散等问题上，美国作为自我标榜的世界领袖和国际秩序捍卫者，都必须"出钱出人出力"。

在和平时期，美国的军费开支长期占其GDP的4%左右，远远高出其主要盟国军费开支在GDP中的比重，而且美国庞大的军费开支主要是为了保护盟友的安全和维护世界秩序。在北约中，美国的军费开支占到 29 个成员国的 70%。①这种情况在美国经济繁荣时还可以被民众所容忍，一旦美国经济不景气，就会受到国内的质疑。因此，特朗普上台后才提出"美国优先"，要求北约盟国以及韩国和日本分摊军费支出，以减轻美国的负担。

所以，只要美国仍然以世界领导自居，美国领导人就会被这些忧虑所困扰：如何让其他国家相信美国仍然有决心和能力保护盟友安全、应对各种威胁、维护世界秩序的稳定，从而赢得盟友的追随和阻遏潜在对手的挑战，继续享受领导地位的荣耀以及这一地位带来的种种实际的好处。②

未来世界，任何大国都很难再拥有像二战后美国一样的超强实力和国际影响力，也很难以一己之力来建立和维护世界秩序。随着美国实力的相对衰落，国际关系中的霸权政策有可能只是区域性的，而不是全球性的。

结盟、追随和对冲

除了霸权和均势（制衡）以外，国家战略层面的对外政策还有其他类型，比如结盟、追随和对冲等。

结盟（alliance）是国家用来实行对外战略的最古老也是最常用的手段，它是指国家之间以正式或非正式协议确立安全义务或承诺。通常情况下，人们所说的结盟一般都是防御性结盟，即国家为了应对共同的安全威胁而组成军事同盟，对同盟中任何一个成员国的侵略均被视为对所有成员国的侵略，所有成员国都必须参加反对侵略的行动。

---

① 参见 NATO, "Defense Expenditures of NATO Countries (2013-2019)," November 29, 2019, https://www.nato.int/cps/en/natohq/news_171356.htm, 2023 年 4 月 30 日访问。

② 参见王立新：《世界领导地位的荣耀和负担：信誉焦虑与冷战时期美国的对外军事干预》，《中国社会科学》2016 年第 2 期，第 203 页。

结盟政策的动因并不复杂。所谓"双拳难敌四手",无论个人还是国家,发现自己不能靠单挑击败对手的时候,自然会产生寻找帮手的念头。特别是当国家处于生死存亡之际、着实来不及靠"苦练内功"自强的时候,寻找"敌人的敌人"来充当盟友就成了救亡图存的自然选择。

在美国独立战争中,美法结盟对美国革命的成功至关重要。1778年,美法缔结同盟关系,此后美国军队十分之九的弹药来自法国或经手法国,法国的港口成为美国运输船的庇护站。法国在印度、加勒比和直布罗陀等地虚张声势说要攻击英国本土,牵制英国投入更多资源。1781年的约克镇战役中,法国舰队还封锁了海湾,迫使康华利率领的英国精锐军队向华盛顿率领的大陆军投降。

结盟并非对国家有百利而无一害。在安全问题上,高收益同样带来高风险,国家在获得外部盟友支持的同时,也很容易成了捆在一根绳上的蚂蚱。万一有盟友冲动莽撞、不计后果,其他盟国很容易卷入不必要的战争冲突。而且,一个同盟的形成很容易增强对手的敌意,加剧紧张局势,到头来事与愿违,本是为了安全的结盟政策却引发了安全危机。

巴尔干半岛本来只是奥匈帝国、奥斯曼土耳其帝国和沙俄帝国争夺的势力范围,跟英法德的直接利益毫无关系,但一加上大国之间的结盟关系,形势就变得非常复杂了。德国觉得它必须支持盟友奥匈帝国在巴尔干半岛的利益,法国也是出于拉拢盟友的目的支持俄国,结果巴尔干成了引发一战的"火药桶"。①

大国结盟多数能保持相对平等的国家间关系,但如果国力差距较大,中小国家与大国甚至霸权国结盟,有可能是一种并不平等的"追随"政策,小国在面对实际的安全威胁时,还有可能被大国所抛弃。

---

① 参见〔美〕悉·布·费:《第一次世界大战的起源》上册(于熙俭译),商务印书馆1959年版,第27页。

"追随"的英文是"bandwagon",原意是指追赶时尚,在国际关系中是指中小国家主动依附强国,来换取安全保护和其他好处。

在安全领域,追随与制衡的逻辑正好相反。制衡是指与弱的一方结盟,以对付强的一方;而追随则是与强的一方结盟。不过,追随政策并不限于安全领域,这是追随与制衡的主要区别。在单极格局下,中小国家一般都采取追随霸权国的政策,以获得各方面的好处;在两极格局下,中小国家也大多采取追随其中一个大国的政策。只有在大国实力比较均衡的多极格局下,大国之间才有可能相互采取制衡政策。

需要说明的是,"追随"不等于"投降",对强国示弱的目的在于维护自身利益或获得更多利益,避免不必要的损失。第二次世界大战中的太平洋战争让日本领略到了美国的强大,日本战败后迅速迎合并追随世界头号强国美国,在两极格局中寻找重新崛起的机遇。1951年的《美日安保条约》让美国直接掌握了日本国防和国内安全的控制权,处于"半占领"状态下的日本虽然主权受损,但同时也获得了美国的保护伞,并把节约下来的大笔军费开支投入经济建设,在较短时间内发展成为全球名列前茅的经济大国。

追随政策并非没有代价和风险,若选择的追随对象不当,则有可能丧失本国在军事、经济、文化上的固有优势和自主权,甚至沦为大国的附庸。

对中小国家来说,是不是一定要找个"靠山"并"以身相许"呢?未必如此。冷战时期,以美国为首的北约和以苏联为首的华约组织两大阵营尖锐对峙。一些新独立的亚非拉国家为了保持政治独立性,避免卷入战争,采取了不与大国结盟的中立政策,印度等国还倡导并发起了"不结盟运动"。20世纪80年代后期,中国也根据国际形势的变化,调整了对外政策,实行不结盟政策。

有的国家既不乐意"总在一棵树下乘凉",也不愿意单打独斗,而是采取在不同大国之间"左右逢源"的对冲政策(hedging)。对冲政策介于追随与制衡之间。采取对冲政策的一般是中小国家,它们往往处于大国关系复杂或者竞争激烈的区域。为了避免讨好一方而得罪另一方,或者过度依赖一方而丧失自身的独立性和自主性,它们对这些大国既不追随,也不制衡,而是会选择同时与这些大国建立友好关系并开展各领域的合作,以防范单独与任何一方交往所蕴含的潜在风险,尽量保障自身利益并努力实现自身利益的最大化。

东南亚国家堪称采取对冲政策的"行家里手"。随着美苏关系的缓和与冷战的结束,中美成为对东南亚地区影响力最大的国家。对大多数东南亚国家来说,无论是经济还是安全领域,它们对中美两国都有不同程度的需求,依靠对冲政策从两边都得好处的意图非常明显。从另一个角度说,东南亚国家在中美两国之间的对冲不仅是为了"两边获利",也是为了"两边下注"。就像"鸡蛋不要放在一个篮子里"一样,东南亚国家希望借此平衡与中美两大国的关系,减少大国竞争或某一大国"变脸"对本国利益的冲击。

对外政策选项之多,说明世界上并无放之四海而皆准、对任何国家任何时期都适用的完美政策。判断和评估一国对外政策是否稳妥,并不能只看一时一事的得失,也不能光听个别领导人的自吹自擂。因为一国对外政策的出发点和最终目标都是国家利益,是否实现了国家利益才是检验对外政策成败的唯一标准。

对外决策模式

对外决策过程是影响对外政策结果的重要因素。谁参与了决策、采用什么样的决策机制、谁在决策中最有发言权,对决策结果的影响重大。学者们根据对外决策的实践经验,概括归纳出三种主要的对外决策模式。

对外决策模式由决策主体、决策程序和决策方法三个基本要素构成,根据这三者的具体组合方式,三种决策模式分别是理性决策模式、组织过程模式和官僚政治模式。这三种模式最早由美国学者格雷厄姆·艾利森(Graham Allison)提出,所以又被称为"艾利森三模式"。

理性决策模式

理性决策模式假定,国家是一个单一的行为主体,整个决策权集中在一个人或个别人手中,而且对外决策是一个理性选择的过程,通俗点说就是"算计",力求以最低成本获得最大收益。这一决策模式在理想状况下大体上会经过四个步骤(参见图10.1)。

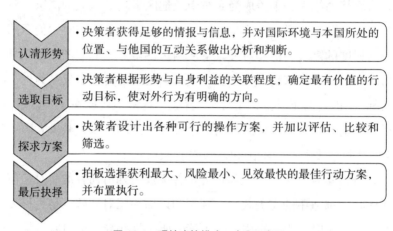

图10.1 理性决策模式四步骤示意图

尽管朝鲜战争爆发时新中国成立还不到两年,但抗美援朝的决策过程却十分慎重,基本符合理性决策模式。已经披露的史料显示,中国领导人非常清楚出兵面临的巨大困难,如被迫走到前台直接与美国对抗、中美之间总体实力悬殊、可能引发更多的国际国内变数与风险等。

同时,中国领导人对抗美援朝的必要性也有清醒认知,出兵既是捍卫国家安全的基本需要,也符合社会主义阵营的道义原则。虽然出兵代价大风险高,但不出兵的代价也很沉重,包括东北工业基地会直接受到敌方军事威胁、美国可能在台湾问题等其他对华政策上得寸进尺、国家和民族精神会遭到打压等。

在决策过程中，中国领导人还对采取军事手段的前景和要达到的目标进行了考虑与讨论。第一种前景是战争扩大到中国，但由于中苏同盟存在，这种情况可能性不高；第二种前景是美方受挫而知难而退，这种情况经过努力可以实现。据此，中方很快确定了争取和平解决和战争局部化的目标。

朝鲜战争中，美方在仁川登陆后步步紧逼，形势瞬息万变，压力巨大，但中国领导人在时间紧迫的情况下，依然对各种方案的利弊进行了讨论，为最后下决心出兵参战提供了理性思考的基础，参战所要达到的目标也是根据对形势的判断、依照量力而行的原则确定的。[①]

组织过程模式

组织过程模式实际上是按政府正常决策流程进行决策。这一模式认为各个部门根据一套标准运作程序在决策中各司其职、发挥作用。对外决策是涉及对外事务的各职能部门一环扣一环操作的产物，最高领导人只在各职能部门发生冲突时进行协调和平衡。

对许多日常事务而言，政府并不需要耗时耗力寻找尽善尽美的方案或者特别理性精准的办法，各职能部门更多是按"铁路警察各管一段"的思路办事。这种决策就是按部就班，可以将之比喻为工厂车间中的"流水线加工"。

抗战时期，南京国民政府对美事务决策就形成了一个较为规范的运转模式，包括获取信息、汇总信息和建议、专设机构做出最终决策等环节。具体而言，国民政府军委会参事室专责进行资料搜集和分类研究，外交部美洲司和情报司将获取的美国信息和政策建议汇总并上报，中国国民外交协会邀请专家探讨中美外交以供政府策略咨询。号称国民政府"军机处"的侍从室及参事室将来自各方的中美外交信息（含情报、建议、报告）按主题分送给蒋介石裁决。

---

① 参见章百家：《跨过鸭绿江——危机处理与抗美援朝出兵决策》，载章百家、牛军主编：《冷战与中国》，世界知识出版社 2002 年版，第 153—158 页。

参事室每周均会参加参事汇报以及侍从汇报，就当周的国际形势尤其是美国国内对抗战形势的分析提出报告。隶属于国防最高委员会的军事委员会成为最终决策场所，蒋介石时常以军委会委员长的身份召集军委会各室参与小型会议。①

官僚政治模式

官僚政治模式假定，对外政策是参与决策的各方讨价还价的产物。这种模式和组织过程模式一样假定对外政策的决策权是分散的，但与组织过程模式不同的是，它更加关注参与决策的个人，而不仅仅是政府职能部门，更注意分析参与决策的各方如何博弈以影响最后的决策过程，而不仅仅把决策看作各方流水线操作的最后结果。

在官僚政治模式下，参与决策的个人、政党乃至利益集团都有不同的目标和立场，彼此会进行辩论、争吵与斗争，决策实际上是一种讨价还价、明争暗斗、拉帮结派、相互妥协的活动，最终决策是各方竞争合力的结果。而且，产生决策结果也不意味着决策过程的结束，因为对决策不满的参与者仍会继续试图调整决策结果或者影响决策的实施。

1938年，英法两国均有人建议，采取有力手段反制德国在中东欧的经济渗透和军事威胁，但在英法领导层那里这些建议都成了耳边风。原因之一是西方民主国家内部官僚机构互相嫉妒，经济政策掌控在外交部以外的机构手中，在英国是贸易委员会、财政部和英格兰银行，在法国则是财政部、商务部、农业部和公共工程部。这些经济机构对德国的威胁茫然无知，而且怨恨干预其职能范围的任何行为。英法两国缺乏合适机制来协调各种官僚机构的意见，有的部委甚至可能否决具有重大政治意义的贸易政策。例如，法国农业部就在1938年至1939年间否决了向多瑙河沿岸国家做出贸易让步。这影响了东欧国家

---

① 参见沈悦：《抗战时期南京国民政府对美外交文书运转特点》，《兰台世界》2017年第14期，第119—123页。

联合英法对抗德国的信心。①

总之，对外决策涉及的事件范围很广，大到战争与和平，小到给外国人发旅游签证。从决策模式入手分析和判断一国的对外政策是对外政策研究的重要视角。

"一把手"在对外决策中的作用

作为对外政策的最终决策者，国家领导人理所当然是对外政策制定与执行中的主角，也是对外政策成功的最大获益者和失败的第一责任人。

领导人的个性、信念、健康和经历都会对国家对外政策产生重大影响。同一时期同一国家，不同的领导人可能会导致对外政策的巨大差别。英国首相内维尔·张伯伦的经历和性格就对绥靖政策造成了巨大影响。他因在国内事务上有卓越表现而进入内阁，1937年担任首相以前全无外交经验。他的兄长、《洛迦诺公约》的缔造者之一奥斯汀·张伯伦曾评价他"对外交一窍不通"，结果不幸言中，绥靖政策最终酿成大错。②

国家领导人的健康状况与他的决策能力有着密切的关系。一个重病缠身或病入膏肓的人，其判断力、分析力和意志力与在正常状态下大不相同。已经有学者通过对政治领袖所做的大量病理学追踪分析，证明了这个观点。

二战中反法西斯联盟三巨头之一的英国首相丘吉尔，在一战时非常审慎周密，注意到某些英国元帅因有病状，其精神和身体情况严重"影响了他们的生活和荣誉，也直接影响了国家安全"。然而，等到

---

① 参见〔美〕戈登·克雷格、亚历山大·乔治：《武力和治国方略》（时殷弘等译），商务印书馆2004年版，第107—108页。

② 同上书，第118—121页。

他在二战后重新成为首相,却看不到自己的衰弱,忘记了过去说过的正确观点,甚至出现了口头表达不流畅、用词不准、混淆日期、记不住事情甚至说话前后矛盾等状况。①

许多"对创造世界历史做出了贡献"的政治领袖都曾在其生命的某个艰难时刻让国家走上一条危险的道路。有的学者建议,为了国家安全起见,国家领导人的健康状况和医疗病历应该公开,因为国家领导人就相当于驾驶高速列车的司机,国民是列车上的乘客,乘客必须清楚司机的头脑是否清晰,如果司机是酒鬼或病人,整个列车的乘客都有可能被他带入深渊。②

纵观历史,从君权时代到大众民主政治时代,国家领导人对对外政策的影响力和操控力在逐渐下降。19世纪的国际舞台上,像梅特涅、俾斯麦这样的国家领导人垄断国内对外决策大权,同时也在各种国际会议上纵横捭阖,一言一行足以影响世界格局。百余年过后,今天的世界舞台上恐怕很难出现这样举足轻重、身兼外交大师和国家领袖双重身份的人物。

领导人在决策中光环的褪色,与参与决策的角色大幅增加有关。上一章提及,外交一度是少数精英和贵族才能从事的工作,对外政策的制定就更是公众难以企及的小圈子业务了。随着现代民主政治的发展,新闻传媒可以发表国际评论,学者可以分析国际问题,议会可以通过质询和听证了解职能部门的信息……这使得对外决策被放在聚光灯下,很难为少数人所垄断。

在较发达的现代国家,政府的组织化和制度化程度都比较高,决策者的权力受到制度和法律的诸多限制。决策者如果不遵守这些规则而滥用权力,就有可能被赶下台。此外,由于不符合民意的决策可能影响选票和执政合法性,政府必然越来越顾及和更多考虑决策可能引

---

① 参见〔法〕皮埃尔·阿考斯、〔瑞士〕皮埃尔·朗契尼克:《病夫治国》(郭宏安译),江苏人民出版社2005年版,第115—117、266页。

② 同上书,第271页。

发的民意得失。因此，现代国家的绝大多数决策者，很难像19世纪欧洲的梅特涅、俾斯麦那样凭一己之权势、威望和智慧纵横捭阖。

所以，大国领导人其实不像有的人想象的那样可以随意指点江山、对外交往纵横捭阖。本章最初提及美国遏制打压中国的政策也不是特朗普总统一人的"任性"举动，其背后有美国社会力量的强大支撑。

美国共和、民主两大政党虽然高度分裂，在几乎所有问题上都针锋相对，但在对华战略上却有很强的共识。美国许多精英都认为中国的经济模式和中美经济关系"对美国不公平"，都声称中国的军事现代化"侵蚀了美国的主导地位"。与此同时，美国民众对华的反感情绪持续上升。2018年特朗普对华发起贸易战时，民调结果显示，美国民众对中国的好感度降到不足50%。① 也就是说，有一半以上的美国人表示不喜欢中国。这说明中美两国的民间关系也在恶化。

正如英国《金融时报》2018年的一篇文章所说："今年最令人吃惊的事情是美国国内在对华关系上形成的共识。它不仅超越了白宫和国会的分歧，也跨越了共和党和民主党的歧见，更弥合了商业企业和工会的矛盾以及全球主义者和民粹主义者的分歧。"②

当然，由于对外政策在某种程度上决定着国家的生存，保护主权和领土完整、防止外部侵略是任何政府的第一要务。在同一时期和类似的环境条件下，与其他参与决策的个体相比，国家领导人在攸关国家生死存亡的重大对外决策中依然有着决定性影响。

危机决策可能是国家领导人最"高光"的时刻，也是对其领导力和决策能力的重大考验。当国家安全面临严重威胁时，必须在有限的时间内加以应对，这使得决策往往会集中在范围很小的最高决策机构，不管是集权国家还是民主国家都是如此。

---

① 数据来源：https://www.pewresearch.org/global/2022/04/28/chinas-partnership-with-russia-seen-as-serious-problem-for-the-us/，2023年3月1日访问。

② Edward Luce, "The New Era of U.S.-China Decoupling," *Financial Times*, December 20, 2018.

> 伟大的领导（比如，拿破仑、丘吉尔和罗斯福）通常出现于极端混乱的时期。一场危机能使领导人摆脱通常会约束他（或她）控制事件或指导对外政策转变的能力的限制。
>
> ——查尔斯·W. 凯格利[①]

1962年美国在古巴导弹危机中的决策是最为典型的危机决策之一。这次危机由苏联在古巴部署导弹、美国坚持要求撤除导弹而引发，是冷战期间美苏两大国之间最激烈的一次对抗。对美国来说，这次危机事发突然，美国国家安全直接受到严重威胁，双方迅速进入剑拔弩张的战备状态，危机有升级为军事冲突乃至世界大战的风险。

应对古巴导弹危机的关键人物是美国历史上最年轻的当选总统约翰·肯尼迪。肯尼迪最终选择了成本最低、引发战争可能性小而让苏联让步可能性大的封锁对策，迫使苏联从古巴撤出导弹，成功化解了古巴导弹危机。古巴导弹危机也成为危机决策的经典案例而被写进了很多教科书。

今天的世界虽然已经不是英雄创造历史的时代，但政治领导人在国家内政外交中的地位仍不可忽视。因此，借助政治心理学的研究方法对国家领导人的精神、人格和心理进行分析成为对外政策研究的一个重要领域，国际政治心理学应运而生。

---

① 〔美〕查尔斯·W. 凯格利：《世界政治：走向新秩序？（插图第11版）》（夏维勇、阮淑俊译），世界图书出版公司2010年版，第67页。

≫ 思考：对外政策是国家的理性选择吗？

现实主义理论假定国家的对外政策和行为都是有目的且明智的。特别是在事关国家长远利益的大战略及重大外交问题上，国家决策者在准确判断形势、慎重确定自己的利益和目标之后，可以做出理性的、利益最大化的决策。这既是国民的殷切希望，也是理性决策模式假定的前提。

但现实情况并不总是与这种理想模式吻合，有时候国家采取的重要对外政策往往与自身的利益背道而驰。在第二次世界大战中，日本偷袭珍珠港得罪了原本持孤立主义态度的美国，德国在没有征服英国之前就入侵苏联而陷入两线作战的困境。这样的政策事后评价可谓典型的"昏招"，几乎相当于"自寻死路"，有何理性可言？

那么，为什么对外政策会出现这种事与愿违的状况？决策不够理性，甚至损害自身利益的原因是什么？

第一，国家不可能是理性决策模式设想的内部各方整体一致的行为体（coherent actor）。任何一个国家的决策都会涉及不同的政府部门，这些部门很可能有不同的利益和视角。即便是在集权国家，除了极个别攸关国家利益的重大决策外，对外事务的决策权也并非完全集于最高领导人一人之手。

国家最终确定的"普遍利益"很可能是一部分人或者某一部门的眼前利益，国家决定采取的政策和手段更多只是利益集团讨价还价或者生死博弈后的产物。

20世纪30年代日本侵略中国的政策，实质上是日本军方在政治斗争中压倒内阁文官的产物。日本军方战略家认为，要保住大国地位就必须控制中国东北这样资源富饶的领土。相比之下，政界人士既解决不了国家严重的社会和经济问题，又在重大外交危机面前无能为力。[①]

[①] 参见〔美〕罗伯特·A.帕斯特编：《世纪之旅——七大国百年外交风云》（胡利平、杨韵琴译），上海人民出版社2001年版，第282—283页。

第二，现实中国际形势变化多端，存在着许多复杂的、不可确定的、无法预测的因素，决策往往是在既定条件下依据有限的信息做出的，不可能有充分的时间和信息来进行所谓的理性讨论和决策。

理性决策模式认为，政策错误主要是不充分或瑕疵信息的产物。如果决策者能准确评估行动的潜在成本和收益，那么他们通常会选择最能增进国家福祉的政策。而真正的决策过程犹如网络游戏"帝国时代"的地图一样，玩家是看不到地图全貌的，只能一步步往黑幕笼罩下的地段进行探索。任何国家的决策者都不可能掌握所有的信息和情报。

退一步说，即便有足够的准确情报和政策选择供决策者考虑，决策者也很难做到全面权衡、面面俱到。因为时间压力常常迫使决策者仓促决断，这意味着决策者不太可能考虑新的或"令人不爽"的信息，而是会不假思索地相信其所偏好的信息。

在许多情况下，国家习惯于"做最坏的打算"，即最坏情况分析（worst case analysis），这种过度的反应很容易造成更大敌意。1949年，新中国成立，苏联爆炸了第一颗原子弹，中苏随后结盟。处于相对弱势的社会主义阵营并无可能对西方发起"终极挑战"，然而美国政界对此并不了解。当朝鲜战争爆发时，杜鲁门把它类比成希特勒当年制造的慕尼黑事件，由此不仅不承认中华人民共和国，而且派出第七舰队进入台湾海峡，帮助法国在印支半岛进行殖民战争。①

第三，一旦决策者产生错觉，就会减少对准确信息的利用，并且会对目标和战略做出错误的分析。

理性决策模式假定决策者可以合理、冷静地评估国家的战略利益和做出科学正确的选择，但决策者日理万机，决策时间有限，根本不会穷尽所有的备选方案。只要一个方案显得"足够好"就可以了，很

---

① 参见〔美〕罗伯特·A. 帕斯特编：《世纪之旅——七大国百年外交风云》（胡利平、杨韵琴译），上海人民出版社2001年版，第243—244页。

难经过认真的成本和收益计算。

被历史证明是错误决策的政策，出台时却可能显得很英明，主导者甚至自鸣得意。例如，二战初期，苏联部队缺额，武器装备落后，弹药储备不足，国防通信网络和预警系统没有建立，防御工事也没有构筑完成，很难抵挡德国大规模突然袭击。这不能归咎于信息不足或不准确，更多是因为苏联领导人过于自以为是，做出错误判断。美英等西方国家多次把德国即将进攻苏联的情报通知苏联，英国驻苏大使甚至准确预言战争会在6月22日爆发。但斯大林不但不相信这些重要情报，反而认为英国在故意离间苏德关系。①

在现实生活中，完全符合理性的对外决策几乎是不存在的，理性决策模式假定的"国家是谋求其利益最大化的、整体一致的行为体，其行为方式是合理地权衡各种选择的代价与利益"，实际是对外决策的理想模式。

那么，为什么现实主义要假定对外政策是国家的理性决策呢？因为如果不认为它是理性决策的话，就无法对此进行理性分析。如此一来，国家的对外决策就成为神秘的、不可测的、不可知的东西，那就无法总结和把握国家之间互动的特点和规律。

为了发现国际关系的普遍规律，就必须对国际关系的行为体——国家或国家的决策者做出"理性行为体"的假设。但我们在具体分析每一项对外政策时，一定要综合考虑影响这个国家对外政策的各种因素，包括体系的因素、国内政治的因素以及决策者的个人因素。

推荐阅读书目

张清敏：《对外政策分析》，北京大学出版社2019年版。
牛军：《冷战时代的中国战略决策》，世界知识出版社2019年版。

---

① 参见方连庆等主编：《国际关系史（现代卷）》，北京大学出版社2001年版，第402—403页。

〔美〕格雷厄姆·艾利森、菲利普·泽利科:《决策的本质:还原古巴导弹危机的真相》(王伟光、王云萍译),中国人民大学出版社2015年版。

邢悦:《文化如何影响对外政策——以美国为个案的分析》,北京大学出版社2011年版。

第十一章

国际组织

人类共同体将由各种有共同担当、试图通过合作以解决人类问题的不同组织组成。我们尚不清楚这一愿景能否实现，但在某种程度上说这种可能性是存在的，我们应该对国际组织尤其是非政府组织领导了这一进程而予以表扬。

——入江昭[1]

不会有国家孤独地面对和抗击威胁；我们这个组织（联合国）的建立就是要减少这种威胁。

——科菲·安南[2]

非政府组织在技术上的专业性、创新能力、迅速的反应能力，以及与其他草根组织之间的联系和沟通，加强了它们作为国家和不受管制的市场自由之间的协调者的能力。

——查尔斯·W. 凯格利[3]

---

[1] 〔美〕入江昭：《全球共同体——国际组织在当代世界形成中的作用》（刘青、颜子龙、李静阁译），社会科学文献出版社 2009 年版，第 206 页。

[2] 转引自〔美〕约翰·罗尔克编著：《世界舞台上的国际政治（第9版）》（宋伟等译），北京大学出版社 2005 年版，第 267 页。

[3] 〔美〕查尔斯·W. 凯格利：《世界政治：走向新秩序？（插图第11版）》（夏维勇、阮淑俊译），世界图书出版公司 2010 年版，第 149 页。

1990年8月2日凌晨，伊拉克共和国卫队突然袭击并占领了科威特全境。伊拉克时任总统萨达姆宣布科威特为伊拉克的"第19个省"，并称它"永远是伊拉克不可分割的一部分"。

面对这种公然侵略主权国家的行径，15个联合国安理会成员国很快通过了谴责伊拉克违反《联合国宪章》、要求其撤军的第660号决议。为迫使伊拉克撤出科威特，联合国安理会后来连续通过了多个谴责和制裁伊拉克的决议，但伊拉克依然对此无动于衷。1990年11月29日，联合国安理会通过第678号决议，规定伊拉克撤军的最后期限为1991年1月15日。伊拉克如果不在这一期限内撤军，联合国会员国可以使用"一切必要手段"来执行联合国通过的各项决议。

在最后期限到来时，伊拉克依然拒不接受联合国的任何决议。于是，1991年1月17日，在联合国授权之下组建的多国部队航空兵空袭伊拉克，发起了代号为"沙漠风暴"的行动。伊拉克军队在多国部队的海陆空全面进攻下节节败退，1991年2月萨达姆宣布接受停火，伊拉克接受联合国第660号决议，并从科威特撤军。

联合国在这场被称为"海湾战争"的事件中大放异彩。毕竟，在世界体系形成后的大部分时间里，主权国家之间的攻伐混战、领土兼并仍不鲜见，而这次联合国不仅公开抨击伊拉克这种无法无天的行为，而且组织多国部队阻止伊拉克的侵略行为，使其撤出科威特，这确实令人鼓舞。

联合国只是世界上众多国际组织的主要代表之一。国际组织包括政府间国际组织和国际非政府组织两大类。在第二次世界大战结束之后，这两类国际组织都蓬勃发展和壮大，影响日益广泛而深远，甚至在某种程度上对主权国家的传统权威形成了挑战。

本章将介绍国际组织的诞生、形成和发展历程，并探讨国际组织能否改变国际社会无政府的本质以及国际非政府组织有何作用等话题。由于政府间国际组织与国际非政府组织的特点有所不同，本章对这两类国际组织分别进行介绍。

需要说明的是，本章所介绍和讨论的国际组织，无论是政府间国际组织，还是国际非政府组织，均是与《联合国宪章》精神保持一致的，致力于维护世界和平与安全、促进国家间友好往来和国际合作、解决人类面临的共同问题的、合法的国际组织。

从国际会议走向国际组织

根据《国际组织年鉴》的定义，政府间国际组织是由其成员国政府通过符合国际法的协议而成立的，并且具有常设体系或一套机构，其宗旨是依靠成员国的合作来谋求符合共同利益的目标。[1]

有没有常设机构是区分国际会议和国际组织的一个标志。比如拥有21个成员的亚太经济合作组织（Asia-Pacific Economic Cooperation，APEC），1989年起步时并没有常设机构，只是国际会议。直到1993年设立秘书处后才成为国际组织。尽管它的影响力主要体现在成员领导人参加年度峰会，看起来机构化程度并不高，但它是名副其实的国际组织。亚太经济合作组织的这种变化可以说是政府间国际组织发展历程的一个缩影。政府间国际组织的发展一般都经历了从国际会议到国际组织、从专门性国际组织到普遍性国际组织的历程。

威斯特伐利亚体系的建立标志着近现代国际关系的开始。此后，欧洲大国经常通过召开国际会议的方式协调国家关系、缓解紧张局势，国际会议逐渐成为解决国际问题的基本程序，而国际会议的经常化和制度化催生了最早的政府间国际组织。为政府间国际组织的产生

---

[1] 参见 Union of International Associations, *Yearbook of International Organizations (1990-1991)*, 1991, p. 1645。

奠定良好基础的是 19 世纪的"欧洲协调"和海牙体系。

维也纳会议确立了和平时期解决欧洲国际问题的原则——"大国协调",欧洲大国定期以会议外交方式处理与欧洲有关的事务,由此开始了长达百年的"欧洲协调"制度。"欧洲协调"是多种因素合力的结果。当时欧洲的英法普奥俄等大国势均力敌、相互制衡,一旦国家间出现矛盾或争端,更多需要通过协商谈判解决。此外,击败了拿破仑帝国的欧洲"正统王朝",多多少少都自视甚高,认为强国有进行合作和维持和平的"特殊责任"。海牙体系是指在 1899 年和 1907 年两次海牙和会基础上形成的体制,它旨在发展国际法、寻求减少战争伤害与和平解决国际争端的方法。

国家之间的关系,除了战争与和平之外,还涉及经济、社会、文化等领域的关系。随着国家间的交往日益频繁,有必要创立专门机构来处理国家之间具体的经济和社会问题。当解决战争问题还停留在国际会议阶段时,促进国家之间的合作与发展、解决国家之间交往出现的实际问题的国际组织已经问世了。比如美国 2018 年宣布退出的万国邮政联盟(Universal Postal Union,UPU)早在 1874 年就成立了。其宗旨是组织和改善国际邮政业务,促进国际邮政业务合作,并在力所能及的范围内进行各种邮政技术援助活动。

一战之前,政府间国际组织的数量有限:1870 年以前世界上的各类政府间国际组织只有 7 个,1880 年增加到 11 个,1910 年增长到 49 个。一战之后,政府间国际组织的发展进入一个新阶段。①

第一次世界大战的爆发使得许多人在反思战争原因的过程中意识到,在无政府的世界体系中,主权国家垄断了暴力以及暴力的使用,由主权国家构成的世界体系根本不可能为人类提供可靠的安全与和平。主权国家支配下的世界体系是不可靠、不稳定和不安全的。为了

---

① 数据来源:COW(the Correlates of War Project)的政府间国际组织数据库,https://correlatesofwar.org/data-sets/igos,2022 年 6 月 2 日访问。

维持用鲜血和生命换来的宝贵和平，以集体安全为原则创建国际组织就成为许多人甚至是大国领袖的共同愿望。

> 虽然建立包括大部分或所有国家在内的维持和平的组织或联盟的计划曾被一再提出，从19世纪40年代起，鼓吹这种理想的国际大会也曾数次召开，但直到第一次世界大战后，各国和各国政府才开始更担心战争和国际灾难而不是彼此恐惧。
>
> ——卡尔·多伊奇①

所以，第一次世界大战之后，国际组织蓬勃发展。在巴黎和会上，美国总统威尔逊提出以"十四点计划"作为"建立世界和平的纲领"，并倡导建立国际联盟，宣称要以大小国家一律平等来替代大国强权政治，通过国际联盟建立集体安全机制来取代以往大国主导的均势外交与结盟。

国际联盟成立于1920年1月，它以促进国际合作、维护国际和平与安全为宗旨。《国际联盟盟约》规定通过集体安全、裁军、和平解决国际争端等措施，保障会员国的领土完整和政治独立，并对侵略者实行经济和军事制裁。国际联盟的总部设在瑞士的日内瓦，主要机构有全体大会、理事会、秘书处，并附设国际常设法院、国际劳工局等。

当时的欧美大国希望通过这种国际沟通协商机制，协调解决大国之间的矛盾，尽可能地避免冲突升级与大战的爆发。在其存在的26年里，国际联盟为调解国家之间的领土争端和战争冲突做出过努力，还关注并协助处理世界范围内的卫生、贸易、难民和妇女权利等问题。但由于缺乏执行决议的强制力，国际联盟在维护和平、制止侵略方面

---

① 〔美〕卡尔·多伊奇：《国际关系分析》（周启朋等译），世界知识出版社1992年版，第284页。

未能发挥其应有的作用。

尽管国际联盟并未完成自己的使命,但它是人类第一次尝试以集体安全的方式实现世界和平,为二战后联合国的建立提供了可供借鉴的经验教训。

高速发展的政府间国际组织

1945年第二次世界大战结束时,政府间国际组织已有120个;到20世纪90年代末,政府间国际组织已超过300个。[①]二战以后,政府间国际组织的影响范围从欧美拓展到全世界,其内部架构日益精细,外部互动也日益频繁。20世纪80年代以来,政府间国际组织的数量激增。

19世纪的国际组织,其成员国基本上是欧美少数发达国家,亚非拉地区的殖民地半殖民地在国际法意义上还算不上独立自主的主权国家。随着二战后民族解放运动和国际社会民主化浪潮的高涨,越来越多的非西方国家开始作为独立的主权国家活跃在国际组织中,加入多边外交的行列。联合国几乎包括了世界上所有国家,大多数专门性国际组织也拥有100多个成员。

19世纪的政府间国际组织在机构设置和功能上还比较单一和有限。当代国际组织一般在常设秘书处之上还设置代表大会、理事会(执行机关)这种实质性的权力机构,通常拥有很大的决策权和执行权。当代国际组织的机构设置更为完善,议事程序更加清晰,行动也更加有效。比如联合国大会的繁杂工作是由六个职能委员会来完成的,它们是裁军与国际安全委员会,经济和金融委员会,社会、人道主义和文化委员会,特别政治和非殖民化委员会,行政和预算委员

[①] 数据来源:COW(the Correlates of War Project)的政府间国际组织数据库,https://correlatesofwar.org/data-sets/igos/,2022年6月2日访问。

会，法律委员会。随着联合国会员国从51个增加到近200个，联合国大会的工作正变得越来越繁杂。

众多政府间国际组织形成复杂的国际组织网络。例如，联合国与18个专门性的政府间机构建立了密切的、非隶属的关系，其中16个被称为联合国专门机构。联合国还给予5000多个国际非政府组织以咨商地位。许多国际组织在业务与信息方面已有机地联合在一起，形成以联合国为中心的国际组织网络，从而使国际组织外交成为当代国际社会中重要的外交形态之一。

政府间国际组织的产生和发展，最初与世界大战的刺激有着直接关系；二战后政府间国际组织的蓬勃发展，更为深层的原因是技术的进步、国家互动的增强和全球问题的凸显。

首先，20世纪以来，通信和交通技术的发展日新月异。20世纪初，人类的主要通信工具是电报，主要交通工具是火车和轮船；20世纪末，手机和电脑在发达国家已经基本普及，真正实现了"海内存知己，天涯若比邻"，人类的脚步甚至已经迈向太空。通信和交通技术的发展不仅给国家在国际组织中的联络提供了便利条件，也增加了国际合作的需求。比如，电波相互干扰容易引发国际纠纷，要是飞机航线重叠、随意发射卫星，后果更是不堪设想。国际通信卫星组织（International Telecommunications Satellite Organization, ITSO）等政府间国际组织就是为了分配有限空间和协调各国关系而成立的。

其次，二战结束后，国家之间的经贸往来日趋频繁。日益活跃的国际贸易和国际投资活动给许多国家带来了丰厚的利润，但1997年爆发的亚洲金融危机、2008年美国金融危机等也导致了全球经济的剧烈动荡。为了增加相互依存的获益，同时避免危机的负面影响，国家间的相互交流逐渐机制化，政府间国际组织管理各国经贸往来的作用也日益突出。比如，世界贸易组织（World Trade Organization，WTO）除了是一个促进国际贸易自由化的机构之外，也是一个处理和裁决国际贸易争端的机构；又如，国际货币基金组织（International Monetary

Fund, IMF）在维持国际金融秩序上起着不可替代的作用。

最后，二战后尤其是冷战后全球问题的突出使人类必须采取集体行动来加以应对。全球问题可能一开始只出现在某个国家，但其影响却会因全球化的速度和深度而迅速波及世界，使这些问题的解决超出了单个国家的资源和能力范围。比如，SARS、禽流感等让全球大部分国家心惊胆战；索马里海盗威胁着许多国家过往商船的安全；即便是作为唯一超级大国的美国，也不可能仅凭借一己之力就彻底解决恐怖主义或者全球变暖问题。

为了协调一致应对全球问题，众多主权国家不断成立专门性的国际组织。比如，为了防止核扩散，成立了国际原子能机构（International Atomic Energy Agency, IAEA）；为了应对气候变化，成立了政府间气候变化专门委员会（Intergovernmental Panel on Climate Change, IPCC）；为了打击中亚地区的"三股势力"，成立了上海合作组织（Shanghai Cooperation Organization, SCO）。

虽然至今仍有人认为政府间国际组织只不过是国际社会的"花瓶"，顶多是国家往来的一个新场所，但是同样一个议题在国际组织提出来往往要比在其他场合更容易引起国际社会的关注和各国政府的重视。特别是像联合国这样的国际组织还拥有相对独立的力量，能在国际争端中直接采取行动，维和行动就是其中一例。

1948年，联合国安理会授权在中东地区部署联合国军事观察员，监督以色列与其阿拉伯邻国之间的停战协定，这成为联合国维和行动的开端。

在联合国维和行动诞生之初，美苏的对抗常常使安理会陷于瘫痪，维和的目标主要局限于在当地维持停火和稳定局势，为政治谈判与和平解决冲突提供条件。当时的特派团由军事观察员和配备轻武器的部队组成，其作用主要是将敌对双方隔开，为停火和达成有限度的和平协定提供支持和帮助。

随着冷战的结束，联合国维和行动向复杂的多层面行动转变，确保各方执行全面和平协定,从而奠定可持续和平的基础。今天的维和部队担负着多种多样的复杂任务,包括协助建立可持续的施政机构、人权监督、安保部门改革、战斗员解除武装、复员和重返社会等。

中国是联合国维和行动的主要出资国之一,也是安理会常任理事国中第一大出兵国。根据国务院新闻办公室于 2019 年 7 月发表的《新时代的中国国防》白皮书,截至 2018 年 12 月,中国军队已累计参加 24 项联合国维和行动,派出维和军事人员 3.9 万余人次。

事实证明,国际组织已经逐渐成为国际关系的主要行为体,它不仅起到了促进各国在不同领域合作、交流和共同发展的作用,而且在督促国际社会关注和解决国际重大问题、促使某些领域相关机制的建立、推动国际规则与规范的制定等方面也发挥了积极的、不可替代的重要作用。

当今世界,国际组织之所以能在国际关系中发挥如此重要的作用,首先是因为它通过限制国家发动对外战争的权力、建立国家之间和平解决争端的机制,提升了国家以武力获取利益的风险和代价,降低了国家使用武力的必要性,从而为主权国家提供了一个和平竞赛的平台和环境。在大多数国家都认同和遵守国际规范并且对违反规范的国家能够实行有效惩治的情况下,国家更愿意而且也能够以和平、合作的方式来获得更大的收益。

更重要的是,国际组织一直在培养国家之间合作和妥协的习惯,倡导人类的共同价值和观念,促进国家和地区间的相互认同。从建构主义的视角来看,国际组织更像是一个大小国家都在学习和适应和平对话的"学校"。国家在国际组织里学习"合作和妥协",慢慢改掉"斗争和冲突"的坏习惯,逐渐不再以"打架"的方式来解决争端,转而采用"辩论"和"竞争"的办法来分出高低强弱。此外,"和平""发展""可持续发展""人类安全"等如今大家耳熟能详的共同观念,几乎都是国际组织倡导和推广的结果。而一旦这些观念被国际社会广为接受，就会成为人们的自觉行动和国际社会的事实。[①]从长远的角度来说，国际组织可能会以改变国家观念的方式来改变国家间关系，进而改变世界体系的文化。

国际非政府组织的由来

与由主权国家组成的政府间国际组织不同，国际非政府组织（International Non-governmental Organizations, INGO）指的是"目的与活动范围具有国际性，或成员和机构组成具有国际性，或资金来源和用途具有国际性的非政府组织"[②]。

从思想和社会实践的角度来看，国际非政府组织的产生源自以下三方面的动力。

第一个是宗教传统。在人类进入工业社会之前，不少宗教组织就参与了社会救助和赈济工作。现代国家诞生之后，教会在很多国家中仍是提供社会服务的重要力量，至今发挥着政府组织无法替代的作用。

像基督教这样的宗教组织一直希望在全球建立和传播它们的信仰，它们在传播信仰的同时也向当地传播了西方的技术、文化和医学知识。例如，中国的协和医院、协和医学院以及中山大学都是在19世纪欧美的基督教传教士创办的机构的基础上发展起来的。

今天，宗教仍旧激发了许多捐赠者、工作人员和机构开展国际救助和发展活动的热情。一些国际非政府组织，如国际小母牛组织、国际奥比斯、克里斯朵夫国际防盲协会都有基督教的背景，虽然它们的大部分项目和运作已和宗教活动无关。

[①] 参见秦亚青:《观念的力量》,《世界经济与政治》2005年第10期，第1页。

[②] Union of International Associations, *Yearbook of International Organizations (1996-1997)*, 1997, pp. 1684-1685.

第二个是人道主义传统。许多著名的国际非政府组织都是为了回应战争中的人道主义灾难而成立的。例如，第一次世界大战催生了救助儿童会（1919年成立），二战期间成立了牛津饥荒救济委员会（1942年），20世纪60年代末尼日利亚的内战促成了无国界医生组织的成立，等等。与宗教传统相比，人道主义者更倾向于强调"友爱"和"人权"。

大多数从事紧急救助和发展的人道主义国际非政府组织，特别是那些关注长期发展的机构，已经开始强调环境保护是人类发展的一个必要条件。为了应对日益凸显的全球环境危机，确保人类和地球的生存，环保组织的队伍日益壮大。例如，1961年世界自然基金会成立，致力于遏止地球自然环境的恶化，创造人类与自然和谐相处的美好未来；1971年绿色和平组织成立，旨在促进实现一个更为绿色、和平和可持续发展的未来。

第三个是慈善传统。19世纪，当工业资本主义在西方世界腾飞之时，一个由企业家组成的新财富阶层出现了。受基督新教伦理、人道主义精神和平衡社会矛盾需求等多种因素的影响，一些工业资本家捐出部分个人财产创办了慈善性质的基金会，如卡内基基金会、福特基金会和洛克菲勒基金会。

与政府间国际组织一样，国际非政府组织在二战后也经历了迅猛发展的过程。1951年，国际非政府组织只有800多个；到20世纪90年代，国际非政府组织已达到36 000多个；2014年，国际非政府组织的数量已经超过6万个。[①]

随着国际非政府组织的蓬勃发展和对国际关系的影响力日益增强，能够决定全球议程的行为体不再局限于主权国家、政府间国际组织和跨国公司了。国际非政府组织可以提出许多主权国家忽视的课

---

① 数据来源：国际协会联盟的统计，https://uia.org/sites/uia.org/files/misc_pdfs/stats/Historical_overview_of_number_of_international_organizations_by_type_1909-2013.pdf，https://uia.org/sites/uia.org/files/misc_pdfs/stats/Number_of_international_organizations_by_type_2014.pdf，2022年6月2日访问。

题，敦促各国政府提高对某个议题的重视，协助国际社会致力解决各种问题。

国际非政府组织能干什么？ ①

在许多人眼中，国际非政府组织往往与"示威""抗议""声援"联系在一起，似乎它们的主要工作就是游说和给相关政府施压。这种印象与国际非政府组织的此类活动比较"吸睛"有关。例如，全球性环保组织"绿色和平"的抗争举动就经常引起舆论的关注。"绿色和平"在世界 55 个国家和地区设有分部，铁杆支持者数以百万计，是全球最有影响力的环保类非政府组织之一。

的确，与主权国家、跨国公司和政府间国际组织相比，国际非政府组织因其非营利性、国际性和志愿性，拥有别具一格的动员力和传播力。特别是在环境保护和人道主义救援领域，国际非政府组织的举动具有更强的道德感染力。国际红十字会、世界自然基金会等知名组织的言行不仅会成为媒体关注的焦点，而且连许多国家政府也不敢小觑。

不过，国际非政府组织的行动方式不仅仅是通过调动民意，举行抗议活动，以敦促各国政府对某个议题予以重视。在世界银行的划分中，像"绿色和平"这样的国际非政府组织被归为倡议型非政府组织（advocacy NGO），其主要目的是捍卫和促进某一特殊事业，并寻求影响世界的政策和实践。此外，还有一种运作型非政府组织（operational

---

① 这里所介绍和讨论的主要是经联合国确认和赋权，获得了联合国咨商地位的国际非政府组织。1945 年通过的《联合国宪章》明确授权联合国下属的"经济与社会理事会得采取适当办法，俾与各种非政府组织协商有关本理事会职权范围内之事务"。1968 年经理事会通过的 1296 号决议，规定了联合国与非政府组织关系的法律框架，允许非政府组织在联合国经社理事会及联合国体系的其他机构里获得咨商地位。获得联合国咨商地位的非政府组织，应当通过经社理事会的注册和书面陈述等程序，这些组织的宗旨和活动应符合《联合国宪章》精神和各项重大准则的要求。目前，已有超过 5000 多个非政府组织获得了联合国咨商地位。

NGO），其主要目的是设计、执行与发展有关的工程项目。当然，也有许多国际非政府组织既参与运作又发出倡议。

如果说倡议型非政府组织类似"游说团"和"抗争者"的话，那么运作型非政府组织就犹如"施工队"。一些国际非政府组织，不论是环保类的"自然之友"，还是扶贫类的世界宣明会，其主要行为方式都是执行项目而不是发出倡议。

1993年，世界宣明会－中国正式成立，开始大规模参与救灾和灾后重建、助孤及扶贫等工作，其中永胜项目被认为是较成功的案例。1997年9月开始，宣明会在永胜县实施了综合性区域发展项目。在随后的十年时间内，该项目为永胜引进资金3000余万元人民币。除了针对儿童开展爱心计划、学校及教学设施配备、营养餐、儿童紧急医疗、疫苗接种等项目外，更多的资金用于文教、医疗、农村基建、生态保护与建设、妇女发展和弱势人群关顾等综合扶贫项目。[1]

在应对许多全球问题时，国际非政府组织表现优异，承担了许多政府不能或不愿做的事情。比如，在交战国相互敌对之时，国际红十字会可以在战场上实施人道主义救援方案，减少平民伤亡。世界自然基金会的分支机构遍布全球，在环保领域具有极其可观的动员力。数以百计的大中城市参与的"地球一小时"活动，发起者就是世界自然基金会。

同时，国际非政府组织还创立了许多管理跨国问题的国际新规则，这些新规则并不局限在环保、人道主义等"低阶政治"领域，而且已经延伸到安全、军事等"高阶政治"领域。例如，《禁止杀伤人员地雷公约》就是跨国社会人士和国际非政府组织推动的。

此外，国际非政府组织在将国际协议与规则转变为国内立法和实施方面起到了关键性的作用；在监督各国政府遵守和执行国际协议和

---

[1] 参见韩俊魁：《境外在华扶贫类NGO的典型案例：世界宣明会永胜项目十年》，《学会》2016年第11期，第8—9页。

国际规则方面，它们也是一支重要的政治力量；非政府组织为提高联合国政策和行动的有效性做出了重要贡献。

▶▶ 思考：如何看待联合国？

二战后，联合国的成立是人类和平与发展事业的里程碑事件。冷战结束后，联合国被寄予更高的期望。很多人将在国际社会伸张正义、维护公道的责任寄托在联合国身上。

国际关系中最重要的问题是战争与和平问题，国际关系中最重要的道义问题是武力使用的合法性问题，即国家或国际组织在什么情况下使用武力及如何使用武力才是合法的。从国际法上讲，主权国家的武力只有用于自卫时才具有合法性；在全球范围内，只有经联合国授权的用于防止和制止侵略的武力干涉才具有合法性。

这是为什么呢？除了联合国维护世界和平与安全、发展国家之间的友好关系、促进国际合作、和平解决国际争端的宗旨、目标和任务等因素之外，更重要的是联合国所具有的普遍性、代表性和权威性在一定程度上符合"程序正义"的原则。

美国在1991年和2003年打了两场针对伊拉克的战争，在军事上都获得了压倒性的胜利，但在政治上的影响却有天渊之别。前者是经过联合国安理会授权的集体安全行动，得到了大范围认同；而后者则是没有经过联合国安理会同意的单边军事打击，结果使美国的国际声誉大受损害。因为在国际社会眼中，联合国是国际性的守护者，《联合国宪章》规定了安理会是联合国所有机构中唯一有权做出具有拘束力决议的机关，任何国家采取的对外军事干涉行动必须经过联合国安理会的同意才具有合法性。

当然，联合国若要承担起维护国际道义的责任，除了要做出合法的决定之外，还得能成功地执行这些决议。第一次世界大战之后，国际联盟以集体安全的守护者自居，但在法西斯侵略面前的无所作为和消极无力，使得它的道义力量荡然无存。联合国之所以比国际联盟获得更多认可，关键原因在于联合国安理会的决议有着较强的拘束力，国家如果不遵守决议，就要承担相应的国际责任。联合国有权采取集体制裁和军事干预这样的强制性手段来执行决议。

不过，联合国执行决议的行动也并非次次一帆风顺。迄今为止，安理会共六次授权使用武力，其中有像1991年的海湾战争这样的成功案例，也有的行动实施并不顺利，甚至蒙受羞辱。如在索马里维和期间，有132名维和士兵和1万多名索马里平民死亡，而且行动之后索马里的人道主义灾难加剧，安全局势进一步恶化，"索马里海盗"的祸害绵延至今。

毫无疑问，联合国在维护世界和平与安全、建立公平正义的国际秩序等方面发挥了不可替代的作用，但它与人们的期望相比还存在不小的差距。这首先是因为联合国是二战的产物，不可避免地带有许多现实妥协和大国博弈的烙印。

二战过去70多年、冷战结束30多年后，联合国安理会五大常任理事国依然是二战时的主要胜利国。安理会除了它们，还有10个非常任理事国，联合国超过半数成员从来没有进入过安理会。

此外，安理会五常拥有的否决权更是时有争议，反对者认为这种超越一般国家的权力不符合民主和平等原则。近年来，数十个国家几次联合向联合国大会提出申请，要求安理会五常的否决票只有经联合国大会表决通过之后才能生效。

不过，目前来看这一情况还很难改变，因为对《联合国宪章》的任何修订，五个常任理事国都可以动用否决权。可想而知，任何一个常任理事国都不可能同意交出否决权，而且其他国家对安理会增加什么新成员分歧巨大，比如巴基斯坦强烈反对印度成为常任理事国。

同时，联合国一直存在"集体行动的困境"，这在大国竞争激烈的背景下表现得尤其明显。后来担任美国总统的约翰·肯尼迪在1945年时就指出，"一个成员普遍遵守其原则的国际组织会使问题迎刃而解",但除非人们对战争是"终极邪恶"的普遍看法强大到让各国政府团结一心,否则一切终将无功而返。①

一个群体有着共同的利益,但却无法为了集体利益而一致行动,这就是集体行动的困境。为什么会出现这种状况呢?因为集体行动的成果具有公共性,所有成员都可以从中受益,包括那些没有参加或分担行动成本的成员。这种不合理的"成本－收益"结构自然会导致大量的"搭便车"现象。

维护世界和平显然是一项提供公共福利的事业,每个国家都希望坐享其成、从中获益,但大多数国家不愿意或没有能力出钱出力。联合国在创建伊始即实行按照能力大小分摊责任的原则,其运作主要依赖大国缴纳的会费或捐赠,大多数发展中国家缴纳的会费只具有一定的象征性意义。也就是说,联合国要求大国比小国承担更大的维护世界和平的责任。

如此一来,联合国的集体行动,尤其是军事干预,很大程度上依赖于大国对承担责任的意愿,也取决于大国是否能就此达成一致。尽管各国在大方向上都主张和平、反对战争,但面对特定的国际冲突时,各国很难做到在错综复杂的利益关系中一致"站队"。

联合国之所以在叙利亚冲突问题上难以有所作为,主要原因就在于安理会的两个大国美国和俄罗斯各自支持一方,在此情形下,安理会不可能通过针对叙利亚冲突的任何强制性决议。俄乌冲突爆发之后,联合国更是面临被边缘化的境地,拥有一票否决权的俄罗斯阻挠安理会通过任何针对俄罗斯的决议;与此同时,联合国大会几次以压倒性多数表决通过的反对俄罗斯入侵乌克兰、要求俄罗斯立即撤军的决议对俄罗斯没有任何强制力,最多只能起到营造国际舆论的作用。

---

① 参见〔荷〕伊恩·布鲁玛:《零年:1945》(倪韬译),广西师范大学出版社2015年版,第325页。

面向未来，联合国是能继续承担起维护世界和平与安全、捍卫世界公平与正义的重任，还是渐渐成为一个涣散无力、虚有其名的机构？这在很大程度上取决于这次俄乌冲突的结果。俄乌冲突结束之后，联合国要么通过进行重大而深刻的改革（尤其是安理会的成员组成和权限）而获得重生，要么很可能会被一个新的、具有类似功能的国际组织所取代，正如二战之后联合国取代国际联盟一样。

推荐阅读书目

杨丽、丁开杰主编：《全球治理与国际组织》，中央编译出版社2017年版。

梁西著、杨泽伟修订：《梁西国际组织法（第七版）》，武汉大学出版社2022年版。

〔美〕迈克尔·巴尼特、玛莎·芬尼莫尔：《为世界定规则：全球政治中的国际组织》（薄燕译），上海人民出版社2023年版。

第十二章

国际法

承认国际法的力量和弱点并指出国际法可以取得和不能取得的,这种中庸之道可以给人以最大的希望。人不仅在他们生活的国家也在他们生活的国际体系中谋求秩序、福利和正义。

——马尔科姆·N.肖[①]

它(国际法)的首要作用,是促成并昭示各个分立的主权国家组成为国际社会,既排除国家权利毫无限制、各国完全自行其是的原则,也排除普遍帝国或世界霸权原则以及天下大同式的人类世界共同体原则。

——时殷弘[②]

一种新的趋势是,国际上制定的很多法律,以联合国及其下属机构的决议为代表,其定位正在逐渐从维护强者地位向保护弱者权利的方向转变,从国家中心向社会中心的方向转变,从仅仅看重国家的自主身份向同时强调国家的责任的方向转变。以人为本、以社会为基,是这一进步的实质所在。

——王逸舟[③]

[①] 〔英〕马尔科姆·N.肖:《国际法(第六版)》(白桂梅等译),北京大学出版社2011年版,第11页。

[②] 时殷弘:《现当代国际关系史(从16世纪到20世纪末)》,中国人民大学出版社2006年版,第340页。

[③] 王逸舟:《国际政治概论(第三版)》,北京大学出版社2020年版,第116页。

二战尚未结束时,英国外交部就散发过一份备忘录,反对对纳粹德国党卫队头子希姆莱等人进行战后审判,理由是他们的"罪行太过黑暗"。反法西斯联盟"三巨头"之一的丘吉尔也有类似看法,觉得最好就是"把他们排成一行,然后枪毙"。

"成王败寇"、将失败者斩尽杀绝而不是绳之以法的做法在历史上司空见惯,但二战结束后对失败者的惩处是通过在纽伦堡和东京的两场审判进行的。纽伦堡审判的主要公诉人之一、时任美国最高法院大法官罗伯特·杰克逊陈述道:"四个大国因胜利而欢欣,为伤痛所感怀,他们收起了复仇之手,自愿把俘虏的敌人交给法律审判,这是权力有史以来致以理性的最重要的颂词之一……我们审判这些被告的依据将被明日历史用来评价我们。"①

用法律来清算国际罪行,这在人类史上是第一次。作为审判依据的国际法(International Law),旧称"万国法"或"万国公法",是用于规范和调整主权国家之间关系并决定其权利和义务的,具有法律约束力的原则、规则和制度的总和。

有人非常推崇国际法,认为只要法学家们编纂出一套全面科学的国际法典,世界上的一切就都会变得美好起来。也有人极度轻视国际法,认为国际法对国际关系毫无影响,国家可以不受国际法约束而我行我素。

一位法学家早在半个多世纪前就对此评论说,不管是对国际法的无端挖苦还是无知妄言,都犯了同样的错误,那就是以为国际法是一个可以凭直觉做出评价的学科,完全不必像评价其他学科那样,花气

---

① 〔荷〕伊恩·布鲁玛:《零年:1945》(倪韬译),广西师范大学出版社2015年版,第228、239页。

力去调查有关的事实。①

今天的国际法诞生于近现代国际关系的发展中,一经确立自然会与国家发生各种"关系"。本章将探讨国际法在国际关系中的一些热点和焦点问题。

国际社会需要国际法

西方有一句古老的谚语:"哪里有社会,哪里就有法律。"这句话有两层含义:一方面,法律存在于社会之中,社会之存在是法律产生的前提;另一方面,社会的存在依赖法律,没有法律就不可能形成社会。法律通过原则、规则、制度及程序建立起社会规范,从而维护社会秩序,使社会成员获得最基本的安全。

在人类进入文明开化时代之后,无论社会形态和结构如何,无不以法律作为社会规范的工具。中国的封建王朝几乎都制定了自己的"律",辛亥革命后的中华民国很快就通过了"临时约法",而今天的中华人民共和国更把"法治"列入核心价值观。

1648年的《威斯特伐利亚和约》确认了国家主权,产生了众多拥有平等主权的国家,标志着近现代意义上的国际社会在欧洲的形成。既然是社会,就同样需要一定的法律规范和行为准则。因为任何社会交往只有在有秩序的情况下才得以正常进行。国际法就是维护国际交往秩序的法律保障。只不过,与国内法不同的是,国内法管的是"人",而国际法管的是"国",主要是主权国家,后来也包括其他非国家行为体。国际法所规范的社会关系主要是主权国家之间的政治、经济、军事、外交等领域的关系。

从某种程度上说,国际社会对法律规范的需求可能比国内社会还要强烈。因为合法拥有暴力的主权国家之间一旦发生战争,其后果比

---

① 参见 J. L. Brierly, *The Outlook for International Law*, Oxford: Clarendon Press, 1944, pp. 1-2.

内乱要更残酷、更暴烈。国际法不是理想主义的产物,也不是某些人的突发奇想,而是源于在由众多国家组成且彼此联系日趋密切的国际体系中,国家为了获得最起码的安全、免遭任意武力攻击而对体系最基本的秩序和稳定性的需求。因此,国际法的首要任务就是对国家使用暴力进行限制和规范。

此外,国际社会的成员在历史、文化、传统、价值观念及政治、经济和法律制度等方面有很大的差异,为了实现正常交往需要一系列大家能共同理解、认可和执行的规范与原则。如同在足球场上,来自五洲四海的球队尽管肤色各异、语言不通,但对"越位""出界"的理解是一致的,也服从同一套"90分钟打平就踢加时赛,不行罚点球"决胜负的规则。国际法的基本原则和内容就是国家在国际关系中必须遵守的规则。国家只有了解了这套规则,才会对其他国家在国际舞台上的表现有明确的预期,避免国际社会陷入恐惧、混乱和无序。

> 如果一个人怀疑这种法律(国际法)的重要性,那么他只需要想象一下不存在这种法律的世界就可以了。……那里将没有国家的安全或政府的稳定,领土和领空将得不到尊重,船只只能在持续的危险中航行,财产不论在既定领土之内还是之外,都将遭到肆意的掠夺,个人将得不到法律和外交的保护,协议将无法达成和遵守,外交关系将终结,国际贸易将停止,国际组织和安排将消失。
>
> ——路易斯·亨金[①]

除了为国家日常往来提供规则,国际法还为国际社会解决争端提供基本的法律依据。国家间争端各种各样:有些争端是双边的、地

---

① Louis Henkin, *How Nations Behave: Law and Foreign Policy*, 2nd ed., New York: Columbia University Press, 1979, p. 22.

区性的，有些则是全球性的；有些争端是政治性的，有些则是法律性的。不管是什么样的争端，不使用武力是当前国际法的基本原则。

例如，许多国家之间都存在领土争端，但直接依靠武力击败对手抢占国土的情况在当今的国际关系中极其罕见，更多情况下是当事国依据国际法进行谈判，以实现双方都能接受的划界。

1949年成立时，中华人民共和国和周边不少国家都存在边界争端。新中国遵循了国际法的处理原则，在既定条约和协定基础上与相关国家展开谈判。如1960年10月1日签订的《中华人民共和国和缅甸联邦边界条约》中，中方对晚清和民国时期谈判划定的中缅边界条约基本给予承认，只是为了避免骑线村寨的出现，对还未实地勘界、存有争议的"1941年线"进行了调整。[1]

所以，国际法对于国际关系而言，不是可有可无的，而是必需且有效的。没有国际法的世界是难以想象的。正是由于《威斯特伐利亚和约》对"国家主权平等"和"条约必须遵守"等国际法规则的确立，才开启了近现代意义上的国际关系。

谁来执行国际法？

人类社会的法治史，也是一部惩恶扬善的历史。惩罚坏人、保护好人是法律最原始、最自然的逻辑。

国内法由代表国家最高权威的立法机关制定，拥有合法暴力的国家机器是法律的保障者与实施者。违法者面对的是拥有强大武力的警察队伍，严重触犯法律者将遭到检察机关起诉、司法系统审判，还可能被送进监狱、丧失自由。

与法治国家的国内法对比，国际法的强制性似乎要差得多。因为

---

[1] 参见牛军：《中华人民共和国对外关系史概论（1949—2000）》，北京大学出版社2010年版，第147—150页。

国际社会是由主权国家构成的无政府社会，国际法的制定者和实施者均为独立的主权国家，在法律上是平等关系。

因此有人认为，国际法的实施主要靠主权国家自愿自觉，国际法的效力更像是一种道德要求而不是法律约束，不遵守也不一定会受到惩罚。有的人甚至认为，国际法只不过是一种根据舆论制定的东西，并非法律。①

上述看法并不符合今天的国际关系现实。虽然国际法不存在类似国内法那样的强力执行机关，但这并不意味着违反国际法就不会受到惩罚或制裁。受到侵犯的国家可以采取国际法所允许的行动进行反击，如单方面提出终止条约、采取适当的报复措施等；国际组织也可以依据国际法采取集体行动，如联合国安理会可以制裁破坏国际和平的国家。

国际法不仅包括一系列国际惯例、规范和规则，而且还包括一定的国际司法制度和机构，如全球性的国际法院、国际刑事法庭、国际劳工组织的行政法庭等，以及地区性的欧洲联盟法院、欧洲人权法院、美洲人权法院等。此外，还有一些具有国际司法功能的委员会，如欧洲人权委员会、美洲人权委员会等。它们可以依照国际法对国际争端进行审理、裁定、判决或审判，并为有关国家的组织提供咨询。

这些国际司法机构的出现经历了相当漫长的历史阶段，其转折点发生在二战之后。在一战结束之后，包括德国、日本在内的60多个国家签订了《巴黎非战公约》，承诺"废弃以战争作为推行国家政策的工具"。然而，直至二战结束之后的纽伦堡审判和东京审判，国家领导人不能在大规模谋杀和酷刑中免责的国际法原则才真正得以实施，同时也解决了"国家难以追责"的国际法执行难题。

---

① 参见陈岳：《国际政治学概论（第三版）》，中国人民大学出版社2010年版，第205页。

> 即使当庭法官背负血债，或者食古不化，举行审判依旧是上策……草率的处决只会把盟军战胜者的道德水准拉低到和战败的纳粹一样的层面。尽管许多德国人只有在战败的苦涩淡去、生活更加安定后，才认识到纽伦堡审判的意义。
>
> ——伊恩·布鲁玛[①]

1945年，战胜国成立了纽伦堡国际军事法庭，对戈林等纳粹德国战犯进行了审判，最后判决19人有罪，其中2人被定为反人类罪，2人被定为战争罪，14人被定为战争罪和反人类罪。设在东京的远东国际军事法庭则于1946年至1948年对东条英机等28名日本主要战犯进行了审判，其中7名战犯因战争罪和反人类罪被判处死刑，16名战犯被判处无期徒刑，2名战犯被判有期徒刑。

纽伦堡审判和东京审判在追究德国和日本的战争责任时，将被告定位于谋议、策划、发动侵略战争的高官政要，在国际法上确立了"追究个人刑事责任""官方身份不免责"和"指挥官责任"（即身居领导地位的人，在知情情况下如果不作为，就要对其下属的犯罪行为承担刑事责任）等重要原则。[②]

后来，联合国安理会创新发展了纽伦堡审判和东京审判的成果，通过决议陆续特设了前南斯拉夫、卢旺达、东帝汶、塞拉利昂、柬埔寨等国际刑事法庭，对发生在特定地区的国际罪行进行审判和处罚。与纽伦堡审判和东京审判不同的是，特设刑事法庭是在联合国安理会决议的基础上成立的，审判形式程序更加完善、合法性更加充分。

特设刑事法庭虽然可以通过安理会决议建立，但这样的临时性机构仍然满足不了一些国家长期的需求。2002年，设在荷兰海牙的国

---

① 〔荷〕伊恩·布鲁玛：《零年：1945》（倪韬译），广西师范大学出版社2015年版，第237页。

② 参见《纽伦堡审判和东京审判具有重大历史意义》，https://www.chinacourt.org/article/detail/2015/08/id/1696414.shtml，2021年5月1日访问。

际刑事法院宣布成立,其主要功能转为对犯有种族屠杀罪、危害人类罪、战争罪、侵略罪的个人进行起诉和审判,最高刑期是无期徒刑。

国际刑事法院是依据国际条约建立的常设性审判机构,这一点不同于以往的临时法庭。它与联合国关系虽然很密切,但又不从属于联合国。同时,国际刑事法院与联合国国际法院也有根本性的不同。后者作为联合国的六大核心机构之一,主要处理领土、海洋、条约履行等国际争端。

成立不久后,国际刑事法院就做了几件让全世界瞠目的大事。例如,逮捕并审判了刚果(金)前副总统让-皮埃尔·本巴;几次对苏丹总统巴希尔发布逮捕令;宣称将对朝鲜展开战争罪调查,以评估延坪岛炮袭和"天安舰"事件中是否存在战争罪行。[①]

如今的国际社会,违反国际法者不仅要承担法律上的责任,还可能受到法律的制裁,即便制裁有时不够强有力。世界各国政府都毫无例外地承认国际法对国家具有拘束力,而且国家在大多数情况下都遵守国际法,国际社会中的违法现象只是少数。

国家为何愿意"守法"?

19世纪中叶,美国学者亨利·惠顿(Henry Wheaton)的英文著作《国际法原理》(*Elements of International Law*)被美国在华传教士丁韪良(William Martin)译成中文后(中译本名为《万国公法》),法国驻华临时代办克士可士吉就向美国驻华公使蒲安臣抱怨道:"这个家伙是谁?竟然想让中国人对我们欧洲的国际法了如指掌?杀了他!掐死他!他会给我们找来无数麻烦的!"[②]

[①] 参见万霞:《解密:国际刑事审判"档案"》,《世界知识》2011年第11期,第47—48页。
[②] 〔美〕丁韪良:《花甲忆记——一位美国传教士眼中的晚清帝国》(沈弘、恽文捷、郝田虎译),广西师范大学出版社2004年版,第159页。

清政府确实在尝试用国际法维护自身利益。1864年，普鲁士和丹麦两国在欧洲交战，新任普鲁士驻华公使李福斯扣留了三艘在中国水域的丹麦商船。清廷外交官依据《万国公法》与李福斯展开交锋，对方"即行认错，俯首无词"。[①]

国际法的本质是保护国家的安全，促进国家之间的合作，增进各国的利益，以实现国际社会的秩序。当今世界，除非与自身的重大利益相冲突，国家是不会无所顾忌地违反国际法的。当国家之间发生争端或冲突时，双方都会努力运用国际法的相关内容为自己的行为寻找依据和进行辩护，尤其是在经济、文化和政治等领域。

> 通过国家行为展现出来的现实是，国家确实把国际法当作一种法，更为重要的是，在大多数情况下，国家遵守国际法。
> ——克里斯托弗·乔伊纳[②]

在国内，绝大多数公民不会违法犯罪，既是由于刑罚体系的震慑和守法行为能得到表彰，也是因为人们认为违法犯罪行为背离人性、违背正义、破坏秩序。这种情况同样适用于国际社会。国家遵守国际法的动机是混合的，对私利或惩罚的恐惧等实际考虑和各种道德考量纠缠在一起。禁止奴隶制、侵略兼并或种族灭绝等行为规范天然占据道德制高点，也极少有国家敢冒天下之大不韪公然挑衅这些规范。

由于国际法的约束力总体上来讲不如国内法，所以相比之下，国家似乎更多是从维护自身权益出发来考虑要不要遵守国际法。由于国家利益的相互性（你的利益也是我的利益）和国际法的对等性（你怎

---

① 李书源整理：《筹办夷务始末》（同治朝第三册卷二十一—卷三十），中华书局2008年版，第1185页。

② Christopher Joyner, "The Reality and Relevance of International Law in the Twenty-First Century," in Charles W. Kegley, Jr. and Eugene R. Wittkopf, eds., *The Global Agenda: Issues and Perspectives*, Boston: McGraw-Hill, 2000, p. 243.

样对我，我就怎样对你），国家只有在法律建立的秩序里依法律的规范行事，才能最大限度保证自身的利益。比如，许多国家会支持世贸组织禁止关税及非关税壁垒的规定，因为它们会从其他国家降低贸易门槛中获益。

然而，大多数国家之所以遵守国际法，更深层次的原因还是对国际社会"失序"的深层恐惧。在无政府状态下，如果国家不遵守国际法，那么所有国家的安全都得不到保障，秩序将被混乱取代，所有国家都将面临许多不可知的风险。

遵守国际法的国家，从长远来看更容易赢得国际社会的认可，从而获得影响力。因为国际社会对这样的国家会有稳定预期，更愿意与其进行交往。中国是国际法的坚定维护者和建设者。如上文所言，中国早在19世纪就开始接触国际法，并尝试运用国际法捍卫自身权益，梅汝璈参与东京审判更是中国对国际法和正义事业有所贡献的光辉时刻。改革开放后，国际法事业在中国得到振兴，倪征㠖、史久镛、王铁崖、端木正等中国法学家和法官在国际司法机构中发挥了重要作用。目前，中国参与国际组织和各种公约的数量及程度不仅达到本国历史上的空前水平，而且在世界大国里居于靠前的位置。

> 那些通过公认的规则参与国际政治博弈的国家获得令人满意的回报，而那些忽视国际法或者机会主义式地破坏习惯规则的国家，为按照自己的意愿行事而付出代价。其他国家将不愿意与它们合作。法律违反者必定也担忧遭到受害国的报复，并担心声望的损失。
> ——查尔斯·W.凯格利[1]

与此相反，一个经常违反国际法的国家显然不会被视为可以信赖和信任的合作伙伴，无视国际法的国家必须承担被国际社会孤立的风

---

[1] 〔美〕查尔斯·W.凯格利：《世界政治：走向新秩序？（插图第11版）》（夏维勇、阮淑俊译），世界图书出版公司2010年版，第418页。

险，在外交和经济领域付出高昂的代价。多次进行核试验和导弹试射的朝鲜，就在很长一段时间内遭到联合国和多个国家的经济制裁和外交孤立。

哪些国家最可能"违法"？

人们常用"天网恢恢，疏而不漏"来形容法律的普遍性。在理想状态下，国际法是对世界上所有国际行为体都普遍适用的原则、规则和制度。所有国家在相互交往的过程中都应毫不例外地受到国际法的约束。

相比19世纪，当今世界体系中，国家遵守国际法的程度已大幅提升，国家在大多数情况下都遵守国际法，但违法现象并未绝迹。那么，哪些国家最可能违反国际法呢？

在无政府的世界体系中，由于没有一个能够超乎各主权国家的中央政权机构来执行国际法，所以最有可能违背国际法的一定是那些最有能力违背国际法的国家，即世界体系中的主导国。因为从某种意义上讲，制定法律的目的就是约束强者、保护弱者，强者很容易产生不守法的意愿，何况大国还具有不守法而免遭惩罚的能力。

在冷战后的单极格局中，国际法确实也无法有效制约唯一的超级大国美国滥用武力的行为。作为安理会常任理事国之一，否决权的设计赋予了美国足够的行动自由，保证了美国的特殊权益。在美国卷入军事行动的情况下，安理会很难做出与美国利益相悖的决议。没有美国的同意，安理会也无法采取任何针对美国的强制措施。

2003年，美国发动了对伊拉克的战争。在战争爆发前，美国曾试图获得安理会的授权而在联合国进行积极游说，一再推迟作战时间表。由于绝大多数成员国不支持美国的军事行动，其盟国法国与德国也明确表示反对，在获取授权无果的情况下，美国走向了单边主义的道路。

不过，美国再怎么横行无忌，也不敢公然否定现行国际法的规则，只会根据自己的利益在权力与规则之间搞平衡，不断为其单边行为寻找合法性的借口。小布什政府辩称，对伊发动战争的理由是伊拉克藏匿有大规模杀伤性武器，对美国安全造成明显而紧迫的威胁，美国迫不得已对其进行了先发制人的"预防性自卫"。

另一类容易违反国际法的国家是世界体系的挑战者，包括体系中的崛起国和被边缘化的国家。体系中的崛起国若不能用和平手段获得与其实力地位相称的国际地位，就会对既有国际秩序和国际规则持否定态度，试图加以改变。

明治维新后崛起的日本，试图建立以自己为中心的"东亚共荣圈"，为此发动了侵华战争及太平洋战争，给中国及亚太地区的人民带来空前灾难。希特勒上台后，纳粹德国想要通过武力和战争称霸欧洲，建立新德意志霸权，从根本上颠覆国际秩序和国际法。二战中德国、日本相继惨败和战后遭受审判的事实证明，以发动战争、破坏世界秩序的方式来谋求权力和地位不仅为国际社会所不容，而且会受到国际法的惩处。

少数不适应体系文化而被边缘化的国家，因与体系主导国的矛盾激烈而有着较强的生存危机感。它们不满国际法对它们的限制，试图通过获得大规模杀伤性武器来提高自身的安全感。例如，朝鲜就多次违反国际法进行核试验，不断制造核危机。目前，联合国安理会针对朝鲜的核行为已先后做出六个决议和三个主席声明。每一个决议都在此前决议基础上扩大了制裁的范围、增大了制裁的力度，对朝制裁范围已经涵盖了矿产、运输、金融、经贸等多个领域，制裁力度堪称"登峰造极"。如安理会第 2375 号决议决定，切断 30% 的对朝油类供应，对朝原油出口一年不超过 400 万桶，成品油对朝出口也要由原来每年 450 万桶缩减为 200 万桶。

当今世界，不管是世界体系中的主导国、崛起国，还是被边缘化的国家，都应以国际法作为处理对外关系的行为准则，这是人类文明进步为国际关系带来的新气象、新特点，也是以联合国为中心的国际制度出现后国际关系走出丛林法则的体现。

和平解决国际争端的法律方式

　　国际法的主要作用就是为限制国家使用武力、和平解决争端提供了一系列规则和方式。随着人类的文明进步，国际关系中对拥有和使用暴力，尤其是大规模杀伤性武器的限制越来越多，也越来越严格。

　　一是对战争目的进行限制。《联合国宪章》规定，只有用于自卫和经联合国授权与组织的制止侵略的战争才是合法的。保障这一点的是拥有全球最强军事实力的联合国安理会五大常任理事国。目前，敢于公然违背这一规则、公然挑战安理会五常的国家已经少之又少，海湾战争中的伊拉克就是前车之鉴。

　　二是限制战争中武器的使用，特别是限制使用极端残酷的武器。比如，1980年通过的《特定常规武器公约》对达姆弹、集束炸弹和燃料空气炸弹等武器做出了禁止或限制的规定；又如，1993年的《禁止化学武器公约》规定禁止使用、生产、购买、储备和转移各类化学武器，以及销毁化学武器，将所有的化学武器生产设施拆除或转作他用。

　　三是保护战俘和非交战人员。几乎所有的国家都签订了《关于战时保护平民之日内瓦公约》，同意禁止以平民或民用物体为攻击对象。现代国际法还认为，战争是交战国军队之间的对抗，丧失了作战能力的伤员和战俘应与战斗人员区分开来，他们应受到人道主义待遇。《关于战俘待遇之日内瓦公约》对此有详细规定。

　　国家和平解决国际争端的方式分为政治方法和法律方法两大类。当事国之间的谈判（negotiation）与协商（consultation）是使用国际法解决国际争端最常见和最主要的政治方法，在实践中也解决了大多数的国际争端。

　　20世纪80年代中英解决香港问题就是依据国际法谈判的典型案

例。英方希望到 1997 年只归还租借到期的新界地区、保留对香港岛和九龙的管治权,但中国政府认为香港仅是受英国管理,并非英国属地,要求英国将整个香港一并交还。经过 22 轮谈判,双方在 1984 年 12 月 19 日正式签署《中英联合声明》,决定从 1997 年 7 月 1 日起,中国政府对香港恢复行使主权,设立香港特别行政区。香港问题在双方谈判的基础上得以和平解决。

与谈判一般由两个当事国直接对话不同,协商应对的是涉及多个国家的国际争端。1954 年解决印度支那问题的日内瓦会议就是一例。

1954 年 5 月,恢复印度支那(即中南半岛)和平的谈判在日内瓦举行。参加者除中、苏、美、英、法五大国外,还有越南民主共和国、越南共和国(即原南越)、老挝王国和柬埔寨王国。7 月通过的《日内瓦会议最后宣言》实现了印度支那的停战,结束了法国在这个地区进行多年的殖民战争,确认了印支三国的民族权利。

当事国不愿意直接谈判或者虽经谈判而未能解决争端时,第三国可以协助当事国解决,这就是国际法上的斡旋(good offices)与调停(mediation)。斡旋指的是第三国主动采取行动,促使争端当事国直接谈判。调停则略有不同,第三国会以调停者身份直接参与或主持争端当事国的谈判。

1993 年巴以和平协议的签订就与美国的调停有关。二战结束后,巴以矛盾成为中东地区动乱的根源之一,双方战火不断。20 世纪 90 年代,在时任美国总统克林顿的主持下,巴勒斯坦领导人阿拉法特在美国白宫与以色列总理拉宾签订和平协议。遗憾的是,由于拉宾随后遭到以色列激进分子刺杀,和平协议未能执行。

和解(conciliation)有时也被称为调解,也是解决国际争端的政治方法,它指的是当事国将争端提交和解委员会,由委员会查明事实、做出报告、提出解决争端的建议,设法使争端当事各方达成协议。

1913 年至 1914 年间,美国国务卿布莱恩与英法等国家分别签订了和平解决争端的条约,它们被称为"布莱恩和平条约"。这些条约规定，一切外交方法所不能解决的争端应提交给一个常设的国际调查委员会，由委员会进行调查和提出报告。

仲裁（arbitration）是和平解决国际争端的一种法律方法。当国家间发生争端时，当事国把争端交付它们自己选任的仲裁员处理，相互约定接受其裁决，这种方法称为仲裁。国际法上的仲裁的约束力看起来没有纽伦堡审判这样的法律裁决那么强，但在仲裁机构被当事国认可的前提下，除非仲裁员有违反仲裁条约规定的权限等恶意行为，当事国一般都执行了裁决，争端当事国否认仲裁而拒不执行的案例极为罕见。

1899年，第一次海牙会议通过的《和平解决国际争端公约》首次对仲裁做了比较详细的规定，其内容包括仲裁条约或协定、仲裁的目的与审理的范围、仲裁法庭的组织、仲裁法庭适用的法律和程序、仲裁裁决和简易程序的仲裁等。

冷战后，国际仲裁制度有了比较大的进展。1993年9月常设仲裁法院（Permanent Court of Arbitration, PCA）在海牙召开了有史以来首次全体仲裁员大会，决定同联合国加强法律联系；1994年10月，常设仲裁法院被接受为联合国大会的观察员；1999年，常设仲裁法院成员国大会通过决议，要求常设仲裁法院成为一个能够为国际社会提供更加多元化解决争端的机构。与此同时，常设仲裁法院受理的案例数量也有所增加。

由于比国际法院有更大的灵活性，尤其对一些并非重大政治问题的法律争端（如投资争端）的解决更为适用，国际仲裁制度仍是当今世界和平解决国际争端的一个重要途径。

国际法的发展趋势

近现代国际法起始于1648年结束欧洲三十年战争的《威斯特伐利亚和约》，至今已有近400年的发展历程。其间，一战的结束、二战的结束以及冷战的结束都对国际法的发展产生了划时代的意义。从二战后的历史来看，国际法的发展呈现出以下特点：

首先，国际法的主体不断扩大。在殖民时代，率先使用国际法的西方列强将之视为"文明国家间的行为规则"，潜台词是亚非拉地区的殖民地和半殖民地社会属于"非文明"序列、不受国际法的保护。二战后，国家资格认定标准发生变化，非殖民化运动的浪潮使过去的殖民地和被外国统治的地区获得独立，成为主权平等的国家。国际法主体的数量不断增加，国际社会的成员不断扩大。目前，联合国已拥有190多个会员国。

除了主权国家之外，国际组织也被认为是单独的国际法主体，能够享有权利并承担义务。此外，关于非政府组织、跨国公司和个人在国际法上的地位问题，也有不同程度的新发展。如今，国际法适用于整个国际社会正在变为现实，国际法的普遍性已大大增强。

其次，国家使用暴力受到越来越多的限制。产生于近代欧洲的最早的国际法承认主权国家的战争权，认为战争权是主权国家固有的权利。由此，征服也被视为国家获得领土的合法方式。1919年的《国际联盟盟约》限制了主权国家诉诸战争的权利，1928年的《巴黎非战公约》禁止战争作为国家推行其政策的工具，从而结束了国家享有战争权的历史。尽管后来缔约国德国、日本、意大利严重违法，但公约在限制国家使用暴力方面仍具有划时代的重要意义。二战后的《联合国宪章》明确规定，禁止国家使用武力或武力威胁，这标志着国际法从禁止战争向禁止使用武力进一步发展。目前，武力只有用于国家自卫或经联合国安理会授权的制止侵略的集体行为才是合法的。国际法对国家使用暴力的限制对维护世界和平与安全发挥了积极的作用。

再次，国际法的范围不断扩大。近代国际法仅限于战争、外交和领事、条约、外国人待遇等领域。二战后，国际法的范围有了很大的拓展，主要体现在三个方面。一是人权问题进入国际法领域。《联合国宪章》是第一个对人权做出规定的世界性国际文件。此后，联合国大会又通过了《世界人权宣言》和两个国际人权公约以及其他保护人权的普遍性国际人权公约。人权问题从此不再是纯属国家内部的事务，进入国际法的调整范围。国际人权法就是保护人权的国际法。国际人权法的诞生标志着国际法的重大发展，是人类文明进步的象征。冷战结束后，国际人权法得到迅速发展，新成立的联合国人权理事会不仅提高了规格，而且在促进人权方面建立了许多新的制度，对在世界范围内推进人权事业做出了不可磨灭的贡献。

二是随着科学技术的进步，人类的生存空间和活动天地极大地拓宽，人类的足迹上到外层空间，下至海床洋底。国际法的适用范围也随之扩大。如今，国际社会的各个领域几乎都有相应的国际法存在。例如，二战后，国际海洋法的内容扩充到大陆架、专属经济区、国际海底区域等，国际法的新领域包括航空和外层空间法、国际环境法、国际组织法等。

三是随着国家之间经济交往和联系的增强，经贸领域成为国家合作的主要领域，从而促进了国际法在经济领域的迅猛发展。一个包括国际货币金融、国际贸易和投资、国际经济援助和技术转让等内容的国际经济法新领域已经形成，并且发展迅速。

最后，国际法的约束力不断加强。一方面，二战后国际社会出现了强行法（jus cogens）理论。虽然国际法的主要规范仍是意志法，即各国政府签署的各种条约、协定、公约等，但国际社会也公认存在若干强行法规范，包括国际社会普遍认可的国家实践、国际习惯法和一般法律原则等，强行法规范为整个国际社会的共同利益而存在。① 1969年的《维也纳条约法公约》第53条明确规定，条约在缔结时与一般国际法强制规律抵触者无效。这无疑增强了国际法的约束力。

---

① 参见张潇剑：《国际强行法论》，北京大学出版社1995年版，第52—55页。

与此同时，自联合国建立之后，各类性质和类型的全球性和区域性国际组织纷纷建立，其中许多与联合国建立了联系并成为联合国的专门机构，国际社会的组织化程度不断提高。当今世界已经形成了以联合国为中心的国际组织网络。自联合国诞生以来的70多年间，《联合国宪章》和联合国的各项重大决议（包括联合国专门委员会的专门决议）成为战后国际法最权威、最主要的来源，也成为各种国际组织普遍援引的权威范本，成为各国解决国际争端最重要的法理依据，国际法的效力得到前所未有的彰显。

另一方面，国际组织执行行动（enforcement action）的约束力也明显加强。二战后欧洲和远东两个军事法庭所进行的国际审判，以及1949年《日内瓦公约》对严重违约者加以制裁的规定，都体现了国际法在执行方面的效力。1990年伊拉克侵略科威特之后，在安理会的授权之下，多国部队将伊拉克侵略军赶出科威特，捍卫了国际法的尊严。近年来，国际法院、国际法庭和国际仲裁的数量呈明显上升趋势，许多国家，尤其是中小国家越来越倾向于付诸国际司法来解决国际争端。

国际法的影响力还不断向国内法渗透，成为引导各国制定国内法律的方向坐标。许多国际法原则、规则都要求各国制定相应的国内法规范，切实履行国际法上的义务。例如，世贸组织确定了其有关规范优于成员方的国内法的原则，将入世承诺抛诸脑后的成员方很可能遭到强有力的经济制裁和报复。

总之，二战后国际法的总体发展趋势就是，它正在从一个以维护国家主权为基础的法律体系朝着以维护整个国际社会共同利益为目标的方向发展；尽管与国内的强制方式不同，但它有独特而重要的约束力，在国际关系中发挥着越来越重要的作用。

》思考：国际法能改变国际关系吗？

国际法不可能凭空产生，也不可能孤立存在。国际法产生于国际关系，并随着国际关系的发展而发展，在不同的国际关系背景下会产生不同内容的国际法。国际关系对国际法的发展演变有着深刻的影响和制约作用。

一方面，国际法是建构主义所称的"世界体系文化"在现实中的反映和表现，公正合理的国际关系有助于国际法的发展，种族主义和强权政治则会窒息国际法的生机。帝国主义和种族主义在19世纪的国际法中留下了深刻的烙印，主权原则当时只适用于所谓的欧洲"文明国家"。在涉及欧美列强与东方国家或殖民地的关系时，特别是当欧美列强的根本利益受到严重威胁时，就根本没有国际法可言了。此外，当时的国际法中还存在诸如划分势力范围和治外法权等不合理的规则。

第二次世界大战之后，世界格局和国际规范发生了巨大改变，民族自决和种族平等等政治理念在全世界广泛流行。在此历史背景下，主权平等原则不再限于西方国家，势力范围、租界、租借地、领事裁判权等已基本绝迹。随着国际关系的民主化，国际法的适用范围正扩展至世界上所有的国家，其独立性和客观性正在不断提高。

另一方面，随着国家之间交往的日益频繁，国际关系的内容愈加复杂，这对国际法的范围和内容产生了深刻影响。

今天的国际法领域涉及国家间交往的各个方面，不仅包括像《联合国宪章》这样的基本原则和维持正常国际关系的基本法律制度，还包括国际法的不同分支，如外交关系法、条约法、海洋法、航空法、外空法、国际人权法、国际组织法、国际环境法、国际经济法、国际刑法、武装冲突法等。这些国际法律正是适应了国际关系纵深发展对国际法的需求而产生的。

国际关系与国际法在很大程度上是相互促进和共同发展的：主权国家的出现意味着近代国际关系的开始，而对主权的认定和承认是国际法的主要内容和基础。因此可以说,没有近代国际关系就没有国际法;也可以反过来说,正是国家主权平等和条约必须遵守等国际法规则的确立开启了近代意义上的国际关系。

当然,国际法只是国际关系的一部分而不是国际关系的全部。即使国际法在国际关系中发挥着诸多积极作用,它也不可能解决国际关系中存在的所有问题。国际关系的运行和发展,不仅需要依靠法律,还需要依靠实力或权力,同时也需要道义,而实力或权力是无政府状态下国际关系不可或缺的重要因素。

大国凭借自己的实力可以充当世界警察的角色,对国际社会的违法行为进行震慑和惩罚;同时,大国之间形成的实力均衡可以制约大国的违法行为,使大国也不敢轻举妄动。

不过,理想与现实之间总是有差距的。即便是在实力与道义占据绝对优势,具备天时地利人和的前提下,国际法也很难百分百地实现理想中的国际正义。在被视为国际法经典范例的纽伦堡审判和东京审判中,并不是所有的违法者都受到了法律的制裁。

虽然天下并不太平、冲突不断爆发,国际关系中仍存在违背《联合国宪章》的精神和原则而使用或威胁使用武力的现象,但令人感到欣慰的是,没有一个国家的政府敢于公然宣布不受国际法的约束,即使发生了违反国际法的行为,也要从法律角度为自己的违法行为辩护,尽管这种辩护是属于掩饰性质的。相互为敌的国家也常常以国际法为工具相互攻讦,称对方违背了国际法的基本准则,让自己占据道德制高点,以博得国际社会的同情。

准确地讲,国际法的主要目标不是完全废除一切战争,而是对战争进行严格限制,或者拗口一点说,国际法是对战争的一种制度性替代。国际法力争在国家刀兵相见之前和平解决争端,有时这些努力并不能阻止战争,但有时也能因此消弭不必要的暴力。

虽然《联合国宪章》的有关规定并非总是得到严格遵守,但不可否认,它们也成功地阻遏了不少战争和武力威胁行动的发生。退一步讲，假如没有国际法，世界的情况肯定会更糟。

所以，国际法并不会因为严重违法行为的发生而失去它作为法律的性质，不能奢望国际法防止所有战争和违法行为，违法行为恰恰说明了法的存在。从人类历史的长视角来看，国际法治一直是稀缺资源。无论国家的形态是城邦、帝国还是民族国家，战争与贫困始终伴随着人类。但先贤们对于国际法治的追求从未中断，国际法治的深度和广度不断拓展，它的效能逐渐清晰。

推荐阅读书目

〔英〕J. G. 梅里尔斯：《国际争端解决（第五版）》（韩秀丽等译），法律出版社2013年版。

〔美〕巴里·E. 卡特、艾伦·S. 韦纳：《国际法》（冯洁菡译），商务印书馆2015年版。

〔荷〕格劳秀斯：《战争与和平法》（何勤华等译），上海人民出版社2005年版。

白桂梅：《国际法（第三版）》，北京大学出版社2015年版。

梁云祥：《国际关系与国际法》，北京大学出版社2012年版。

第十三章

世界安全

在个人和政府追求的许多目标中，最广泛和最共同的是安全。

——卡尔·多伊奇[1]

纵观历史长河，暴力呈现下降趋势；而今天，我们也许处于人类有史以来最和平的时代。暴力下降的过程肯定不是平滑的，暴力并未全然消失，这一趋势也不能确保会持续下去。但无论我们观察的是人类数千年的历史，还是短期事态，大至发动战争，小到体罚儿童，暴力的下降趋势有目共睹，无可置疑。

——斯蒂芬·平克[2]

在一个仍以主权国家对权力的追求作为动力的世界中，和平只能通过两种方法来维持。一是社会力量的自我调节机制，它表现为世界舞台上的权力角逐，即权力均衡。另一方法是以国际法、国际道德和世界舆论的形式对权力角逐加以规范性的限制。

——汉斯·摩根索[3]

---

[1] 〔美〕卡尔·多伊奇：《国际关系分析》（周启朋等译），世界知识出版社1992年版，第283页。

[2] 〔美〕斯蒂芬·平克：《人性中的善良天使：暴力为什么会减少》（安雯译），中信出版社2015年版，第1页。

[3] 〔美〕汉斯·摩根索：《国家间政治：权力斗争与和平（简明版）》（徐昕、郝望、李保平译），北京大学出版社2012年版，第36页。

2001年9月11日上午,两架被恐怖分子劫持的民航客机撞向美国纽约世界贸易中心,"双子塔"相继倒塌,另一架被劫持的客机撞向位于美国华盛顿的美国国防部五角大楼,造成五角大楼局部结构损坏,整个事件遇难者接近3000人。

自珍珠港事件之后,美国本土从未遭遇过如此严重的攻击。作为对"9·11"恐怖袭击事件的回应,美国分别以藏匿"基地"组织恐怖分子和拥有大规模杀伤性武器为由,先后对阿富汗和伊拉克发起了"反恐"战争。

刚经历了新千年狂欢的世界,因骤然而至的"9·11"事件和随后的阿富汗战争、伊拉克战争,再度蒙上了不安的阴影。冷战结束后因20世纪90年代经济繁荣而似乎一度退热的安全议题,再次成为国际关系研究关注的焦点。

国际关系中的国际安全研究主要有两种路径。一种是从战略上探讨国家如何应对安全威胁和战争,其目的是想方设法帮助国家在战争中获胜、获得和平和安全。中国古代的《孙子兵法》和西方近代卡尔·冯·克劳塞维茨(Karl von Clausewitz)的《战争论》是这方面最具知名度的作品。

另一种是从理论上探讨战争与冲突的根源,解释为什么人类或国家之间会有战争与冲突,从而找到减少甚至消灭战争的途径和方法。现实主义理论大师肯尼思·华尔兹的成名作《人、国家与战争》和知名历史学者约翰·刘易斯·加迪斯(John Lewis Gaddis)的杰作《冷战》都属于这一路径。

当然,也有很多优秀的国际关系著作既研究人类如何消除战争,也探讨国家如何获胜,如本书多次提到的汉斯·摩根索的《国家间政治》。

"外交与武力"和"对外政策"两章已经大量涉及国家追求安全的战略与手段，本章将重点以两次世界大战为例，从理论角度讨论战争与冲突的根源，并剖析恐怖主义、非传统安全等当前国际关系中的热点安全问题。

两次世界大战的"血的教训"

安全（security）的最低标准是生存，但安全的含义要比生存宽泛得多。按照《韦氏词典》的解释，安全是一种远离危险和恐惧的状态，亦即客观无危险、主观无恐惧的状态。对于个人来说，安全指个体拥有健康的体魄、安定的居所、活动的自由、稳定的收入等，同时享受社会保障、免遭违法犯罪行为的侵害等。

以此类推，国际安全（international security）是指国家之间没有战争、战争威胁和冲突以及人们没有对战争和威胁的恐惧和担忧的状态。而世界安全（world security）的范围比国际安全的范围要更广，它不仅指国家之间没有战争、战争威胁和冲突，而且指国内各族群、群体之间也没有战争与冲突。

自近代以来，给人类安全带来最大威胁的首推两次世界大战。第一次世界大战成为国际关系学科诞生的直接原因。世界大战的爆发及其带来的深刻灾难和巨大破坏引发了人们对战争根源的深刻反思。人类为战争付出巨大的代价。什么是造成世界大战的"罪魁祸首"？不同的理论视角给出了不同的回答。

现实主义者给出的答案是，欧洲均势被打破之后的权力结构导致了"安全困境"的出现和升级。那么，什么是安全困境呢？

假定世界上只有两个国家，A国因为担心B国的攻击而增强自己的军事力量，但这种自保做法在B国眼里是A国要先发制人的信号，于是B国为了自保也相应地增强军事力量。A国看到B国增强军备之后，认为自己所料不差，B国果然要威胁自身安全，为了自保再度增强军事力量……结果,两国并没有因为军备的增加而增强安全感,反而陷入了呈螺旋形无限上升的安全恐惧中。

在安全困境中,每一方增强自己的实力和确保自身安全的独立行为,都会使得双方乃至整个世界更不安全。令人感到讽刺和可悲的是,每一方的行为都是理性的,增强国防是对所认知的威胁的理性反应。

19世纪的欧洲大部分时间处于均势状态之下,但1871年德国统一打破了欧洲大陆的均势格局。德国成为欧洲大陆第一军事强国后,德皇威廉二世公开宣称德国"在老欧洲狭窄的边界之外有伟大的任务"。为了遏制德国,英国放弃了维持欧洲大陆均势的"光荣孤立"政策,与德国的宿敌法国接近,同时又主动协调与俄国的关系,最终形成了英法俄"三国协约",与德国、奥匈帝国、意大利组成的"三国同盟"从对立走向了战争,第一次世界大战爆发。

在一战中失败后又重新崛起的德国并没有放弃获取全球地位和影响力的目标,希特勒上台后的纳粹德国毫不掩饰自己要改变世界权力格局的想法。德、意、日三国结成法西斯联盟,即"三国轴心",目标直指世界霸权,相继与英法美苏中等国发生了直接军事冲突,最终将五大洲都卷进了第二次世界大战的漩涡之中。

> 全部历史表明,积极参与国际政治的国家,或是在不断地准备战争,或是在积极地卷入战争,或是处于从战争中恢复的过程中。
>
> ——汉斯·摩根索[①]

与现实主义者强调均势不同,自由主义者认为发生世界大战是

---

① 〔美〕汉斯·摩根索:《国家间政治:权力斗争与和平(第七版)》(徐昕、郝望、李保平译),北京大学出版社2006年版,第76页。

由于缺乏集体安全这种国际机制，各国无法及时联合起来维护国际安全。

集体安全机制的逻辑是，假如所有爱好和平的国家团结在一起，那么力量的天平就会倒向善的一方。爱好和平的国家通过一定的组织形式或机制承诺共同行动、援助受到侵犯的成员国，对于破坏和平的国家实施强制性措施，如经济制裁甚至是军事制裁。

如果从集体安全角度解读世界大战，那么一战的爆发就是因为缺乏这种国际机制，而二战则是因为集体安全没起到预期的作用。一战结束之后，国际舆论纷纷将战争根源归于19世纪的均势和结盟外交，美国总统威尔逊倡导建立的国际联盟，其主要任务就是把世界各国都纳入集体安全机制。

从某种程度上说，集体安全机制要求国家把某些主权转让出去，以换取集体安全的保障。问题在于，大家都渴望"人人为我"，但并不乐意"我为人人"。面对"看上去很美"的集体安全机制，强国不愿为此付出，而弱国则没有能力付出。

所以，当20世纪三四十年代日本和德国铤而走险发动侵略的时候，英法美等国不愿意为了中国而得罪日本，不愿意为了埃塞俄比亚而得罪意大利，也不愿意为了奥地利和捷克斯洛伐克而得罪德国，这就相当于默许法西斯破坏集体安全。

而在建构主义者眼中，世界各国是和平相处还是兵戈相见，取决于国家在互动基础上对彼此关系的认知和期望。如果国家之间总是相互猜疑，总是对他国做出最坏的估计，那么双方就会落入彼此恐惧和敌视的"安全困境"。相反，如果国家之间建立了高度的相互信任，那么它们就会以和平的方式解决矛盾争端，形成安全共同体。

19世纪末20世纪初是欧洲帝国主义列强争霸的时代。国家之间充满相互敌对和仇视的民族主义情绪。这种国际氛围极大地限制了欧洲国家某些领导人试图避免战争的努力。

协约国在战胜德国后对德国提出了极为苛刻的条件，反而刺激了德国法西斯的崛起。法西斯主义鼓吹强权政治，证明德国和轴心国家武力扩张的正当性。"让世界准备战争的军事宣传支配了平民话语"，"在横扫欧洲的超民族主义的大潮中，每个国家都在讲述自身神话般的历史，同时诋毁其他国家的历史"……这种相互敌视的民族情绪使得国家之间的关系不断恶化，轴心国甚至将其他国家都视为奴仆或必须消灭的对象。①

建构主义理论揭示了战争最深层次的原因，指出消除各国和各族人民之间的敌意和仇视是实现世界永久和平的根本之道。然而，这个理想与现实的距离还太过遥远，可能永远可望而不可即。

从务实的角度来看，自由主义所倡导的建立集体安全机制、以和平方式解决国际争端和现实主义提出的以权力制约权力的思路都是人类避免大战、实现和平的现实选择。

何谓"民主和平论"？

尽管人类从未停止过战争，但人类也从未放弃探索通往世界安全之路。早在欧洲启蒙运动时期，德国哲学家康德就论述了一种安全模式——具有民主和法治精神的共和国组成的不断扩大的共同体可以在国际法的原则下最终达到"永久和平"。一战结束后，美国总统威尔逊提出了规划世界政治蓝图的"十四点计划"，指出那些"依照自己的生活方式来决定自己制度的国家"是"爱好和平"的，它们"能够获得正义的保证，并得到世界上其他民族的公平待遇而不至遭受暴力和损人利己的侵略"。②

在很长时期内，"民主和平论"都只是一种信念而已。直至冷战

---

① 参见〔美〕查尔斯·W. 凯格利：《世界政治：走向新秩序？（插图第11版）》（夏维勇、阮淑俊译），世界图书出版公司2010年版，第78—82页。

② 参见美国驻华大使馆新闻文化处编：《美国历史文献选集》，北京，1985年，第131、134页。

结束前后，许多国际关系学者才对民主与和平的相关性进行细致的量化分析和经验检验，"民主和平论"逐渐成为一个学术研究议题。相关研讨主要围绕三个问题展开：第一，民主与和平之间是否有直接的因果关系；第二，如果有，应该如何解释这种关系；第三，民主与和平的关系对世界秩序有什么影响。

民主和平论对第一个问题的回答是：民主国家之间不打仗，通过和平方式来解决它们之间的争端和矛盾；而专制国家之间、民主国家与专制国家之间更容易发生冲突，且更易于以武力解决争端。

将"国际战争"定义为国家之间多于1000人死亡的军事冲突后，有学者统计发现1816年至1991年间共发生了353次战争①，这些战争的确没有发生在建立了稳定的民主制度的国家之间。尤其是二战后，实现了工业化的民主国家之间更是连战争威胁都很罕见，这成为民主和平论最有利的经验证据。

民主和平论对第二个问题有多种解释。最初，有人解释说人民并不愿意轻易为战争流血牺牲，民主国家的领导人会因为选举需要而受到这种民意倾向的约束。

也有人解释说，民主国家政体中的分权（power division）和制衡（check and balance）原则使得对外决策责任多元化，任何对外决策都是多方妥协的结果，可以避免做出一些极端的决定。由于民主国家打仗要经过公开辩论和社会舆论的认可，因此备战的时间更长，这也为通过外交途径解决争端提供了时间。

与像德国和日本那样的专制国家相比，类似美国和英国这样的民主制大国，在从错误中吸取经验和从过度扩张中收缩力量方面，行动要更快些。民主国家的领导人要对那些为既不成功又不

---

① 参见 R. J. Rummel, *Freedom's Principles*, 2008, p. 150, https://www.hawaii.edu/powerkills/FREEDOM%27S.PRINCIPLES.HTM，2023年4月12日访问。

必要的战争付出代价的公民负责，并且民主国家中思想的自由交流也使得对错误政策的批评更为容易。

——杰克·斯奈德①

按照这种逻辑，民主国家会与一切类型的国家都保持和平的关系，因为不管对手是专制国家还是民主国家，战争都一样残酷。但统计结果并不支持这种解读，民主国家打仗的频率与其他国家一样高。换句话说，民主国家也许不易对"同类"使用武力或威胁使用武力，但却常常与非民主国家发生战争。

有的学者提出，民主国家之间拥有共同的民主规范和文化（norm and culture），这是它们能和平共处的更为关键的因素。民主国家的公民在解决国内的利益冲突和政治争端时，习惯于用协商、投票和法律等和平方式来解决问题，因此国家倾向于用同样的方式来解决与其他民主国家之间的矛盾。同时，共同的民主规范和文化也使民主国家之间更容易相互合作，从而有利于国际制度的建立，这为它们在机制内以协商和谈判的方式解决彼此之间矛盾和分歧提供了条件和保障。

民主和平论对第三个问题的回答分歧比较大。乐观主义者认为，民主制度会在世界范围内传播，并进而使整个世界变得更加和平。悲观主义者则认为，民主国家和非民主国家之间相互充满敌意，最好的情况无非是民主国家享受着它们之间的和平，而世界的其他地区继续遭受战争的折磨。

颇具讽刺意味的是，两位美国学者对 1811 年至 1980 年间国际战争进行的统计分析发现，处于民主化过程中的国家可能比专制国家更为好战。在任何一个十年里，一个没有经历任何改变的政权卷入战争的可能性为 1/6；但在民主化后的十年中，同一个国家卷入战争的可

---

① 〔美〕杰克·斯奈德：《帝国的迷思：国内政治与对外扩张》（于铁军等译），北京大学出版社 2007 年版，中文版序言第 1—2 页。

能性为 1/4。① 这意味着,尽管民主制有利于世界和平,但民主化的过程会增加战争风险。

这是因为,在民主化初期,极端民族主义、种族主义和国家主义的蛊惑很有可能使民众陷入盲目的狂热之中。民众被激进情绪控制而失去理智时便有可能通过发动战争进行宣泄。而此时的政治领导人如果采取了被民众认为"软弱"的对外政策,便面临着在民主选举中下台的危险。于是,在民众和领导人的共同作用下,对外战争变得不可避免。

冷战结束后,民主和平论对西方世界特别是美国的决策层产生了非常明显的影响。克林顿政府制定了"拓展民主的战略",包括建立和加强民主国家的共同体、在可能的地方培育并巩固民主国家和市场经济、支持不民主国家内的自由化、帮助民主政体和市场经济在人道主义存在严重问题的地区扎根等。小布什政府则制订了"大中东民主计划",为从西亚、北非到土耳其、伊朗、巴基斯坦、阿富汗及中亚与高加索地区的大批国家制订了一整套"改造计划",核心内容是要在这些地区建立民主制度。

然而,美国拓展美式民主的战略并未如愿,中东地区仍然动荡不安。奥巴马政府不得不对美国输出民主的对外战略进行反思和调整。这恰好说明,世界安全取决于国际关系和国内体制的多种因素,这些因素发挥作用的过程复杂多变。民主和平论作为一种理论,虽然拥有数据和事实的支撑,但仅依靠一个变量是不可能实现世界和平的。

从逻辑上说,制度成熟的民主国家的对外政策也许要比大多数非民主国家的对外政策更加温和,一个由民主国家组成的世界也许会比以往大多数国际体系更加稳定,但民主制度的建立不是一朝一夕的事情,世界范围的民主化浪潮经历过多次起伏,大多数国家不可能在短

---

① 参见 E. D. Mansfield and J. Snyder, "Democratization and War," *Foreign Affairs,* Vol. 74, No.3, 1995, pp. 80-83。

时间内建立稳定的民主制度。所以，试图通过强迫其他国家建立民主制来实现世界永久和平，最终将会适得其反。

和平主义是否管用？

另一种通向世界安全的实践是和平主义运动。这是一种自下而上的方法，它强调依靠人民的力量而不是政府行为来减少战争，最终消灭一切战争。

和平主义源于一种信仰——"杀戮即错误"。早在拿破仑战争结束后不久，和平主义运动就已萌发，欧美许多国家都出现了和平主义组织。这些组织宣扬战争不道德、不文明和不管用，同时提倡大国裁军、国际仲裁和国际法治。不过，在信奉"强权即公理"的时代，它们的这些理念很难改变国际政治中权力说了算的现实。

经过第一次世界大战的惨祸，和平主义运动的说服力和号召力大为增强，为国际联盟和集体安全机制的建立提供了极强的民意基础。二战之后，和平主义运动将主要矛头指向军备竞赛、核武器试验和核战争危险。它们对于超级大国乃至整个国际社会的军备控制事业做出了不可忽视的贡献。

对某些人来说，和平主义者彻底否定战争的思维是难以理解的。在他们看来，一方面，战争有正义和非正义之分，正义战争是必须支持的；另一方面，战争在带来灾难的同时也产生了一些积极的影响，比如说战争催生了原子能等先进技术。

和平主义者的回应是，在复杂的国际关系实践中，很多战争的性质并不能单纯以正义战争和非正义战争来进行概括。更多时候，"正义有多个父亲，非正义则是一个孤儿"，参战者都认定自己是正义的，是受到侵害的一方，而指责对方不正义。在和平主义者眼中，"正义"的背后往往潜藏着民族的、阶级的、党派的、集团的和个人的利益。开战之前，谁都要"传檄四方"，将对方置于不仁不义的地位，而自己则"师出有名";胜利之后,则往往用"海内一统""黎民安居乐业"来证明当初战争的合理。说白了就是用"无敌"来证明自己的"正义",而战前对"正义"的宣示不过是使战争行为合法化的动员手段而已。

虽然战争同时具有毁灭性和建设性,但战争所造成的损失是无法挽回的,而所产生的积极影响是相当偶然的。和平主义者对战争的彻底否定,不仅因为战争会给人类社会带来难以挽回的生命和财产损失,而且因为战争给人们留下难以愈合的心灵创伤。

因此,和平主义反对一切暴力和战争,彻底否定国家将武力作为解决问题的手段的正当性。2003年,美国攻打伊拉克时,欧洲许多国家爆发了反战运动,这些与伊拉克问题并无直接关系的平民并非萨达姆政权的支持者,但他们坚决反对美国以战争方式来解决伊拉克问题,这就是一种和平主义的表现。

> 一边是真理和非暴力,一边是谬误和暴力,在这两者之间没有调和的余地。我们也许不可能做到在思想言辞和行为中完全非暴力,但我们始终把非暴力作为我们的目标稳步地向它接近。不管是一个人的自由还是一个民族或整个世界的自由,都必须通过这个人、这个民族或这个世界的非暴力来达到。
>
> ——甘地①

那么,和平主义有用吗?它真的能影响国际关系吗?答案是肯定的。事实证明,广大民众的和平意愿与行动可以促进战争规则的良性质变。

19世纪中期,杜南以一介平民身份倡议成立红十字国际委员会,并努力促成1864年第一个《日内瓦公约》的缔结,其中加入了保护

---

① 转引自何怀宏编译:《西方公民不服从的传统》,吉林人民出版社2011年版,第33页。

战场上伤病员的内容。此后《日内瓦公约》经过几次修订和补充,到1977年,《日内瓦公约》已经把对平民的保护延伸到那些没有正式宣布交战的国家的公民,以及内战冲突中的平民,还有在交战区域活动的提供宗教、人道和医疗援助的人。

冷战结束后的国际关系现实则从另一个角度证实了和平主义的作用。这几十年来,珍视生命、慎言战争已经成为国际社会的共识,战争的范围和强度受到国际社会的关注和监督。哪里出现内战、种族冲突和军事入侵,国际舆论都会要求大国带头实施干预和援助;而一旦大国进行援助和干预,舆论马上就转向要求大国遵守国际法,即至少不能伤害平民。

爱因斯坦晚年有一次接受一位记者的采访。记者问:"你一生为了全人类的和平、幸福而做出的巨大努力,能不能成功?""不能。"爱因斯坦如此回答。"那你为什么又要继续这项事业呢?""必须。"他同样肯定地回答。

未必每个人都能有爱因斯坦那样的和平理念,但我们应该意识到,反战是一个社会健康的表征。当一个社会打杀声甚嚣尘上时,必须要有相应的制衡和反诘。反战某种程度上是把我们从暴戾、对抗、粗陋的社会氛围中解放出来,让我们过上平和、诗意、有美感生活的必由之路。

非传统安全的兴起

进入21世纪,人们从电视直播和网络视频中看到了2001年"9·11"恐怖袭击事件、2003年"非典"疫情、2011年日本福岛核事故、2014年西非埃博拉病毒疫情、2015年席卷欧洲的难民潮、"伊斯兰国"极端势力的恐怖杀戮行为、2020年新冠肺炎疫情全球大流行等新闻。它们领域不同、形式各异,但都威胁到了国家乃至人类的生存与发展。

与国家受到外敌入侵和军事威胁这样的传统安全问题对应,人们把国家和人类受到的经济、社会和环境等方面的威胁，如贩毒、非法移民、传染病、恐怖主义和大规模杀伤性武器的扩散等这些新议题统称为"非传统安全"。具体而言，非传统安全主要包括经济安全、生态安全、社会安全和恐怖主义等议题。

随着经济全球化，国家正越来越深入地参与全球市场的竞争。而经济全球化也使国家的经济安全不断受到挑战，如国家主权遭遇的限制、不平等竞争导致国家间贫富差距的扩大、大量国际"热钱"所制造的金融动荡以及随之而来的金融危机、能源供不应求危机所带来的能源安全挑战等。本书的下一章将会集中探讨世界经济全球化及其带来的挑战和问题。

工业文明的不断进步，以及长期以来人类对于环境保护的忽视，导致地球环境变得日益恶劣。乱砍滥伐、过度放牧、过度开垦、工业生产及生活产生的污染等，使得生态环境遭到了巨大的破坏。人类生存环境的破坏、大量生态难民的出现、国家间对自然资源的争夺、小岛国家因全球变暖而面临消失的危险等是全球治理要应对的安全难题，也是本书最后一章要讲述的主题。

社会安全领域的非传统安全涉及面最为广泛。由宗教和种族冲突、战乱及环境灾难所引发的难民潮，影响到很多国家。毒品的全球泛滥、武器走私、贩卖人口等有组织犯罪也严重威胁着国家和国际社会的安全与稳定，如"湄公河血案"暴露出跨国河流航船与公民的安全风险。此外，"非典"、禽流感、甲型H1N1流感疫情等疾病的全球流行，给各国经济造成了巨大的损失，并且对国民生命安全构成了严重的威胁。

"9·11"事件之后，国际恐怖主义成为全球各国非传统安全议程上的首要问题。恐怖主义针对平民采用暴力行为，造成大量人员伤亡和经济损失，并长期引发社会恐慌，已成为国际社会的一大公害。

非传统安全并非与军事问题无关，但相对于强调国家间冲突的传统安全来说，非传统安全更关注国家的内战、种族清洗、恐怖主义和大规模杀伤性武器的扩散等问题。

与传统安全不同，非传统安全威胁的来源多种多样，既有可能源自国家，也有可能源自组织或是个人，还有可能是由自然因素所引发。而且，非传统安全问题在潜伏期往往不易察觉，一旦暴发立即会呈现出严重的态势，若不及时加以控制，很可能会引发其他领域的连锁反应。例如，传染病一旦大范围流行，便呈现不可控之态势，并且在政治、经济等领域引发强烈的反应。

没人能预料到，2020年足以影响全球神经、左右各国政策的竟然是一种新型冠状病毒。在疫情冲击下，国际主要经济体均出现了经济负增长。国际金融市场和大宗商品价格同样"跌跌不休"，美国三大股指全面暴跌，标普500指数甚至于十个交易日内接连触发四次"熔断"，诱发了全球范围内的金融恐慌，多国股市创历史最大跌幅。

联合国秘书长安东尼奥·古特雷斯警告说，新冠疫情是二战以来世界面临的最大挑战，可能会引发一场"近代历史上无可比拟的"衰退。[1]

非传统安全问题大多属于地区性或全球性问题，无论威胁的来源还是解决的措施都是跨国界的，如流行病的全球扩散、跨国犯罪的治理等。

多元性、突发性、跨国性等特点决定了应对非传统安全问题需要多种手段综合使用。解决这一类问题也非一夕之功，人类在探索解决问题的道路上依旧任重而道远。

非传统安全概念的提出，折射出国际关系领域的安全观念正在发生划时代变化。传统安全和非传统安全的最大区别在于，前者一般可以通过加强国内治理和防止国家间战争得到保障，而后者往往跨越传统的国家界限，没有哪一个国家能单独应对。

---

[1] 参见《联合国秘书长发出团结抗疫疾呼：新冠疫情是"二战以来最大挑战"》，参考消息网，2020年4月2日，http://www.cankaoxiaoxi.com/world/20200402/2406468.shtml，2020年5月1日访问。

在安全研究中占据主流地位的现实主义理论，将传统安全视为"零和博弈"，即一个国家加强军事力量会造成另一个国家的惧怕和防备，需要进一步提高自己的军事力量才能获得国家安全。但非传统安全则打破了"一方获益，一方受损"的传统思维和国家中心主义，提倡国际社会以合作方式获得安全。

传统安全研究遵循的是国际政治的传统逻辑，认为国家之间的合作相当困难。非传统安全研究则认为，在世界各国和整个人类所共有的问题面前必须重视合作共赢。如果不能确保整体的人类安全，就不会有国家或个人的安全。

在非传统安全的思维模式中，应对暴恐活动、环境污染、气候变化、传染病、非法移民、走私贩毒等全球性挑战，需要政府间合作，也需要跨国非政府组织配合。"合作安全""共同安全""可持续安全"等概念应运而生。以往对国家安全这种单一价值的关注，正被人的安全、综合安全这样的整体安全观所取代。

联合国在1994年人类发展报告中首次对"人的安全"进行了界定：一是能够避免饥饿、疾病、心理压抑等的长期性威胁；二是保护人们在日常生活中免于突如其来的伤害性灾难。

在国际关系领域，"人的安全"这个概念直接挑战了威斯特伐利亚体系之后国际社会对主权达成的共识，将人权提升到一个比主权更高的地位，认为主权只有在保护人权时才具有合法性。

冷战结束以来，联合国维和部队多次介入地区冲突，甚至是一些国家的内部冲突，履行"保护的责任"，制止种族屠杀和滥杀无辜。但是，"人道主义干预"也引起许多发展中国家的疑虑和不满，担心大国以此为借口干涉内政。这在一定程度上反映了非传统安全和传统安全之间存在的矛盾和张力。

总之，非传统安全不仅为国际关系提供了新的议题，也促使人们对国际安全有了新的认识和思维视角。

恐怖主义与反恐斗争

在各种非传统安全问题中,最引人注目的是恐怖主义。根据《中华人民共和国反恐怖主义法(2018年修正)》,恐怖主义是"通过暴力、破坏、恐吓等手段,制造社会恐慌、危害公共安全、侵犯人身财产,或者胁迫国家机关、国际组织,以实现其政治、意识形态等目的的主张和行为"。

恐怖主义并不是"9·11"事件之后才活跃在世界舞台上的。在以本·拉登为首的"基地"组织大规模活动之前,"爱尔兰共和军"、意大利的"红色旅"、日本的"奥姆真理教"等都是著名的恐怖组织。冷战后,无论是处于动荡之中的欠发达国家,还是政治、社会相对稳定的发达国家,都不同程度地受到恐怖主义浪潮的冲击。

"9·11"事件的爆发及其严重后果,使全球社会认识到恐怖主义带来的可怕威胁。2001年11月12日,联合国安理会通过《全球努力打击恐怖主义的宣言》,宣告:"国际恐怖主义是对所有国家和全人类的挑战","是21世纪对国际和平与安全的一个最严重的威胁"。全球恐怖主义造成的死亡人数参见图13.1。

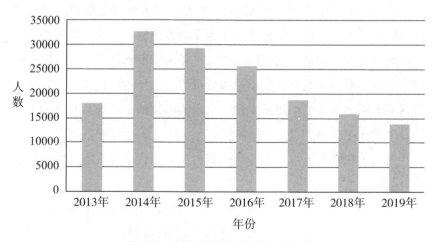

图13.1 全球恐怖主义造成的死亡人数

资料来源:IEP, Global Terrorism Index 2020, https://impakter.com/global-peace-index-2020/,2021年3月1日访问。

社会舆论中对恐怖主义存在不少认识误区。一种观点认为，恐怖主义滥杀无辜是非理性的行为，恐怖主义分子都是缺乏教养、没有正常思维、蔑视人类生命的"疯子"，不能以常理揣度。其实，恐怖主义活动的背后一般都存在着一定的政治目的：通常是引起社会公众的恐惧，迫使一个国家的政府或民族、种族、教派等做它们原本不想做的事情。这也是恐怖主义与一般刑事犯罪的主要区别。

恐怖分子一般是有理智的、精神正常的人，有些甚至还在西方国家受过良好的教育。他们之所以选择恐怖主义作为实现其目的的手段，一方面是因为他们对社会强烈不满，甚至感到绝望，并受到某种意识形态的驱使；另一方面是因为无力正面对抗强国或政府军事力量，恐怖活动具有低成本、低风险和高收益的特点。

恐怖组织发动的袭击往往也是有组织有预谋的，并非突发偶然的举动。"9·11"事件中，恐怖组织只牺牲了十几个成员，却换来整个国际社会的恐慌。若"基地"组织倾巢而出和美国正规军正面交锋，恐怕不用半小时就被美军一窝端了。明知敌众我寡、敌强我弱，恐怖组织当然不会和政府正面冲突。

还有一种观点认为，恐怖主义产生的根本原因是全球政治经济秩序的不公正，发达国家遭受恐怖主义袭击是咎由自取、因果报应。这种观点的潜台词是，只要目标正义，任何手段都是合理的。但从伦理学上讲，再高尚的目标也不意味着可以为此使用任何手段。正义的目标不能用非正义的手段来实现，手段的不纯洁必然导致目的的不纯洁。不管出于何种目的，"恐怖主义"这种以平民为打击对象的暴力行为是对人权和人类尊严的非法侵犯，是对当代世界人类文明规则的公开挑战。

恐怖主义的袭击目标一般是普通民众或者是处于非战斗状态的军人，通过这种手段令民众向政府施压，达到其目的。可以说，对恐怖主义的同情实际上就等于对无辜平民的生命的轻视和蔑视。

恐怖主义警示人们必须重视国际社会存在的冲突和世界贫富差距

问题，但我们不能由此赞同恐怖分子以滥杀无辜作为解决这些问题的方式。

还有人认为，恐怖主义对国家安全的威胁被夸大了。像"9·11"这样大规模的袭击毕竟是少数，恐怖主义活动主要是由一系列针对各种目标的零星袭击所组成，跟国家间大规模战争所造成的破坏不可同日而语，其危害更多局限在引发社会恐惧和焦虑的层面。

在"基地"组织成为恐怖主义代名词的十年前，这种观点并非毫无道理。但当位于伊拉克、叙利亚等国的极端组织"伊斯兰国"崛起之后，恐怖主义势力已经发生了从流窜打游击到组建国家政权的质变，其活动方式再也不限于零敲碎打的小规模袭击了。

2011年，"伊斯兰国"利用美国从伊拉克撤军和叙利亚冲突的机会，填补了叙伊两国的权力真空，实现了从传统常规型恐怖组织向新型非常规恐怖组织的转变。在其势力最为庞大时，"伊斯兰国"控制的领土超过3.4万平方英里，人口超过1000万，拥有数以万计的军队。据联合国统计，截至2015年12月15日，世界各地共有34个极端组织宣誓效忠"伊斯兰国"。[①]

面对"伊斯兰国"的疯狂扩张和恐怖威胁，国际社会对其实行严厉制裁和猛烈打击。2019年，"伊斯兰国"失去了所有领土，其首脑巴格达迪遭美军特种部队突击行动后身亡。但恐怖主义不会就此落幕，以小团体方式发动各种袭击的恐怖组织是很难被一网打尽的，恐怖主义思想更不会就此消失。

恐怖主义的严峻挑战使国家除了制定本国的反恐战略外，还开展地区性和全球性的反恐合作，建立起全球反恐机制。近年来，地区性的反恐合作日趋广泛和深入。例如，2004年上海合作组织反恐机制正式启动，对打击中亚的恐怖主义、分裂主义和极端主义三股势力起了

[①] 参见宫小飞：《"伊斯兰国"遭重创后前景评估》，《和平与发展》2018年第2期，第76—78页。

积极的作用。联合国 2001 年在安理会设立了反恐委员会,并在 2004 年增设执行局,为反恐委员会的工作提供支持。

从目前的状况来看,国际反恐将是一项长期而艰巨的工作。铲除各种恐怖组织相当不易,清除恐怖主义滋生、蔓延的土壤更需要付出长期的努力和巨大的代价。

▶▶ 思考:世界能否实现"永久和平"?

战争、冲突、对抗一直伴随着人类历史。安全是千百年来人们一直追求的梦想,安全问题也一直是国际关系研究的核心问题。到了 21 世纪,人们依然在思考数百年前康德提出的"永久和平"问题。

对于世界安全的未来,国际关系主流理论给出了不同的回答。现实主义者认为,战争是国际政治的固有部分,"安全困境"是无政府状态下国家追求自保的必然结果,世界不可能实现永久和平。

当然,现实主义者并不否认世界体系可以有暂时的安全与和平。特别是在列强形成均势或出现超级霸权威慑的情况下,国家间可以实现暂时的和平共处。

自近代国际关系形成以来,二战结束后的数十年是人类最为和平的时期。绝大多数国家不再面临战争威胁,每年死于战争和恐怖袭击的人数(30 万左右)要少于每年死于自杀(80 万)和交通事故的人数(125 万)。[①] 面对战争概率和风险的下降,现实主义者也在修正自己对国际安全的判断和看法。

尤其是人类进入核时代之后,由于核大国都对战争的灭绝人类的灾难性后果心存恐惧,核武器反而成为制约大国之间爆发战争的工具。冷战结束后,核威慑和网络战武器、太空武器等新型作战方式的兴起,进一步增加了大国间战争的成本。掠夺财富这样的普通战争收

---

① 参见〔美〕斯蒂芬·平克:《人性中的善良天使:暴力为什么会减少》(安雯译),中信出版社 2015 年版,第 1 页。

益，已经难以抵偿高技术战争的成本与风险。

自由主义者对世界安全有着较为乐观的态度，认为通过人类的努力，和平与安全是可以实现的。特别是在全球化时代，国家通过非战争手段获得的利益比发动战争获得的利益要大得多。

国家之间的战略博弈和地缘政治、经济竞争依然存在，但过去进行战争才能获得的收益，现在可以通过发展贸易、海外投资、企业并购、金融交易、技术创新等方式获得。比如德国和日本都曾经以好战闻名，给世界造成过巨大的灾难，但二战后它们都通过经济建设进入最富有国家的行列。

与此同时，国际机制的建立加强了国家间的危机管控能力，减少了一战那种意外事件引发大规模战争的风险。今日的大国对内都强调决策的科学化和制度化，对外则保持多层级大规模的对话，在利益冲突领域也建立了危机预防和管控机制。即使大国间的严重分歧暂时得不到缓解，也可以尽量避免战略误判和局部危机升级为全面战争。

更重要的是，在国际组织和国际法的助力下，禁止大规模杀伤性武器扩散机制、联合国维和机制、核军备控制机制等对遏止国际冲突或降低其激烈程度起到了积极作用。

建构主义理论并没有为人类能否实现永久和平提供答案，而只是解释了人类在什么条件下会陷入"安全困境"，在什么条件下会和谐共处。是陷入"安全困境"还是实现永久和平，取决于人类自身对战争、和平与安全的认识。

在两次世界大战之前，社会上曾流行着这样的观点：战争是对人和制度健康程度的检验，甚至是文明的助推器和进步的源泉。因此一战爆发时，很多参战者深感"赴汤蹈火"的荣耀，对战争充满狂热。

今天，已经很少有国家会把战争作为拓展自身利益和提升本国国际地位的现实选择。和平作为一种价值观，在全世界范围内日益深入人心。防止战争和追求安全符合几乎所有人的利益，珍视生命、慎言战争已经成为国际社会的共识。

从大国关系看，确实有理由对人类的和平前景增添信心。第二次世界大战时，大国倾举国之力打造飞机坦克，数百万军队全面开战。21世纪再现这种场景的可能性已经越来越低了，毕竟世界大战的代价过于惨重。大国之间难免会有很多利益冲突甚至军事摩擦，但它们并没有出现像过去那种剑拔弩张、势不两立、你死我活的局面。近年来，中美两国在多个领域存在矛盾和分歧，但中美双方一致同意要防控危机升级，避免因误判而发生战争；俄乌冲突中，美国虽军援乌克兰，制裁俄罗斯，但尽力避免与俄罗斯发生直接的军事冲突。

当然，对大国之间爆发战争的危险程度已降低的判断，绝不意味着可以由此对战争放松警惕或认为国际安全的光明未来唾手可得。无论是冷战期间美苏因古巴导弹危机正面军事对峙的历史，还是当前俄乌冲突引发的紧张局势，都在提醒人类大国战争风险与危机的管控是何等重要。

本章之所以花费大量篇幅阐述非传统安全问题，就是因为当前世界面临的安全难题与二战之前和冷战时期有着显著的差别，解决恐怖主义、大规模杀伤性武器扩散和分离主义的难度并不亚于防止大国之间的战争。对世界安全的未来，我们可以抱有谨慎的乐观态度，但也必须对解决这些新安全问题的困难有清醒的估计和充足的准备。

推荐阅读书目

〔美〕小约瑟夫·奈：《理解国际冲突：理论与历史》（张小明译），上海人民出版社2002年版。

〔美〕罗伯特·吉尔平：《世界政治中的战争与变革》（宋新宁、杜建平译），上海人民出版社2007年版。

〔美〕塞缪尔·亨廷顿：《文明的冲突与世界秩序的重建》（周琪等译），新华出版社1998年版。

〔美〕约翰·刘易斯·加迪斯：《冷战》（翟强、张静译），社会科学文献出版社2016年版。

李少军等：《国际安全新论》，中国社会科学出版社2018年版。

第十四章

世界经济

全球化在政治领域促使权威、政治和利益扩展到领土边界之外，在经济领域促使生产、贸易和投资向原产地以外扩展，在社会和文化领域则将观念、规范和习俗扩大到它们的原生环境之外。

——詹姆斯·罗西瑙[①]

由于技术、交通和通信方面的变化，当今世界上的任何产品可以在任何地方生产并且可以销售到任何地方去。国别经济逐渐消失。全球性的工商企业和国家政府之间出现了实质的分离，前者怀有世界眼光，后者则集中于"他们的"选民的福利。国家在分裂，区域性贸易集团在发展，全球性经济变得联系更加紧密。

——莱斯特·瑟罗[②]

如果全球化仍然按过去的方式运行，如果我们依然不能从错误中汲取教训，那么，全球化不仅不会在促进发展方面取得成功，还会继续制造贫困和不稳定。如果不进行改革，已经出现的强烈抵制将会越来越激烈，对全球化的不满也会继续增加。

——约瑟夫·E.斯蒂格利茨[③]

[①] 〔美〕詹姆斯·罗西瑙:《全球化的复杂性与矛盾》，载王列、杨雪冬编译:《全球化与世界》，中央编译出版社1998年版，第212页。

[②] 〔美〕莱斯特·瑟罗:《资本主义的未来——当今各种经济力量如何塑造未来世界》(周晓钟译)，中国社会科学出版社1998年版，第9页。

[③] 〔美〕约瑟夫·E.斯蒂格利茨:《全球化逆潮》(章添香等译)，机械工业出版社2019年版，第307页。

1979年中美建交之后，两国经济交往不断加深，太平洋两岸贸易以不可阻挡之势迅猛增长。特别是中国加入世界贸易组织之后，"中国生产—美国消费"的经济架构看起来坚不可摧，双方经济联系盘根错节，以至于美国学者尼尔·弗格森（Niall Ferguson）2007年用"中美国"（Chimerica）来形容当时的世界经济秩序。

然而近年来，中美关系日趋紧张。美国政府于2017年年底公布的《国家安全战略报告》明确将中国定义为"修正主义国家"（revisionist power）和"战略竞争对手"（strategic competitor）。2018年美国总统特朗普以扭转贸易逆差为由大幅提升中国产品关税，中美贸易摩擦成为近年来国际关系领域最引人注目的焦点之一。

为何中美两大国之间最激烈也最引人注目的争端首先发生在贸易领域？为什么美国要坚持对中国进行贸易制裁，甚至要与中国经济"脱钩"？为什么发达国家会出现"反全球化""逆全球化"浪潮？……

与百年前国际关系学科诞生之际截然不同的是，世界经济已成为国际关系不可忽视的重要领域。国际关系学不仅着眼于国家之间的政治关系，世界政治与经济的关系以及国家之间的经济关系也成为这门学科的重要内容，"国际政治经济学"应运而生。这一国际关系学的分支学科致力于研究主权国家与世界市场的关系，探讨世界市场形成的动力、主权国家在世界市场形成和发展中的作用、主权国家为获得经济利益而展开的竞争与合作、全球化背景下主权国家受到的挑战、世界经济全球化的趋势等问题。

世界市场对国际关系的影响

今天的人类社会虽然没有世界政府，但却形成了世界市场。近代以来,国际分工、国际贸易、国际投资和国际金融的发展推动着各国经济生活国际化,主权国家在经济领域形成了"你中有我,我中有你"的纵横交错的关系网络。

交通、信息和通信技术的进步,以及贸易壁垒的降低,使得不计其数的零部件、天文数字的资本和跨国机构员工在东亚、非洲、北美、西欧等地区之间穿梭往来,绝大多数国家都被纳入这一产业价值链条。

国内市场经济是法治经济,世界市场的发展也离不开规则的完善。以世贸组织、国际货币基金组织和世界银行为代表的国际组织在规范经济合作、协调经济利益、解决经济争端中发挥着越来越突出的作用。这些国际组织及其制定的规则几乎涵盖了贸易、金融、货币、投资等所有经济领域。

某个国家或地区发生的一个事件有可能给世界体系造成剧烈震荡。例如,东莞虽仅是中国广东省的一个地级市,但在工业制造领域却曾经流行这样一句话——"东莞堵车,全球缺货"。原因在于东莞诸多电子元器件产量全球第一,这些货物需运至深圳、香港出口。如果大量的原料和货物被堵在路上,海外贸易商就会十分焦虑。

经济领域的跨国性问题也因此凸显。早在19世纪,资本主义国家内部的经济危机就会影响西方世界的经济稳定。1997年爆发的亚洲金融危机和2008年爆发的美国金融危机,其影响都超越了传统主权国家的边界,洗钱、逃税等经济犯罪行为也带有更多的国际色彩。

市场经济的主体——企业会在竞争中优胜劣汰。国家在世界市场中的表现,同样影响其国际地位和对外关系。

在工业化初期,西欧列强成为"核心地区",将亚非拉殖民地半殖民地当成它们的原料产地和海外市场。而位于两者中间的则是"半边缘地区",彼得一世改革后的沙俄、明治维新后的日本就属此类。(参见图14.1)

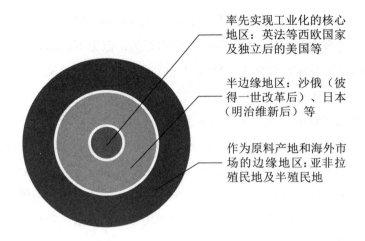

图 14.1 工业化初期的世界市场"等级"

国家在世界市场中的地位并不是永远固定不变的，落后者有可能从边缘迈向中心，领先者也可能从中心跌向边缘。近一百多年来，从半殖民地半封建社会演变成全球第二大经济体的中国，就是在世界市场中从边缘迈向中心的典型代表。

> 核心和边缘并非固定的，它们的形成和发展是彼此相连的，这种关系在世界体系形成和发展过程中被不断重新调整，如以前的核心地区经过一定时期的发展可能成为边缘地区，而以前的边缘地区经过竞争而成为核心地区，这主要视其资本积累的速度和程度。
>
> ——王正毅[①]

世界市场的发展使国际事务和国内事务界限越发模糊，国内问题国际化和国际问题国内化的趋势不断加强。这在一定程度上对国家主权和内部治理构成了挑战。

---

① 王正毅：《世界体系与国家兴衰》，北京大学出版社 2006 年版，第 93 页。

国际资本大量流动，跨国公司实行全球战略，国家推行自主经济政策的能力大打折扣。加入国际经济组织的国家也不能随心所欲地制定本国经济政策，如加入世贸组织之后不能随意增收关税，必须遵守这些组织的规则。

更为深远的挑战潜伏在国家与公民的关系之中。跨越国界的国际经济共同体有可能削弱人们的国家认同。比如跨国公司理论上归属于不同国家，但其本性是最大限度地追求垄断利润，所以它们会尽量淡化其国家身份而着意突出其全球身份。那么，当公司利润与国家利益发生冲突时，公司员工是应该忠于公司还是忠于国家？公司忠诚会不会代替国家忠诚？

世界市场还改变了国家间的竞争与合作方式，战场上的刀光剑影逐渐被商场上的争财夺利取而代之，经济和科技实力在综合国力中的地位越发重要。今天的美国掌握了全球最强大的军事力量，但与中国的较量目前主要集中在贸易、科技和金融领域。

除了国家自身的创新和调适外，区域合作是国家应对全球竞争的另外一种方式。经济联盟的重要性因此在一定程度上不亚于军事同盟。

集体合作可以把经济边界扩大，让国家集团成为世界经济竞争中的"大鱼"，从而使得政策调节余地扩大、化解全球化负面影响的能力增强。在欧洲、北美和亚太地区，区域一体化成为国家间竞争与合作的主要手段，原先存在于国家之间的博弈和讨价还价有一部分正转由国家集团来承担。

世界市场的发展还使得经济外交在对外政策和国际交往中的地位不断提升。经济外交是指国际行为体（主要是主权国家，也包括各类国际组织）为了解决经济问题或以经济手段达到特定的政治目的，而开展的访问、谈判、签订条约、参加国际会议和国际经济组织等多边和双边的活动。

> 经济外交有经济之精妙，又有外交之玄雅。现代经济外交是

> 世界经济和人类文明高度发展的产物，是须按市场规律办事和依法办事的涉外经济活动。……要想在经济外交这个特殊战场上立于不败之地且受人尊敬，不仅要掌握外交的规则、艺术和技巧，还要懂得经济学的原理和方法。
>
> ——何茂春[①]

如今，经济外交在增强本国经济实力、协调解决国际争端、化解国际经济危机、维持国际经济秩序等方面的作用越来越重要。中美经贸摩擦中，双方经贸代表团需要为了各自利益讨价还价；在G20峰会上，如何化解全球经济下行压力成为大国领导人交流的主要议题；在世界经济处于低迷期时，如何改革世界贸易组织争端解决机制、如何调整国际货币基金组织救助方式成为国际关系领域的焦点话题。

总之，随着世界市场的形成和发展，国际关系呈现出许多新的特点，经济因素在国力竞争中的地位上升，国家之间的竞争与合作方式发生了变化，经济外交的内涵越来越丰富、作用越来越突出。此外，经济全球化还对国家主权、国家治理能力和人们的身份认同提出了挑战。

世界市场的形成

罗马不是一天建成的，世界市场亦然。世界市场的形成与发展过程即经济全球化的过程，它是人类进入工业化时代的必然产物。

在资本主义时代，经营者的前途取决于市场规模和竞争优势。为了把更多的人变成自己的顾客、赚取更多的利润，经营者必然要寻求更大的市场空间、更低廉的原料、更便宜和更熟练的劳动力等。所以，经营者的行为必然不会局限于单个国家的疆界范围之内。资本主

---

① 何茂春编著：《经济外交学教程》，世界知识出版社2010年版，前言第1页。

义的到来也就意味着经济全球化的开始。

> 资产阶级，由于开拓了世界市场，使一切国家的生产和消费都成为世界性的了。……过去那种地方的和民族的自给自足和闭关自守状态，被各民族的各方面的互相往来和各方面的互相依赖所代替了。
>
> ——马克思、恩格斯①

资本主义的全球扩张主要表现为国际投资、产业分工和人员流动。当时的主要资本输出国是英国、法国和德国，它们的资金主要流向经济相对发达的国家以及一些文化、体制与其相近的国家，如澳大利亚、加拿大、日本和美国。投资者主要以购买这些国家债券的形式，投资收益较高且稳定的基础设施建设，资本流动量占输出国GDP的3%—5%。②

第一次工业革命之后，在世界殖民浪潮的推动之下，以英国为代表的西欧工业国成为世界制造业中心，原料、粮食和农产品的生产和供应则转移到世界其他地区，全球范围内形成了"世界城市"和"世界农村"。

> 北美和俄罗斯大平原是我们的谷物种植园；
> 芝加哥和敖德萨是我们的粮仓；
> 加拿大和波罗的海沿岸是我们的森林；
> 在澳大利亚和新西兰放牧着我们的羊群；
> 在阿根廷和北美的西部大草原则逐牧着我们的牛群；

---

① 〔德〕马克思、恩格斯：《共产党宣言》(中共中央编译局编译)，人民出版社2018年版，第31页。

② 参见汪茂昌、苏勇：《国际资本流动百年回顾和展望》，《世界经济情况》2001年第8期，第13—18页。

秘鲁运给我们白银；

黄金则从南美和澳大利亚流到伦敦；

中国人为我们种植茶叶；

而印度则把咖啡、茶叶和香料运到我们的海岸；

西班牙和法国是我们的葡萄园，地中海沿岸各国是我们的果园；

我们的棉田，长期以来都是分布在美国南方，而现在差不多扩展到地球上各个热带地区去了……

——斯坦利·杰文斯[①]

由于欧洲禁奴运动的开展和美国南北战争的结束，贩卖和雇佣奴隶失去了合法性，而西方国家经济的蓬勃发展和新大陆的开发又需要大量劳力的输入，所以19世纪世界出现了人口跨国流动的高潮。1821—1850年，国际年均流动人口为11万；1851—1880年，年均为27万；1881—1915年，年均超过90万。[②]美洲就是从此时开始住满移民，数千万欧洲人移居新大陆，越来越多的中国人下南洋、闯西洋、赴东洋。

支撑生产要素大规模跨国流动的"硬件"是发达的交通和信息技术。18世纪以前，无论是穿越欧亚大陆的山地、沙漠，还是环绕非洲海岸的航行，不仅耗时长、耗资大，而且危险系数高，所以只有相对稀缺且易于携带的商品才会进入国际贸易，比如丝绸、香料、金银和茶叶等。商人们为了弥补路上的损失，必然将这些商品以高于原产地数十倍甚至上百倍的价格出售，只有少部分人才能买得起。所以，古代的国际贸易对社会经济的影响有限。

---

① 转引自蒋相泽主编：《世界通史资料选辑（近代部分）》上册，商务印书馆1972年版，第294页。

② 参见〔澳〕A. G. 肯伍德、A. L. 洛赫德：《国际经济的成长：1820—1990》（王春法译），经济科学出版社1997年版，第37页。

近代科技革命大大降低了跨国交通、运输和通信的成本，使大规模的、定期的国际贸易成为可能。例如，蒸汽机在运输中的应用，使欧美各国开始铺设铁路，快捷的蒸汽火车运输网络逐步形成；轮船取代帆船成为海上运输的主要手段，不仅降低了运费、缩短了贸易时间，而且扩大了运货量，提高了运输的安全性。

国际运输成本的大大降低，使国际贸易所涉及的商品不再限于奢侈品。只要存在比较优势的产品就能创造贸易收益，贸易对国民经济开始产生普遍影响。可以说，交通和通信技术的进步为经济全球化提供了条件。

> 资产阶级，由于一切生产工具的迅速改进，由于交通的极其便利，把一切民族甚至最野蛮的民族都卷到文明中来了。它的商品的低廉价格，是它用来摧毁一切万里长城、征服野蛮人最顽强的仇外心理的重炮。
>
> ——马克思、恩格斯[①]

所以，人类进入工业文明时代是经济全球化的重要前提，资本主义生产方式的扩张性是形成世界市场的根本动力，交通和通信技术的进步为经济全球化提供了条件，产业革命则是经济全球化不断深化的巨大推动力。

经济全球化的倒退

发端于18世纪的近代经济全球化浪潮，席卷了世界上大多数国家和地区。20世纪初，世界贸易增长速度超过了生产增长的速度，国

---

① 〔德〕马克思、恩格斯：《共产党宣言》(中共中央编译局编译)，人民出版社2018年版，第31—32页。

际贸易成为经济增长的关键性因素，人类社会在经济上首次形成相互依存的整体。

虽然全球化是人类进入工业化时代之后的一个客观历史现象，但这并不等于说全球化是一个不可逆转的历史进程。1929年，以金融危机为先导，西方国家爆发了经济大萧条。随着银行倒闭，债务被取消，资本市场瘫痪，金本位被抛弃，主要国家货币竞相贬值，各国提高关税率，贸易保护主义大行其道，国家不断强化对资本流动的限制。

随着自由贸易结束，国际资本流动受阻，自由移民也被重新加强的边界所阻止，加上随之而来的第二次世界大战，一路高歌猛进的经济全球化陷入了停滞和倒退。

为什么长达100多年的全球经济扩张时代会突然结束？学者们的答案丰富多彩，但本质上都是四个字——"不平则反"。世界市场在国际和国内两个层面造成的不平等现象，使得反全球化的力量超过了推动全球化的力量。

不管是国内市场还是世界市场，对经济效率的重视都远甚于对社会不平等的担忧，因此商品化优先于社会福利，市场化优先于社会公平。近代经济全球化在带来繁荣的同时也带来了种种社会问题，如难以容忍的社会不平等和骇人听闻的贫困，以及雇用童工、超时工作和"包身工"等其他对人道主义原则的侵犯。

当资本和精英可以在世界市场中自由游走从容获利时，规模庞大的普通工人却仍然受到国家边界的高度限制，他们不但要面对海外廉价劳力的激烈竞争，而且在劳资谈判中的地位也大为恶化。在实行选举制的民主国家中，这些弱势群体反全球化的要求不但能够赢得广泛的同情，而且一旦工党之类的左翼政党上台执政，这种诉求就可能转化为现实政策。

国际层面的不平等状况远超发达国家内部。伴随着资本主义世界市场的形成，资本主义世界殖民体系也形成了。亚非拉殖民地半殖民地在毫无准备的情况下被迫卷入国际分工体系，自给自足的自然经济在外力冲击下突然解体，社会经济结构变得十分畸形，基本上都沦为发达国家的原料产地、海外市场和廉价劳力供应区。

殖民地半殖民地的少数权贵过着奢靡的生活，但绝大多数人民却饱受剥削压迫，因而许多政治精英要求结束殖民统治，实现民族独立。且不说那些希望以暴力方式赢取政治独立和驱逐帝国主义的民族，就连圣雄甘地这样提倡非暴力不合作的和平主义者，也同样对英帝国在印度的所作所为深怀不满，对经济全球化持怀疑甚至反对的态度。

第一次世界大战后，亚非拉等地掀起声势浩大的反帝独立运动，对资本主义殖民体系造成重大冲击。当这些地区和国家不能平等参与世界经济体系时，它们必然倾向于选择单干或者其他发展道路，这是后来许多第三世界国家倾向苏联模式的一个重要原因。

反全球化暗潮涌动之下，国家之间的经济合作很难经受住经济危机的考验。"大难临头各自飞"，一旦遇到金融危机，国家在经济发展下行压力面前"各扫门前雪"，争先恐后加筑关税壁垒、限制资本流动，实行以邻为壑的政策。

更何况，当时并非所有国家都认为前所未有的繁荣应归功于经济全球化或世界市场。有些国家认为经济发展是领导人维护本国利益的结果，有些人认为本国的经济成就是本民族竞争力强的表现。

由于世界相互依存和国家经济合作的思想基础不稳固，所以国家在面临内部困难或外部冲击时，即便是那些能从近代经济全球化中谋取最大利益的国家，也可能会青睐关税壁垒而不是开放市场。

第一次世界大战后，欧洲国家之间的贸易战极大地影响了世界经济的增长速度。1913—1929年，世界贸易以年均2.2%的速度低速增长。20世纪30年代的经济大萧条更使世界经济中仅存的国际合作安排土崩瓦解，世界贸易以年均0.4%的速度下降。[1]经济形势的恶化破坏了国际秩序的稳定，国家之间相互指责、重筑壁垒，放弃了自由贸易原

---

[1] 参见〔英〕戴维·赫尔德等：《全球大变革——全球化时代的政治、经济与文化》（杨雪冬等译），社会科学文献出版社2001年版，第221页。

则。德日等国则试图以战争的方式改变不利的处境，最后导致了第二次世界大战的爆发。

由此可知，经济全球化背后除了生产力不断提高和技术驱动因素之外，政策因素也不容忽视。技术因素是不可逆转的，而政策因素是可逆的。国家实行闭关锁国的贸易保护政策会使全球化的进程暂时中断，甚至倒退。

世界市场的重启与繁荣

20世纪后期，经济全球化以不可阻挡的态势冲向世界各个角落。尤其是冷战结束之后，多国政府在市场经济和自由贸易浪潮下采取了积极的对外开放政策，使得世界市场的发展远远超越了近代时期。无论是在全球层面的贸易、金融和生产领域，还是在区域层面的合作环节，世界经济交融和影响程度都堪称"前所未有"。

第一，贸易自由化水平之高前所未有。

贸易自由化是经济全球化的显著标志，也是衡量经济全球化水平的最重要的尺度之一。贸易自由化主要体现为大幅度削减关税，以及降低或撤销进口配额、行政许可等非关税壁垒。

与19世纪近乎放任的贸易自由化浪潮不同，这一轮贸易自由化以法治为基础，以规则为导向。尤其是1995年世贸组织取代关贸总协定之后，国际贸易法律体系更趋严密和完整，全球所有产品的平均关税水平从1994年的8.6%下降到2017年的2.6%[1]。

在区域层面，更多国家相互取消贸易壁垒和市场准入限制，建立自由贸易区，推动商品、服务和各类生产要素自由流动。以2015年签订的《中韩自由贸易协定》为例，中国最终有91%的产品对韩国取消

---

[1] 数据来源：世界银行数据库，https://data.worldbank.org/indicator/TM.TAX.MRCH.WM.AR.ZS，2021年5月1日访问。

关税，而韩国最终有 92% 的产品对中国取消关税。1991 年生效的地区贸易协定仅有 25 份，但到了 2020 年年底此类协定已经增至 305 份。[①]

世界贸易的增长速度超过了近代史上的任何时期。20 世纪 80 年代初，世界贸易总额不足 4 万亿美元，到 2018 年已超过 39 万亿美元。2018 年，世界货物和服务的进出口量占世界 GDP 的比例为 28.5%。[②]这意味着国家对外依存度不断提高，也说明世界经济对跨国贸易的依赖在加强。

但是，世界各国、各地区之间的贸易往来是不平衡的。发达国家在世界贸易中居主导地位，金砖国家等新兴经济体也正在不断冲击原有的世界贸易格局，但也有部分国家和地区仍在充当初级加工厂的角色。

> 全球价值链的增长主要集中在机械、电子和交通行业，以及在这些行业拥有专长的地区：东亚、北美和西欧。这些地区的大多数国家参与复杂的全球价值链，提供先进的产品和服务，并开展创新活动。相比之下，非洲、拉美和中亚的许多国家仍在生产供其他国家进一步加工的初级产品。
>
> ——世界银行[③]

第二，金融全球化影响之深前所未有。

金融全球化是指金融资本的全球扩张，以及世界金融市场和金融体系的形成和发展过程。随着殖民主义的全球扩张，欧洲大陆的金融网络几乎扩展到全世界，英国成为近代最大的资本输出国。二战结束后，美国取代了英国在世界金融体系中的位置。

20 世纪 80 年代以来，发达国家先后进行了金融体制改革，放宽

---

① 数据来源：世界贸易组织地区贸易协定数据库，http://rtais.wto.org/UI/charts.aspx，2021 年 5 月 1 日访问。

② 数据来源：世界银行数据库，https://data.worldbank.org.cn/indicator/NE.IMP.GNFS.ZS，2021 年 5 月 1 日访问。

③ 世界银行：《2020 年世界发展报告：在全球价值链时代以贸易促发展》，2019 年 10 月。

对金融市场的控制，推行金融自由化。许多发展中国家也走上了对外开放和放松金融管控的轨道。信息技术革命蓬勃发展，有力地促进了国际金融网络的扩大，国际资本以前所未有的数量、惊人的速度和日新月异的形式急剧膨胀。

据麦肯锡全球研究院统计，1980年，全球金融资产（股权资产、银行信贷资产以及包括公司债与政府债在内的债权资产的总和）总额为12万亿美元，2007年这一数据增至206万亿美元，增长了17倍。2008年全球金融危机爆发之后，全球金融资产的增长明显下滑，但2007—2013年也还能以1.9%的年均增速在增长。[①]

在近代经济全球化中，金融资本的活动形式比较单一，常见的是本国政府和企业向外国金融机构借钱，或者是本国的金融机构对海外放贷。现在的金融市场已出现国际信贷市场、国际债券市场、国际股票市场、国际外汇市场、国际衍生工具市场，为资本的全球活动提供了广阔的用武之地。

金融交易的市场超越时空和地域的限制而趋于一体。由于信息通信技术的高度发达和广泛应用，全球外汇市场和黄金市场已经实现了每天24小时不间断交易。世界上任何有关汇率的政治、经济信息，几乎同步显示在任何银行外汇交易室的电脑网络终端的显示器上。即便身处地球两端远隔重洋，以亿美元为单位的外汇交易也可以在数秒之内完成。

金融风险随之而来。庞大的投机性资本在全球游荡，对全球金融市场的稳定构成极大的威胁，使得国际金融动荡成为常态。在1997年亚洲金融危机中，投机资本利用受害国经济和金融领域存在的一些弱点进行了掠夺式的袭击，使它们经济蒙受巨大损失，其破坏程度不亚于一场战争。在全球化时代，如何防范金融风险已成为一个非常重要的非传统安全问题。

[①] 参见徐飞彪：《大国金融进入复杂竞争时代》，《环球》2019年第17期，第62页。

第三，生产一体化联系之密前所未有。

生产一体化是指跨国公司在全球建立了跨越国界的生产流程。从某种意义上说，跨国公司才是真正的"世界工厂"，因为它们的"车间"和"办公室"遍布全球。

> 人类历史上第一次出现了任何东西都可以在世界上任何地方生产并销售到世界各地的现象……这就意味着所有配件的生产和经营活动都将可以在世界上成本最低的地方进行，最终产品和服务都将销售到利润最高的地方。
>
> ——莱斯特·瑟罗[①]

20世纪中后期之前，那些跨国投资的公司在各国设厂只是为了绕开贸易壁垒和节省成本。它们的分公司与母公司形成金字塔形的垂直关系，分公司本身就是独立的生产和利润中心。

如今的跨国公司内部，生产过程被分解成研发、技术革新、投资、生产、上市和销售等环节，在哪个国家部署哪个环节主要取决于这个国家的比较优势和物流状态，但公司的终端产品规格是统一的，分公司以此为标准进行专门化生产，公司之间合作形成最终产品。

这意味着国际分工从垂直分工向水平分工方向发展，即以自然资源为基础的分工逐步转变为以产品型号、产品零部件和产品工艺流程为特征的分工。例如，美国波音747型客机的600万个零件的生产，分布在美国和其他6个国家的大约1600家大公司和15000家中小企业里。

全球有约6万家跨国公司[②]，但跨国公司的发展极不平衡。2021

[①] 〔美〕莱斯特·瑟罗：《资本主义的未来——当今各种经济力量如何塑造未来世界》（周晓钟译），中国社会科学出版社1998年版，第112页。

[②] 参见 Espace Mondial l'Atlas, "Multinational Corporations," Sep. 28, 2018, https://espace-mondial-atlas.sciencespo.fr/en/topic-strategies-of-transnational-actors/article-3A11-EN-multinational-corporations.html, 2023年4月11日访问。

年美国《财富》杂志"世界500强企业"统计数据显示,上榜企业在2020年的总营业收入约为31.7万亿美元,相当于当年全球国内生产总值(GDP)的1/3。[1]

国际产业分工之所以在20世纪90年代获得广阔的发展空间,主要得益于冷战后国际大环境的变化,大国之间的敌意消解,竞争与合作成为大国关系的主流,促进经济发展成为大多数国家对外政策的首要目标。在此背景下,科学技术的突飞猛进加快了工业产品的更新换代,生产的工艺和流程也越来越精细化和复杂化,发达国家的大公司把传统制造业和低端产业迁至国外以获取更大利润,而信息技术的发展为跨国公司的全球经营提供了更便利的条件。与此同时,大部分国家(尤其是发展中国家)竭力改善投资环境、大力吸引外资也是促使跨国公司大发展的重要因素。

第四,区域合作步伐之快前所未有。

宽泛地说,区域内部的国家和地区在政治、经济、社会等方面互动加强的过程都可以称为区域化。但在国际关系领域,有相应组织存在且组织制度化水平不断提高的区域化才会得到关注和研究。欧洲的欧盟、北美的美墨加自贸区、亚洲的东盟都是合作区域化的典型。

区域化的动因多种多样,但大体上都离不开"抱团取暖"四个字。面对经济全球化带来的竞争压力和风险挑战,同一区域的国家和地区会产生联合对抗压力、化解风险的动力。而消除关税壁垒和流动门槛,有利于实现区域内国家和地区生产要素的自由流动,扩大市场,增强竞争力。从长远看,区域内国家和地区会随着合作增加政治和安全互信。

地理位置相近但发展差异极大的东盟是区域一体化的典型案例。东南亚有新加坡这样的发达国家,也有像老挝、缅甸这样的欠发达国家。从1978年的东盟特惠贸易安排起步,东盟自由贸易区的成员国由6个增加到10个,从贸易扩展至服务、投资以及其他经济合作领域。

---

[1] 参见徐秀军:《跨国公司:国际博弈中的特殊角色》,《环球》2022年第8期,第36页。

通过将关税水平降到零或接近零，东盟原来分割的市场建设成了统一的市场，东盟内部贸易在 2017 年和 2018 年分别达到 12.65% 和 9.11% 的增长速度，东盟十国 GDP 总量 2019 年达到 3.2 万亿美元，其整体经济规模已超过英国和法国。[1]

从表面上看，经济区域化具有排他性，对区域之外的国家而言带有贸易保护主义色彩，似乎"割裂"了统一的世界市场。但从根本上说，区域化是经济全球化的一个阶梯或者中间环节，经济全球化是经济区域化的发展归宿和最后结果。例如，东盟在自身经济壮大过程中，与其他重要经济体的互动也有明显增强。中国—东盟自贸区自 2010 年启动后贸易额迅猛增加，2019 年东盟取代美国成为中国第二大贸易伙伴。

> 经济全球化和区域经济合作虽然在表现形式上一个是集中化、单一化，另一个是分散化、多元化，但本质上是相一致的。正是全球化浪潮的出现才使各个区域性经济合作日渐活跃，也只有经过区域经济合作的稳步推进才使全球化不断深化。全球化是区域经济合作的发展趋势，区域经济合作则是全球化的现实展开。
> ——樊勇明[2]

"反全球化"为何愈演愈烈？

冷战后，经济全球化以史无前例的速度推进，贸易自由化、金融全球化、生产一体化一路高歌猛进。自视为冷战胜利者和市场经济最成熟的欧美发达国家，理所当然成为全球化最积极的参与者、主导者和推动者。

然而，随着经济全球化深入发展，反全球化运动也开始出现。特

---

[1] 数据来源：东盟国家数据库，https://www.aseanstats.org/wp-content/uploads/2020/11/ASEAN_Key_Figures_2020.pdf，2021 年 5 月 1 日访问。

[2] 樊勇明：《西方国际政治经济学（第二版）》，上海人民出版社 2006 年版，第 251 页。

别是 1999 年世贸组织西雅图会议期间，大批非政府组织在会场之外组织示威和抗议活动，"反全球化"自此时常成为国际舆论的焦点。

"反全球化"的参与者主要是西方发达国家的非政府组织。它们除了在重大国际经济会议场合游行示威之外，还组织"世界社会论坛"（World Social Forum）等与全球化针锋相对的国际会议，抗议的目标直指西方发达国家政府、大型跨国公司，以及国际货币基金组织、世界银行、世界贸易组织等国际经济组织。

在一段时间内，反全球化运动的影响局限在发达国家内部社会层面，并没有对经济全球化和世界市场产生太多影响。然而，2008 年由美国金融危机引发全球经济危机之后，反全球化运动不再停留在抗议游行示威层面，而是直接冲上了发达国家的政治前台。

2016 年，脱欧主张在英国公投中胜出，以特朗普为代表的反建制力量在美国总统大选中战胜希拉里，极右翼政党在法国和荷兰的 2017 年大选中均表现出问鼎的实力……曾经是经济全球化的近代起源地和当代全球化的推动力量的欧美国家，突然对世界市场"挑三拣四"起来，成了反全球化的主体力量。

历史似乎正在重演。"反全球化"势力的壮大依然与"平等"二字有关。种种迹象表明，世界已经进入了一个新的"不平等时代"。

2014 年美国皮尤研究中心（Pew Research Center）的"全球态度项目"做了一项关于什么是"世界最大的危险"的民意调查。结果，欧洲和美国的受访者均认为，"不平等"超过核武器、宗教和种族仇恨、环境污染、艾滋病及其他疾病，是全球最大危险。

法国经济学家托马斯·皮凯蒂（Thomas Piketty）的作品《21 世纪资本论》成了这几年罕见的经济畅销书。皮凯蒂根据各国经济数据推算出，2010 年以来，大多数欧洲国家最富裕的 10% 人群占有国民财富的 60%，而最贫穷的 50% 人群占有的国民财富一般不超过 5%。[①] 美

---

① 参见〔法〕托马斯·皮凯蒂：《21 世纪资本论》（巴曙松译），中信出版社 2014 年版，第 26 页。

国智库政策研究所（Institute for Policy Studies）的报告显示，美国最富裕的 20 个人的身家是底层 5700 万美国家庭即约一半美国人口的财富总和。由于富人的年收入远超过穷人，所以他们之间的财富差距在未来还会越拉越大。①

西方在二战后形成有利于稳定的"橄榄型"社会，即富人和穷人的相对数量皆较少、中产阶级成为全社会的主体。然而，今天这种状况已经不复存在，社会结构重新向 19 世纪末 20 世纪初引发社会动荡、富少穷多的"金字塔型"靠拢。

中产阶级成了"中惨阶级"，再加上贫困人口大幅增加，削弱了欧美主流政党的执政合法性，增加了全社会的不满情绪，进而引发了生活困顿人群和失业者对经济全球化的憎恨。西方很多普通民众并未感受到全球化改善了他们的生活状况，反而认为其他国家的工人抢夺了他们的饭碗，来自外国厂商的竞争压低了他们的收入，全球化只不过填满了那些西装革履的金融"才子"的钱袋。

蓝领工人和年轻人是受 2008 年世界经济危机和 2009 年欧债危机打击最大的两个群体：南欧一些国家，如希腊、西班牙，青年失业率超过 50%，超过一半的青年没有工作，他们中的许多人不得不放低身段与来自中东、北非和中东欧地区的移民竞争收入低、劳动强度大的工作岗位。欧美资本选择在劳动力更便宜的发展中国家投资设厂，这又加重了欧美蓝领工人的失业问题。

如此情况下，他们自然不会对自由贸易理论、北美自由贸易区、欧盟和世界贸易组织以及"跨太平洋伙伴关系协定""跨大西洋贸易与投资伙伴关系协定"等新贸易协定有什么正面印象。

因此，欧美国家反对不平等的抗议活动逐步升级。当发达国家的中产阶级和工人阶级加入反全球化的阵营，并用选票表达了他们的不

---

① 参见 Monica de Bolle and Jeromin Zettelmeyer, *Measuring the Rise of Economic Nationalism*, Peterson Institute for International Economics, August 2019。

满之后,非建制派政党或领导人顺理成章地要对之前的经济全球化表达不满。

经济不平等现象当然并不局限于西方,贫富悬殊在西方以外的很多发展中国家和地区更加突出。同时,由于发展中国家的政治成熟度低于发达国家,它就更加容易直接引起社会动荡。2011年,由突尼斯开始,席卷埃及、利比亚、叙利亚和也门等阿拉伯国家的所谓"阿拉伯之春",就有阶层固化和青年人大量失业的经济因素作祟。

> 很少有人、团体或政府反对全球化本身,他们反对的是全球化的悬殊差异。第一,全球化的好处和机会仍然高度集中于少数国家,在这些国家内的分布也不平衡。第二,最近几十年出现了一种不平衡现象:成功地制定了促进全球市场扩张的有力规则,并予以良好实施,而对同样正确的社会目标,无论是劳工标准还是环境、人权或者减少贫穷的支持却落在后面。
>
> ——科菲·安南 [①]

美国彼得森国际经济研究所(Peterson Institute for International Economics)2019年对二十国集团国家中55个政党在贸易、外国直接投资、移民和多边组织等方面的政策进行了评估,结果发现,虽然民粹主义政党往往比非民粹主义政党更倾向于民族主义和非自由主义的经济政策,但二者的经济民族主义倾向都有增强之势。

21世纪头十年以来,发达经济体与新兴经济体内主流政党的政策纲领都越来越强调国家主权而排斥多边主义,潜台词就是要把维护和促进本国利益放在首位,避免全球化对自身造成的不利影响。

这两类国家的对外经济政策当然不完全一致。发达经济体转向限制移民和国际贸易,新兴经济体则更偏好制定有利于特定行业的产业

---

① 科菲·安南:《我们人民——联合国在21世纪的作用》,2000年4月3日。

政策。但无论是发达经济体还是新兴经济体，贸易保护主义和怀疑多边组织的情绪都在不断高涨，经济民粹主义正在抬头。

▶▶ 思考：全球化还能继续吗？

近年来，一度高歌猛进的全球化似乎正在出现逆转。国际贸易增速下降、国际资本流动放缓，贸易保护主义大行其道，欧美等曾经的全球化推动力量反而成了逆全球化的主力军。

无论是英国脱欧，还是公开宣扬"美国优先"的特朗普出任美国总统、意大利民粹政府上台，都表明在全球经济中受到冲击的民众正在通过选举政治影响发达国家的政策倾向。大批民众参与的"反全球化"社会运动正在走向由国家政府主导的"去全球化"。

那么，全球化还能继续吗？回答这一问题，需要关注以下可能会"掐断"全球化的新阻力走向。

一是"强政府"思维的盛行。随着国际关系中大国战略竞争和地缘政治冲突等传统安全议题的回归，经济发展让位于国家安全，人们开始反思过度相互依赖产生的风险和对国家安全的侵蚀。无论是发达国家还是发展中国家，都出现了对经济和社会加强管控的施政倾向，世界似乎在进入新一轮的国家干预、重新管制和保护主义蔓延的时期，这意味着主权国家对世界市场扩张的抵制力度会不断加强，而这无疑使世贸规则等世界市场的"机制力量"面临强大的挑战。

例如，特朗普当选美国总统以后喊出"雇美国人、购美国货"，通过税收等措施推动制造业回流美国本土，出台多项加大外来投资审查的新规。拜登总统上台后更是摆出一副准备运用政府力量与中国进行全面竞争的架势，试图通过美国政府的公共投资来支持那些对经济增长是基础性的、从国家安全角度看是战略性的产业或经济部门的发展，比如半导体和关键矿产资源。也就是说，美国一方面反对中国政府制定"产业政策"，另一方面自己也搞起了"产业战略"。

二是民族主义情绪上升。在美欧发达国家，这种民族主义情绪不仅来自公众对开放移民和贸易夺走就业岗位的恐惧，还有国家在新时期竞争中逐渐失利的"受害者心态"。随着中国等新兴国家的崛起，长期位于世界舞台中央的美欧发达国家深感忧虑和恐慌，而排外、右翼政治力量则将此解释为新兴国家在经济全球化中获得了更多的相对收益。

与此同时，在经济全球化背景下世界各国日益广泛而深入的交往中，政治经济制度和价值观的差异以及由此导致的矛盾也日渐凸显。"道不同，不相为谋。"有些西方发达国家宁愿失去中国广阔的市场，也要同所谓"志同道合"的国家另起炉灶，搞小集团、小圈子。而中国对西方某些国家对中国内政的"指手画脚"和粗暴干涉也颇为不满，立志要扩大内循环，自主创新，摆脱对发达国家贸易和技术的依赖。

三是新冠肺炎疫情和俄乌冲突等突发性国际重大事件反而加快了逆全球化的步伐。2020年以来，为控制疫情实施的封锁措施导致多国边境关闭、正常航运中断、贸易秩序大乱。《经济学人》2020年5月的封面文章哀叹：自由贸易正遭受2008年金融危机和2018年中美贸易摩擦之后的第三次重击。[①] 在全球问题面前，人们本应深刻感受到相互依存和集体合作的重要性，但实际上国家基于自我安全却往往倾向于选择关闭国门。在新冠肺炎疫情的负面"催化"下，逆全球化正在从加征关税、技术封锁等方式，逐步向限制出口、供应链布局本地化、减少国际分工等方式转变。

与此同时，作为二战结束后欧洲最大规模的军事对抗，2022年的俄乌冲突意味着地缘对抗意识正在加剧逆全球化趋势。这场冲突不仅直接扰乱了世界经济贸易和供应链秩序，而且俄罗斯的军事行动和美西方的高强度制裁使双方关系降至前所未有的冰点。这种地缘政治的大国对抗如果长期持续或在其他地区发生，将给全球化进程带来重大负面影响。

四是全球经济秩序的治理水平和机制建设明显跟不上全球经济

---

① 参见 "Goodbye Globalization," *The Economist*, May 16, 2020, p. 7.

的发展步伐。当今世界,经济和人员交流频繁密切到了史无前例的程度,但全球治理却无法达到管理这些频繁交流所需的水平。无论是建立稳定的全球金融体系,还是建立相对公平的贸易体系,当前全球规则的制定和执行都与人们的期待相距甚远。

要让全球化有效运行,全球公共机构必须更科学、更及时地完善相关规则。世贸组织、国际货币基金组织和世界银行等国际经济组织在这方面却是捉襟见肘。尽管不少国家都认同应尽快改革,调整现有的国际经济秩序和规则,尽量照顾和平衡各方面的利益,解决全球财富分配不平衡和权责分配不对等的问题,但在贸易保护和民族主义盛行的压力下,经济领域的全球治理面临巨大的压力。

综上,全球化能否继续,已不仅取决于发达国家内部市场与社会、自由竞争与公平分配的博弈,还取决于世界市场与主权国家在多层次、多领域的角力,更取决于当今世界的大国关系,尤其是世界最大的两个经济体——美国与中国的关系。

推荐阅读书目

〔美〕罗伯特·吉尔平:《全球政治经济学:解读国际经济秩序》(杨宇光等译),上海人民出版社2003年版。

〔美〕罗伯特·基欧汉:《霸权之后:世界政治经济中的合作与纷争(增订版)》(苏长和等译),上海人民出版社2012年版。

〔英〕戴维·赫尔德、安东尼·麦克格鲁:《全球化与反全球化》(陈志刚译),社会科学文献出版社2004年版。

朱文莉:《国际政治经济学(第三版)》,北京大学出版社2021年版。

第十五章

全球治理

我们不要过分陶醉于我们对自然界的胜利。对于每一次这样的胜利，自然界都报复了我们。

——恩格斯[①]

保护和改善人类环境，是关系到世界各国人民福利和全世界经济发展的一个重要问题，是世界各国人民的迫切愿望，是各国政府应尽的责任。

……

人人都有在过着尊严和幸福生活的优良环境里享受自由、平等和适当生活条件的基本权利，同时也有为今代和后世保护和改善环境的神圣责任。

——《联合国人类环境会议报告书》[②]

显然，联合国体系、世界贸易组织以及各国政府的活动是全球统治的核心因素，但是，它们绝不是唯一的因素。如果社会运动、非政府组织、区域性的政治组织被排除在全球治理的含义之外的话，那么，全球治理的形式和动力将得不到恰当的理解。

——安东尼·麦克格鲁[③]

[①] 〔德〕恩格斯：《自然辩证法》(中共中央编译局译)，人民出版社1971年版，第158页。
[②] 《联合国人类环境会议报告书》，1972年，https://undocs.org/zh/A/CONF.48/14/REV.1，2021年1月12日访问。
[③] 〔英〕戴维·赫尔德等：《全球大变革——全球化时代的政治、经济与文化》(杨雪冬等译)，社会科学文献出版社2001年版，第70页。

2019 年 8 月，在图瓦卢首都富纳富提出席第 50 届太平洋岛国论坛会议的领导人发表联合声明称，对太平洋岛国的未来表示"严重关切"，呼吁国际社会采取紧急行动，积极应对全球气候变化问题。①

这并不是危言耸听。承办这次会议的太平洋岛国图瓦卢，陆地面积仅 26 平方公里，海拔最高点只有 4.5 米。由于全球变暖和气候变化，海平面不断上升，这个 1978 年才独立的国家面临着被海洋吞没的危险。

图瓦卢很可能是第一个"气候变化的牺牲者"，但绝对不会是最后一个。根据 2009 年哥本哈根气候大会的预测，马尔代夫群岛、意大利的威尼斯、夏威夷群岛、基里巴斯、瑙鲁、瓦努阿图、汤加、巴布亚新几内亚、托克劳群岛的阿塔富、澳大利亚的大堡礁都可能在未来 50 年内因全球变暖、海平面上升而沉没。

几十年前，国际关系学者卡尔·多伊奇（Karl Deutsch）就将"世界人口与粮食、资源和环境"列为国际关系研究的 12 个基本问题之一。但当时几乎不会有人相信，国家消失竟然不是因为敌国入侵，也不是因为内战和饥荒，而是因为气候变化导致再无生存之地。

这就是今天的国际关系研究需要关注全球问题的原因。全球问题（global issues）是指当代国际社会所面临的一系列超越国家和地区界限、关系到整个人类生存与发展的严峻问题。全球问题包括三个层次：第一个层次是国际关系体系层面的问题，如世界政治经济秩序的稳定、和平与裁军等；第二个层次是社会人类学方面的问题，如不同文明之间的共处问题、教育文化问题、性别平等问题和贫困问题等；

---

① 参见张永兴：《太平洋岛国领导人呼吁采取行动应对气候变化》，新华社苏瓦 2019 年 8 月 17 日电。

第三个层次是人与自然的关系引发的生态问题，如资源问题、能源问题、人口问题和环境问题等。

图瓦卢的故事说明，资源枯竭、环境污染、生态失衡的严重紧迫程度和危害性并不亚于国际战争和经济萧条。解决这些问题绝不是仅仅依靠某些国家或地区的努力就能做到的，而必须通过各国政府的协调一致，以及各类国际组织、跨国公司、社会团体和每个公民的共同努力，也就是学界常说的"全球治理"。

本章将介绍全球治理产生的背景、在实践中取得的成效以及面临的挑战和困难。

全球问题的表现及其危害

在工业时代到来之前，人类处于农业社会，对自然资源的需求和利用能力有限，世界各地的人口增长也非常缓慢，人类自身发展与自然之间不存在紧张关系。但随着近代工业化的到来，由于劳动生产力的提高，人类对自然资源的需要和利用水平陡然提升，自然资源消耗的速度和规模空前加剧，世界人口也快速增长。冷战结束之后，经济全球化的加速发展更是加剧了这一趋势。

养育了我们的地球有着一个近乎完美的生态系统，每一个环节都牵动着整体，每一个链条的缺失都会给整个系统带来连锁反应。一旦资源的利用和破坏超过自然的再生能力，地球生态体系就会崩溃。

遗憾的是，由于各国主权独立，可以自行决定国内事务，国家往往追求本国的短期利益而不考虑人类的长远利益，更没有国家认为自己对保护地球这个人类的公地负有责任。其结果就是，虽然所有国家都无心毁坏自己的生存环境，但国家追求自身利益的行为却导致了人类生存环境的不断恶化。

当前，从人与自然的关系的角度来看，全球问题主要表现为资源损耗、环境恶化和人口问题三大类。这些问题不仅威胁到人类的生存和发展，而且还造成了国家之间的矛盾和地区冲突。

资源损耗

在过去的两百多年里，人类已经使用了地球矿物能源总储量的一半左右，这相当于3亿年太阳辐射所产生的能量。20世纪人类用掉的能源便已经超过了有史以来所消耗掉的能源的总和，其中1970—1995年消耗了自然资源总量的1/3。①

更为严重的是，能源问题不仅是单纯量上的绝对短缺，还存在复杂的"全球问题综合征"。围绕有限资源展开竞争而导致的摩擦、冲突甚至战争已成为非传统安全的新表现，尤其是涉及水源、野生动物、渔业和空气质量等问题时，国家间更容易因争夺跨境资源而擦枪走火。

在苏丹的达尔富尔，持续的干旱助长了牧民和农耕者之间的冲突；在叙利亚冲突发生之前，150万人流离失所是因为干旱使其失去了作物和牲畜；在尼日利亚，叛乱分子利用天然资源短缺激起了民众的反政府情绪；在索马里内战中，干旱和极端高温与暴力行为直接相关。

以中国读者并不陌生的苏丹达尔富尔为例。自2003年以来，苏丹达尔富尔反复发生的旱灾和日益增大的人口压力，使得该地区暴力横生、冲突不断，导致超过30万人死亡、200万人流离失所。②

环境恶化

联合国发布的生物多样性报告指出，人类赖以生存的生物多样性正在遭到严重破坏，上百万种生物濒临灭绝，当今动植物物种的消失速度比以前快了数十乃至上百倍。③世界自然基金会的"地球生命力指数"（Living Planet Index, LPI）显示，自1970年以来，全世界60%

---

① 参见俞正樑等：《全球化时代的国际关系（第二版）》，复旦大学出版社2009年版，第208页。
② 参见李少军等：《国际安全新论》，中国社会科学出版社2018年版，第202—204页。
③ 参见《联合国发布千页报告：人类正在"扼杀"地球 上百万生物濒临灭绝》，https://tech.qq.com/a/20190508/003756.htm，2023年4月12日访问。

的脊椎动物已经灭绝,哺乳类、鸟类、两栖类、爬行类和鱼类的种群数量平均下降了 68%。① 生物物种的减少不仅会破坏整个系统的平衡,而且直接减少人类生存所需的生物资源。如果不及时行动,人类可能要身处一个"孤独的未来"。

> 随着新型有机杀虫剂的广泛使用,鱼类世界遭到严重摧残是不可避免的。鱼类对氯化烃异常敏感,而近代的杀虫剂大部分是由氯化烃组成的。当几百万吨化学毒剂被施放到大地表面时,有些毒物将会以各种方式进入陆地和海洋间无休止的水循环之中。
>
> ——蕾切尔·卡逊②

此外,森林锐减和水土流失严重。据联合国粮农组织统计,世界上的森林面积每年减少 1800 万公顷,有"地球之肺"之称的热带雨林每年减少 1130 万公顷。这不仅会减弱对二氧化碳等温室气体的吸收,而且会给生物多样性、水土保持、森林产业等人类生产生活的多个方面都带来巨大损失。③

联合国开发计划署在 2006 年年底发表的人类发展报告中指出,世界范围内的不洁饮用水比子弹更有杀伤力,每年仅仅死于和饮用水有关的疾病的儿童就有 180 万。在许多国家,水污染已经成为制约经济社会发展的瓶颈。④ 不妨想象一下,如果地球上的水、空气和土壤

---

① 参见 World Wide Fund for Nature, "Living Planet Report 2020: Bending the Curve of Biodiversity Loss," p. 6, https://www.worldwildlife.org/publications/living-planet-report-2020, 2023 年 4 月 12 日访问。

② 〔美〕蕾切尔·卡逊:《寂静的春天》(吕瑞兰、李长生译),吉林人民出版社 1997 年版,第 120 页。

③ 参见《西媒:亚马孙大火可能为世界带来不可逆后果》,新华社北京 2019 年 8 月 27 日新媒体专电。

④ 参见 UNDP, *Human Development Report 2006: Beyond Scarcity: Power, Poverty and the Global Water Crisis*, pp. 3, 30-31, https://hdr.undp.org/content/human-development-report-2006, 2023 年 4 月 12 日访问。

都遭到大规模的污染，那么人类的生存空间就会越发缩小，这意味着每个人的生存机会都在下降。

环境效应具有滞后性，其负面影响有可能在几代人以后才显现出来。当大家发现环境被破坏时，往往为时已晚，连亡羊补牢的机会都没有了。在一个物种灭绝之后，当前的科技远远做不到让它死而复生、延续血脉。

与资源争夺一样，环境恶化也可能导致国家之间关系紧张，甚至会引发矛盾和冲突并演变为国际性危机。设在瑞士日内瓦的境内流离失所人口监控中心发现，随着气候变化的加剧，遭受极端气候影响的人口数量日益增多，自然灾害造成的民众迁徙是人为冲突或战争因素导致移民的3倍到10倍。①

人口问题

人口问题首先是世界人口的爆炸性增长。世界人口在1927年时仅有20亿，而到1999年已经超过60亿。按照联合国经济和社会事务部人口司的统计和预测，2019年全球人口已经达到77亿，2030年可能增长到85亿，2050年将增长到97亿，2100年将增长到109亿。

这种人口增长的地区分布极不均衡。在联合国指定为最不发达国家的47个国家中，人口增长率仍然特别高。从2015年到2020年，最不发达国家的总人口增长速度是世界其他地区总人口的2.5倍。预计这些国家的人口将从2019年的10亿增加到2050年的19亿，并在2100年进一步增加到30亿。②

人口的国际迁移尤其是流离失所的难民数量的剧增是近年来影响最大、变化最剧烈的人口问题。联合国难民署2019年6月发布的《全球趋势》年度报告显示，截至2018年年底，全球流离失所者人数达到

---

① 李少军等：《国际安全新论》，中国社会科学出版社2018年版，第205—206页。

② 参见 United Nations, "World Population Prospects 2019: Highlights, United Nations Publications," 2019, p. 1, https://www.un.org/development/desa/pd/news/world-population-prospects-2019-0, 2023年4月12日访问。

7080万人,是20年前的20倍,创近70年来最高纪录。①这意味着,在当时全球77亿人口中,每110人中就有1人是流离失所者,人数已经超过英国、法国或意大利的人口总和。

大批难民从一国进入另一国,不可避免地会使相关国家产生摩擦,使原本就存在的民族、种族和宗教矛盾激化。难民群体和接收国国民也可能会发生社会矛盾,甚至激起排外风潮。例如,特朗普在就任美国总统后曾不断收紧移民政策,甚至在美国与墨西哥边界修筑"隔离墙"。

相比之下,毗邻中东的欧洲出现的难民问题更为严重和紧迫。2015年9月初,年仅3岁的叙利亚小难民艾兰·库尔迪在逃往希腊的海路上溺亡,尸伏土耳其海滩。这张照片传遍社交网络,使这场难民危机以极具冲击力的悲惨方式呈现在世人面前。这一年,共有约150万难民涌入欧洲大陆,冲击着欧洲的社会、经济、政治、文化传统和秩序。与此同时,战争难民与经济难民、非法移民甚至恐怖分子裹挟在一起,使得反恐形势更加复杂,也使难民问题更难解决。

如果不能迁移他处,很多难民可能因战争或环境灾难而失去生命。对今天的世界来说,人类还没有找到善待难民的最佳方式。面对文化冲突、战争威胁、生态灾难、全球传染病,达成全球共识和实现全人类的团结友爱,仍然任重道远。

以上这三大类问题环环紧扣,互为因果,彼此强化。与以军事冲突为代表的传统安全问题相比,全球问题涉及的领域更多元,波及的范围更广泛,危害也更深远。

超越国际合作的全球治理

全球问题需要全球治理。"全球治理委员会"(Commission on

---

① 聂晓阳、施建国:《联合国报告:全球流离失所者人数70年来最高》,新华社日内瓦2019年6月19日电。

Global Governance）1995 年发表的研究报告《天涯若比邻》（Our Global Neighborhood）指出，冷战结束后，东西方关系的缓和为全球合作创造了条件。因此，国际社会应该加强合作，进一步落实全球安全议程，以实现安全、可持续发展的目标。

此后，国际学术界对全球治理的研究不断向纵深发展，研究成果如雨后春笋般涌现。所谓全球治理（global governance），是指各国政府、国际组织等多元行为体为最大限度地维护人类的生存利益，增进人类的共同利益，通过平等对话、民主协商与合作，致力于建立和发展一整套维护全人类和平与安全、妥善应对全球变革、解决全球问题的全球规制和制度。

> 治理需求的增加既是质量上的，也是数量上的。治理的供给不会有只是扩大现有的手段和方法的使用范围那么简单，我们还必须找到解决那些我们以前从来没碰到过的、突然改变、无序变化和紧急发生的问题的方法。
>
> ——奥兰·扬[①]

面对全球问题，主权国家之间早就有了国际合作。与传统的国际合作相比，全球治理有哪些特点？这涉及以下几个问题。

一是"为什么治理"，也就是全球治理的价值追求。传统的国际合作建立在不同国家利益有"交集"的基础上；全球治理的理想目标是维护国际社会正常秩序，实现人类共同利益，形成全人类生存利益高于一切的价值认同。

全球治理倡导和谐统一的思维方式，号召各国跳出旧有的相互竞争、相互对抗的思维模式，转向公平、合作与协调，以共同应对国与

---

① 〔美〕奥兰·扬：《世界事务中的治理》（陈玉刚、薄燕译），上海人民出版社 2007 年版，中文版前言第Ⅰ—Ⅱ页。

国、人与自然的关系所产生的全球问题。例如前文提及的国际难民，其来源地涉及多个国家，逃难原因错综复杂，目的地国家法律和经济状况也有巨大差别。如果单从国家利益考虑，可能会采取闭关锁国、防难民于国门之外的政策，难民的困境将更为严重。

从全球治理的角度考虑，国际社会将人权、人道主义有关原则和精神贯穿难民问题的应对过程，以此作为制定难民法律政策、开展难民救助行动的宗旨和准则。例如，联合国大会1985年通过的《非居住国公民个人人权宣言》就确认，即使难民目的国有权颁布有关外侨入境及其居留条件的法律规章或者对其国民和外侨加以区别，此种法律规章也不应违背该国所负包括在人权领域的国际法律义务。

国际移民组织也将人性、公正、中立和独立作为其开展人道主义援助活动的四项内在准则。该组织在全球155个国家设有超过400个办公室，以应对世界各地涉及难民群体的人道主义危机，遍布南苏丹、叙利亚、也门、尼泊尔、瓦努阿图、马拉维及西非的埃博拉病毒疫情地区。①

二是"谁来治理"。全球治理的参与者可以说是"从政府走向社会"，不仅包括主权国家，还有各种类型的非国家行为体，特别是国际组织。

自威斯特伐利亚体系建立以来，主权国家成为国际社会最重要的行为体。在很长一段时间内，处理像全球问题这样的国际公共事务，主要是由代表主权国家的政府来主持和承担，其主要方式是双边外交和多边外交。

而全球治理则要求打破政府对公共事务管理的"垄断"，许多非国家行为体以多种方式参与国际公共事务的管理，同政府分享公共权力和政治权威。例如，国际标准化组织至今已制定了1万多条国际标

---

① 参见罗超、高鹏：《国际难民问题的挑战、应对及中国的参与》，《世界经济与政治论坛》2017年第2期，第150页。

准，其中包括著名的 ISO 9000 质量管理体系认证和 ISO 14000 环境管理体系认证；国际海事组织（International Maritime Organization, IMO）所草拟的航海法被许多国家所采用；在蒙特利尔的国际民用航空组织（International Civil Aviation Organization, ICAO）所制定的航空安全法也在很多国家获得通过；等等。

除了这些政府间国际组织之外，还有大量的国际非政府组织、社会团体、跨国人士在全球范围内开展各类活动。这些行为体虽然不一定是主角，但有时会获得比主权国家更多的关注。因支持女童受教育而受到保守势力威胁的巴基斯坦小姑娘马拉拉，成为推动落后边缘地区女孩受教育的发言人和联合国特使，2017 年年仅 20 岁的她获得诺尔贝和平奖。

三是"治理什么"。全球治理要解决的是那些已经影响或者将要影响全人类的、很难依靠单个国家解决的跨国性问题。无论是温室效应还是难民问题，都突破了传统的领土政治，因此全球治理必须跨越传统的国界。

在近代以来的国际体系中，主权独立原则意味着在一国领土之内，政府具有最高的统治合法性和政治权威性，这使得主权国家一般都坚持"我的地盘我做主"。

全球问题跨越了国界，全球治理自然也要突破领土政治，这表现为非国家行为体大量出现和跨国活动剧增。家喻户晓的"地球一小时"（Give an Hour for Earth）活动，源自环保非政府组织世界自然基金会 2007 年向全球发出的一项倡议：每年 3 月最后一个星期六的当地时间晚上 8 点半，关上不必要的照明和耗电产品一个小时，以表达对自然保护的关切和对环保的支持。如今，这项活动每年吸引世界各地的数亿公众参与。与此同时，众多世界知名地标为响应这一倡议而按点"熄灯"，推动了更多国家和民众对节约能源、低碳发展的重视。

四是"如何治理"。传统的政府管理以强力和法律为后盾，政府通过颁布法令、制定政策和合法使用暴力，来实现对社会公共事务的管理。这种权力体制和管理制度建立在强制性和等级性的政治理念基础之上，突出的是政府的政治权威，强调的是自上而下的管治。

相比之下，全球治理体现了一种全新的权力关系和管理规则。全球治理提倡不同行为体之间协商合作，建立平等友善的伙伴关系，进行充分的沟通、谈判和协商。

在全球治理中，国家和非国家行为体并无上下尊卑之分，主权国家的政府可能在治理中起主导作用，但不能忽视其他行为体的存在和作用。而且，任何行为体都不能以全球治理的名义来强迫个体参与社会活动，哪怕这些活动对参与者有利。没有个体的自我觉醒和热情参与，全球治理终将沦为空话。所以很多国际非政府组织开展项目时，首先强调的就是民众要自愿参加，不能搞摊派和强制。

既然权力主体是平等关系，那自然要提倡通过协商和对话来管理全球公共事务。例如，跨国活动的国际非政府组织，应当是活动所在国政府的合作伙伴，而不仅仅是管理的对象。在这种情况下，全球治理或许会在一定程度上削弱国家政府在某些领域内的权威，但也会因此更有助于全球问题的解决。

从理念共识到集体行动

经过几十年的努力，全球治理已经深入人心并取得了一定的成效。其中，一些关于环保的新观念逐步流传并获得国际社会的普遍认可，这可能是全球治理取得的最大成果。

今天我们耳熟能详的"可持续发展"（sustainable development）就是其中之一。20 世纪 70 年代，绝大多数人还没有意识到全球问题的严重性，大部分国家都还在走破坏环境、浪费资源以发展经济的老路，提倡生态保护的《寂静的春天》作者卡逊，甚至受到大量的舆论质疑与攻击。然而时至今日，虽然说不见得每个国家都真的在落实可持续发展，但是至少不会有国家敢公开质疑可持续发展的意义和价值了。

"可持续发展"的共识主要是在一系列的国际会议和国际宣言上逐渐形成的。联合国将可持续发展定义为"既满足当代人的需要，又不对后代人满足其需要的能力构成危害的发展"。从时间上来说，可持续发展强调当代人与后代人有同等的发展机会，即我们不能为了自己活得更奢侈而降低了子孙后代生存的可能性。从社会关系上来说，可持续发展强调他人与自己有同等的发展机会，即"我活也让别人活"。从人与自然的关系来说，可持续发展强调自然界和人类有同等的发展机会，即庄子所说的"以道观之，物无贵贱"。

此外，全球治理已经成为许多国际组织和国际会议的核心议题。2018年，上海合作组织峰会6月10日发布的《青岛宣言》和7月27日金砖国家领导人第十次会晤发布的《约翰内斯堡宣言》中都有大段文字强调要应对全球问题。当年7月16日在北京发布的《第二十次中国欧盟领导人会晤联合声明》也强调，中欧要在几乎所有的全球问题上加强合作。我们所熟知的G20近年来关注和研讨的议题正从经济延伸到更广泛的领域，G20已成为全球治理网络的中心之一。

G20成立初期关注的重点是经济问题，经过多年的发展，能源与气候治理等涉及生态与可持续发展的全球问题逐渐进入该组织的运作视野。2008年G20峰会以来，能源与气候治理成为峰会核心议题之一，成员国对能源与气候类的承诺也不断增加。如今G20已建立起与能源相关的工作组、能源部长会议等机制，各成员国代表定期聚在一起，共同商讨能源安全、能源市场、能源运输通道、气候变化等重大问题，建立和完善全球性的能源气候治理机制。

G20还与诸多能源国际组织频繁互动，逐渐形成了一个不断扩大的能源与气候治理网络，为全球能源治理提供便利。在2010年多伦多峰会上，国际能源署、经合组织、石油输出国组织和世界银行提交了能源补贴报告，各国财长、央行行长和能源部长提交了逐步取消化石燃料补贴的时间表以及采取的相关措施；2014年的布里斯班峰会批准了《G20能源合作原则》，要求召开能源部长会议，报告关于推进能源合作的选项。2016年在北京举行的G20能源部长会议明确，鼓励成员国制订可再生能源发展战略和行动计划，促进可再生能源投资，实现可再生能源在全球能源结构中所占比重大幅提高。2022年在印度尼西亚巴厘岛举行的G20峰会通过宣言，呼吁各国推进能源转型，支持发展中国家特别是最脆弱国家消除能源贫困，重申承诺在中期内逐步取消和规范低效、鼓励浪费的化石燃料补贴。

在全球治理实践中，国家、跨国公司、政府间国际组织、非政府组织等行为体在互动中不断加强合作。例如，从1975年到1995年，联合国共召开过4次世界妇女大会，每次大会不仅有联合国会员国和联合国系统有关机构的代表和人员参加，而且还有众多的非政府妇女组织参加。各类妇女组织通过一系列行动促进男女平等、保障妇女权益、提高妇女地位，受到许多国家的欢迎。又如，2007年，由诺贝尔和平奖得主、孟加拉国经济学家尤努斯创办的非营利机构格莱珉银行，开始在美国复制他在孟加拉国创办的小额信贷模式。通过与花旗银行等金融机构开展合作，8年时间就在美国累计发放贷款3.81亿美元，帮助64 290名妇女客户创业，还款率高达99%。[①]再如，2011年叙利亚难民危机发生后，大量难民涌入邻国黎巴嫩，国际人道主义组织和当地人道主义组织成为援助难民的"主力"，它们与黎巴嫩政府的合作为难民的生存提供了基本保障。[②]

值得一提的是，在各方力量的共同努力下，应对气候变化等全球问题的"计划表""路线图"已经被搭建出来。

1992年，联合国环境与发展会议在巴西里约热内卢召开，全球第一个为控制温室气体排放、应对全球变暖而起草的国际公约《联合国气候变化框架公约》正式开放签字。1997年，在日本京都举行的《联合

---

① 参见张睿:《格莱珉模式在美国的实践及启迪》,《金融发展研究》2017年第3期,第83—84页。

② 参见吴昊昙:《人道主义组织、地方政府与难民治理:以黎巴嫩应对叙利亚难民危机为例》,《阿拉伯世界研究》2021年第5期,第46—47页。

国气候变化框架公约》第三次缔约方大会上，149个国家和地区的代表通过了《京都议定书》，分别为各国或国家集团制定了国别减排指标，但由于美国等国家拒绝签署，议定书的实施并未取得显著成效。

2009年年底在丹麦首都哥本哈根举行的联合国气候变化大会，把全球平均气温较工业化前水平升高控制在2摄氏度之内作为政治共识列入《哥本哈根协议》，第一次在世界范围内确定了温室气体排放控制的量化目标。

2015年12月12日，在巴黎气候大会上，《联合国气候变化框架公约》的近两百个缔约方一致同意通过《巴黎气候协定》。各方将加强对气候变化威胁的全球应对，把全球平均气温较工业化前水平升高控制在2摄氏度之内，并为把升温控制在1.5摄氏度之内而努力。全球将尽快让温室气体排放达到峰值，21世纪下半叶实现温室气体净零排放。

在不同行为体的推动下，这些"时间表""路线图"正在落地，并对全球问题产生积极影响。用联合国秘书长古特雷斯的说法就是——"可持续发展号"列车已经出站。2016年，全球太阳能发电增长了50%，新的发电能力有半数以上来自可再生能源，在欧洲这一比例甚至超过了90%。美中两国可再生能源领域新的就业机会已超过了石油天然气行业。石油生产大国也在积极推动经济多样化，连沙特阿拉伯也宣布计划安装700兆瓦的太阳能和风力发电。[①] 2019年6月，英国成为第一个立法确立到2050年实现净零排放目标的G7国家；同年，德国也通过了一项投资500亿欧元的减排计划。2020年，中国向国际社会宣布，将提高国家自主贡献力度，采取更加有力的政策和措施，二氧化碳排放力争在2030年前达到峰值，努力争取2060年前实现碳中和。2023年4月，欧盟理事会通过了涉及欧盟碳排放交易体

---

① 参见《联合国秘书长在纽约大学的演讲："气候行动：让全世界动员起来"》，2017年5月20日，https://www.un.org/sg/zh/content/sg/statement/2017-05-30/secretary-general-climate-action-delivered，2021年1月12日访问。

系、海运排放、航空排放、碳边境调节机制和社会气候基金的五项立法提案,目的是促进主要经济部门减少温室气体排放,同时确保一些个人、小微企业或部分行业在减排过程中得到有效支持。

全球治理为何会陷入"僵局"?

全球治理旨在通过解决全球性紧迫问题,维护世界人民的生存利益,增进世界人民的福祉,最终实现全球"善治"的目标。"全球问题,全球解决",这既是全球治理的支持者们乐观的理想,也是国际社会努力的方向。

三十多年过去,有的问题正在得到解决,但也有很多问题还在恶化之中。甚至有人认为,在气候变化、核武器、生化武器、内战内乱、恐怖主义、经济和金融危机等全球治理的六个重要领域中,三十多年来没有一个领域的重要问题得到充分或有效解决,如全球性的多边自由贸易谈判长期拖而不决,反恐行动"越反越恐",核武器问题更趋严重,全球气候治理则在美国宣布退出《巴黎气候协定》后面临窘境。

全球治理的确正面临诸多困难和问题。与人们对全球合作前所未有的高期望值相比,全球问题虽然得到了部分解决,但全球治理的进展和成就实在是太不令人满意。

国际组织极力推动、多数国家予以配合的温室气体排放控制进程就是如此。21世纪初,全球二氧化碳排放量每年增加超过3%;2010年以来增加趋势放缓,增长率保持在年均0.9%。但目前的气候和能源政策还不足以扭转全球二氧化碳排放总量不断增加的趋势。部署太阳能、风能和电动车等低碳技术方面的成功,固然满足了新增的能源需求,但无法实现二氧化碳零排放。人类需要更有力的政策来逐步淘汰化石燃料的使用。[1]

---

[1] 参见《报告:全球二氧化碳排放量增速趋缓》,新华社巴黎 2019 年 12 月 4 日电。

公海治理同样如此。2015 年，联合国大会通过第 69/292 号决议，决定就国家管辖海域外生物多样性的养护和可持续利用制定具有法律约束力的国际协定开始谈判。谈判代表召开了数次筹备委员会会议，海洋治理主体对保护海洋生物多样性已达成一定共识，但不报告、不受管制的非法捕鱼活动仍旧"花样百出"、频繁发生、屡禁不止。

那么，导致全球治理陷入"僵局"的原因究竟是什么呢？

首先，全球治理的价值追求与某些国家的短期利益之间存在冲突，一些国家可能会抗拒履行全球治理义务。

全球治理致力于实现人类社会可持续发展的长期目标，而一些国家则更强调解决当下制约其国内经济和社会发展的具体问题，二者在实践层面往往不易协调。例如，全球气候治理强调节约能耗、减少废气排放，这符合全人类的共同利益和根本利益，但有可能会损害一些国家（如中东石油国）眼前的经济利益，从而遭到它们的消极抵制。再如，全球海洋治理强调对海洋生态环境的保护，而一些国家仍坚持大力开发利用海洋资源，这将导致海洋生态环境的持续恶化。

其次，不同类型国家对各类全球问题的关注程度不尽相同，这在一定程度上妨碍了世界各国就全球治理的方案形成共识并积极落实。

全球问题具有的全球性要求世界各国齐心协力，步调一致，进行更紧密的合作。然而，发达国家与一些发展中国家在某些全球问题上的不同立场导致合作难以达到预期的深度。比如，发达国家希望进行整体性治理，试图在臭氧层保护、生物多样性、气候变化等议题上寻求突破，这需要发展中国家也积极参与，并承担相应的成本。而很多发展中国家却坚持以经济增长和消灭贫困为核心，更愿意在市场准入、贸易、技术转让、发展援助等方面取得实质性进展，这需要发达国家做出更多的让步和提供更多的帮助。

最后，西方发达国家特别是美国对全球治理所需的公共产品供应不足，而新兴经济体短期内还难以"接棒"承担全球治理重任。

长期以来，以美国为首的西方国家在全球治理方面拥有绝对的话语权与影响力。依据权责对应原则，权力大，则责任大，西方国家在全球治理中应承担更大责任，做出更多贡献。然而，近年来发达国家在许多全球议题上提供的公共产品严重不足。与此相比，尽管除中国之外的新兴经济体的实力与影响力较此前有了大幅增长，但在全球治理层面，它们是后来者、跟随者，参与度和主导力都很有限，提供公共产品的能力和意愿都略显不足。

除去国际层面的制约因素之外，国内政治的挑战也使得全球治理的"僵局"在短期内难以打破。在美国，党派分裂和政党极化使得国会就重大国际事务推进立法的能力被严重削弱；在欧洲，英国脱欧、中东难民、俄乌冲突等挑战令欧盟焦头烂额；在诸多新兴国家，经济改革压力巨大，跨越中等收入陷阱风险重重，分散了它们积极参与国际事务的精力。

总之，全球治理是人类解决全球问题的"正道"，人类已就全球治理的理念达成共识。然而，全球治理任重而道远，人类需要对此做好思想准备。

≫ 思考：全球治理的前景何在？

2020年新冠肺炎疫情在全球暴发后，世界上几乎所有国家都不同程度受到疫情的冲击，全球感染人数和死亡人数之多令人震惊。这反过来证明，尽管现实可能困难重重，但有效的全球治理对人类而言是多么重要。哪怕是超级大国，也不可能凭借一己之力来解决全球问题。人类要想巩固全球化的成果并形成应对跨国疾病、气候变化等全球问题的良好机制，就必须加强国际合作、强化多边主义并改善全球治理。毋庸置疑，全球治理确实面临着严峻的挑战，我们对全球治理的前景的确不能过于乐观，但由此就悲观地断言全球治理已经终结，不仅为时尚早，而且也缺乏根据。

全球问题既然遍布全球，那么立足国内治理、把国内问题解决好自然是解决全球问题的基础。在可预见的未来,国家依然是国际关系的主要行为体,是解决全球问题的主力军。每个国家如能在自己的国土上解决好资源损耗、环境污染和难民等问题,就能在很大程度上帮全球问题"灭火"。

在抗击新冠肺炎疫情过程中,最早遭到疫情大规模冲击的中国以举国动员的决心,在短时间内有效控制疫情并启动复工复产,为世界抗疫事业做出了巨大贡献。这种先把国内治理好的思路和做法并不仅限于抗疫,许多欧洲国家的绿党就致力于游说本国政府推动清洁能源的应用,履行在国际上做出的气候承诺。

更进一步说,既然全球治理很难在全球层面上采取集体行动,那我们还可以考虑以区域为单位应对全球问题的挑战。全球性国际组织成员多、机构庞大、谈判和审议程序复杂,成员国之间形成共同利益的难度较大。相对而言,区域组织在处理国际问题上更有效率。而且全球化势必将加剧国际竞争,无论是国家还是跨国公司,合理的区域安排和正确的区域战略都将是提高其国际竞争力的基石。

与全球性国际组织和平台相比,中国与东盟之间、中日韩三国之间的技术合作、物资援助、经验分享都显得更为突出。2020年4月15日召开的东盟与中日韩抗击新冠肺炎疫情领导人特别会议上,亚投行提议设立初期规模为50亿美元的恢复基金。这是除了世界卫生组织以外,国际多边机构为应对这次危机采取的为数不多的具体措施之一。

此外,我们也不能忽视非国家行为体,甚至企业与个人在全球治理中的作用。在应对疫情的国际合作中,许多中国民营企业都做了大量贡献,一些医学专家在指导大众抗疫、参与国际交流中的作用更是亮眼。可以预期,跨国企业和社会精英在未来的全球治理中将扮演更重要的角色、发挥更重要的作用。

随着以美国为代表的西方发达国家在全球治理事务上的意愿与能力大幅下降,相关机制安排的权力真空和不确定性也将日益扩大与增长,相当部分的治理重任不可避免地落到新兴大国肩上。

对中国而言,这既是机遇也是挑战。面对 APEC 和 G20 等由西方发达国家倡导建立的治理机制,中国主要通过追随这些国家以凸显中国积极融入现有国际治理体系的意愿与努力。随着时间推移,中国开始主动与相关国家沟通协作,成为金砖机制的倡导者和创建者之一。而 2013 年以来的"一带一路"和亚投行等倡议则都是首先由中国独立提出,再依靠强大的国际影响力与号召力来获得有关国家的支持与响应。

从"追随者"到"合作创建者",再到"引领者",中国参与全球治理的主动性与创造性越来越强。为解决全球治理供需失衡、缓解全球治理民主赤字,发挥新兴经济体和发展中国家在全球治理中的作用,中国需要更加积极地参与全球国际合作,支持各类国际组织在全球治理中发挥更大作用,为构建"人类命运共同体"采取更多的实际行动,如此方能体现中国作为大国对人类命运前途的责任和担当。

当然,没有任何一种办法是解决全球问题的杀手锏或万灵药。与无动于衷、坐以待毙相比,这些路径都可能在一定程度上完善全球治理机制。而且,不同路径之间的互动或组合也许还能产生"1+1>2"的意外效果。①

推荐阅读书目

蔡拓等:《全球学导论》,北京大学出版社 2015 年版。

杨雪冬、王浩主编:《全球治理》,中央编译出版社 2015 年版。

赵可金:《全球治理导论》,复旦大学出版社 2022 年版。

---

① 参见〔英〕戴维·赫尔德:《如何走出全球治理的"僵局"》(李秋祺译),《探索与争鸣》2019 年第 3 期,第 37—40 页。

结　语
这个世界会好吗？

在一个长久以来似乎敌视公正的国际体系中,有关公正的常识正在逐步恢复。在这场爱丽丝幻游仙境的冷战游戏中,道德本身正在变成一只木槌。

——约翰·刘易斯·加迪斯①

就目前来看,关于全球秩序的决定性问题是中国和美国能否避免修昔底德陷阱。

——格雷厄姆·艾利森②

世界的发展趋势是多极多元。……多极多元的交汇意味着世界会出现更加明显的权力分散和下沉态势,霸权和两极所表现的权力集中、少数国家主导世界的时代已经成为过去,共商共建共享才是世界和平、发展和进步的实践原则和基本保证。

——秦亚青③

---

① 〔美〕约翰·刘易斯·加迪斯:《冷战》(翟强、张静译),社会科学文献出版社2016年版,第158页。
② 〔美〕格雷厄姆·艾利森:《注定一战:中美能避免修昔底德陷阱吗?》(陈定定、傅强译),上海人民出版社2019年版,前言第8页。
③ 秦亚青:《世界格局的变化与走向》,《世界知识》2021年第4期,第27页。

冷战结束之时,关于"世界向何处去"的答案似乎是非常乐观的。特别是在国际关系领域,"历史终结论"和"民主和平论"风行一时。前者判定,自由民主制已经成为人类社会的必然选择;后者认为,世界和平将随着民主制在全球的推广而得以实现。

然而,冷战后国际局势的变化不仅让人乐观不起来,而且悲观情绪正在大规模蔓延。无论是突如其来、席卷全球的新冠肺炎疫情,还是增长乏力甚至可能出现大衰退的世界经济,以及主要大国之间矛盾激化和关系恶化,都给世界的前景蒙上了厚重的阴霾。

三十年前看起来不合主流且悲观的"文明冲突论"重新受到关注,一度"退潮"的现实主义理论,特别是进攻性现实主义理论似乎重新拥有了对现实的解释力。

本书结尾想尝试探讨如下问题:应当如何看待国际关系的发展态势?国际关系的理论研究与学科建设的前景如何?什么是国际关系学未来发展的方向?走近世界舞台中央的中国要成为一个什么样的世界大国?

冷战结束是否意味着"历史终结"?

无论从哪个角度看,冷战结束后的历史都很难用"终结"来形容。近三十年来,世界秩序正朝着有序和稳定的方向演进,世界几乎在所有领域都取得了巨大的成就,但在许多问题上也有停滞不前甚至面临倒退的危险。

在国际关系学科最关心的安全问题上,暴力似乎正在逐渐减少,但战争的威胁并未消失。两次世界大战之后,战争所造成的伤亡人数占世界总人口的比例总体上呈下降趋势,今天参加过战争或经历过战乱的人已经越来越少，大范围的持久和平终于不是奢望。对比二战前以各种大国战争为主线的国际关系史，这不能不说是巨大的进步。

但这并不意味着国际安全形势已经完全缓和。冷战结束后，美、俄等大国发起的局部战争时有发生，中东地区、朝鲜半岛等"火药桶"长期存在，一些发展中国家内乱不断、内战频仍。国际核裁军进展缓慢甚至有倒退的可能，有能力、有意愿拥有核武器的国家却还在增加。网络战、太空战和其他新型武器的危害并不亚于核战争。人工智能在军事领域的发展很有可能使安全领域的进步化为乌有。

冷战后的世界迎来了新一波的经济繁荣，但发展不平衡的现象却日趋严重。安全不仅意味着消除暴力威胁，还意味着解决饥饿和灾荒问题。世界经济总量出现了大幅度提升，人们的总体生活水平在改善，出现了一批冉冉升起的新兴经济体，欧美不再是唯一的财富中心。

在生产力得到空前发展的同时，财富分配不均的状况同样史无前例。这种不平等不仅存在于发达国家与第三世界国家之间，也存在于包括发达国家在内的国家内部。有些国家与地区的政治动乱、暴力和战争并不是源于贫穷和落后，而是源于发展进程中平等和公正的缺失。

冷战后经济全球化的迅猛发展使全球相互依存达到前所未有的高度，但反全球化、去全球化的倾向也在加剧。全球资本、技术、知识和信息的传递和分享，在冷战后达到了史无前例的高峰。随着新行为体的加入和新互动方式的产生，国际机制像一张铺展伸向世界各个地域和领域的大网，而且越来越密、越来越有力。

然而，全球化并没有消解民族主义。从曾经的车臣战争、科索沃危机到今天中东地区库尔德人谋求武装建国，民族分离运动经常伴随战争与暴力。更引人关注的是，曾经是全球化起源地和"旗手"的欧美发达国家，也有不少人公开宣扬排外的民粹主义，不止一个大国在限制移民、鼓吹经济"脱钩"和退出国际组织。俄乌冲突爆发之后，西方国家对俄罗斯进行的全方位制裁被视为"经济铁幕"，更引发了人们对世界经济重陷分裂的担忧。

不过，当前国际形势发展最令人担忧的，是**大国之间的战略竞争重新成为国际关系的主题**。中国和美国作为全球最重要的两个大国，两国关系在很大程度上决定着国际关系的未来。

2018年特朗普政府发动的"贸易战"，将中美结构性矛盾的对抗程度赤裸裸地展示出来。随后几年，中美摩擦领域迅速扩展，从科技到文化、从国内议题到国际组织等，几乎无所不包，系统性的地缘对抗引发军事冲突的可能性在上升。两国关系恶化之快、对抗的范围之广，令绝大部分专家瞠目结舌。有学者认为，中美关系的性质已经发生变化，由冷战后的竞争与合作并存转变为目前的以对抗为主。

回顾冷战后的国际关系，乐观并非没有依据，但乐观的程度也是相当有限和谨慎的。20世纪初国际关系学科创建时的根本问题——人类的和平与安全，并没有得到根本的解决。哪怕是巩固百年来人类构建国际秩序的成果，都面临艰难的挑战和艰巨的任务。①

国际关系理论是否陷入了"停滞"状态？

进入21世纪以来，与国际关系走向扑朔迷离、国际时事热点不断出现形成鲜明对比的，是国际关系领域理论争辩的停滞。在21世纪到来之后，国际关系学科再也没有出现新的"大理论"，体系层次的理论争辩似乎沉寂了下来，产生重大震撼效应的理论观点似乎也越来越少。

2013年9月，《欧洲国际关系杂志》(*European Journal of International Relations*)推出了以"国际关系理论的终结"为主题的特刊，对国际关系理论发展与国际关系学科的现状及前景进行了探讨。学者们在回顾

---

① 以上内容参考了王缉思：《世界政治的终极目标》，中信出版社2018年版，第210—217页；王逸舟：《仁智大国："创造性介入"概说》，北京大学出版社2018年版，第58—59页。

国际关系理论发展的过程，尤其是梳理《欧洲国际关系杂志》2008年到 2013 年所刊文章后，认为国际关系的不同理论视角正从过往的"战争状态"（paradigm war）进入"和平共处"（theoretical peace）阶段。①

大理论停滞的背后既不乏时代变迁的影响，也有学科自身的原因。冷战结束之后，国际关系没有发生像世界大战那样"天翻地覆"级别的巨变，也没有特别明确的发展主题，缔造新的大理论的动力远远不如冷战时期，宏大理论之间的辩论自然也会趋于平静。

此外，大理论着重关注体系层次，又为了简约表达而高度抽象和过度简化现实，这势必在某种程度上造成理论脱离现实。在冷战结束这么重大的国际事件上，新现实主义和新自由主义缺乏足够的解释力。原因在于美苏冷战结束是因为东欧剧变和苏联解体，而苏联解体属于国家内部变化，但大理论并不在乎国家内部状况和差异，自然不易观察到这样的剧变。

那么，大理论研究的停滞是否意味着国际关系理论的止步不前，甚至国际关系学科的"终结"呢？答案显然是否定的。

大理论再重要，也只是学科理论和知识体系的一部分。国际关系学还有大量的中观理论和微观理论，像"民主和平论"的影响力和知名度恐怕比有的大理论还有过之而无不及。一栋房子没有支柱当然会崩塌，但只有支柱而没有其他部分也不是房子。

在大理论研究和辩论似乎停滞的同时，国际关系领域内中观和微观理论依然在不断往前探索。

进攻性现实主义、防御性现实主义和新古典现实主义虽然具体观点不同，但都从不同侧面探讨了实力结构对于世界体系稳定性的影响；自由主义理论视角下，学者们对相互依赖条件下国际制度的起源、国际制度网络体系的作用、国际制度的设计与运行等具体议题展

---

① 参见 Tim Dunne, Lene Hansen and Colin Wight, "The End of International Relations Theory?" *European Journal of International Relations*, Vol.19, No. 3, September 2013, pp. 405-425。

开研究；在争议性最大的建构主义领域，文化传统、历史经历、辩论过程、语言使用等大量新因素被引入对国家间关系、国际规范生成与演化的研究……

除了三大理论视角下的中微观理论之外，像全球治理理论、联盟与威胁理论、软制衡理论、角色理论、信号理论等其他领域的中微观理论也不断发力，成为新理论、新知识的增长点。可以说，今天的国际关系理论不再是粗线条的宏大理论，而是朝着更加精细化的方向发展。

在这一过程中，与现实紧密结合的问题导向型理论研究日益凸显。越来越多的学者在研究中追求"理论联系实际"，或者从具体问题出发来应用理论、创新理论。2005 年由清华大学国际关系研究院主办的学术期刊《国际政治科学》创刊号刊登的 5 篇文章，讨论的都是国际关系历史上或现实中值得关注的现象和问题，并对威慑理论、均势理论、经济和平论等既有理论进行修正、调整和完善。

所以，国际关系理论并没有走向终结，国际关系还有很多领域存在大量的理论空白。比如，对外政策领域，把大理论的核心概念和国内政治变量结合起来，就有可能发展出更多有实质内容的对外政策理论，如国家决策者同时应对国外竞争对手、国内政治势力的双层博弈理论。

规范性理论领域也有大量的"处女地"可以开发。冷战后国际关系领域出现了许多涉及道德判断、伦理评价的新现象与新课题，比如国际人道主义干涉的合法性界限、国际组织的道义地位、无人机等新战争技术的合法性等。对这些问题进行规范性研究的重要性和紧迫性日益凸显。

就目前而言，重点解释世界体系稳定性和大国关系的大理论似乎已经发展到了极致，其核心概念包括了物质性因素、制度性因素和观念性因素。在世界体系不发生颠覆性变化的前提下，短期内不太可能再出现新的体系理论。

而从长远来说，只要国际关系存在，国际关系大理论就会存在；只要国际关系还在演进，大理论研究就有继续发展的可能。而且，即便是中微观层次研究也离不开大理论，任何决策者都不可能忽视世界体系宏观层次因素的影响。我们无法未卜先知，不可能预判未来何时会出现像三大主义那样具有开创性和震撼性的大理论，但对此也不应失去希望。

未来国际关系学路在何方？

在如何适应冷战后世界局势的变化这个课题上，理论研究的转向只是 21 世纪国际关系学科变革的一部分。面向未来，无论是研究议题还是研究方法，国际关系学科正在发生一些值得关注的新变化。

从纵向上看，在过往大理论主导的影响下，国际关系学科侧重于国家之间的关系，尤其是大国的政治关系和战略关系。但受苏联解体与冷战结束的刺激，人们不断反思，学科建设越来越需要深入国家内部、寻找引发国际关系变化的国内深层根源，以增强国际关系研究的深刻性。

相对而言，当世界格局和体系文化处于变动阶段时，国际因素的影响会更为突出；而在世界体系相对稳定的情况下，国内政治尤其是大国国内政治变化往往会对国家间关系产生更大的影响，也就是俗话常说的"外交是内政的延续"。

借助这样的视角，才可能更准确地理解和把握许多全球性的、区域性的重大问题。比如，美国前总统特朗普提出"美国优先"，背后有深刻的政治考虑和国内背景，那就是产业资本外流、制造业就业机会缩减、贫富差距加大等问题。

从横向上看，国际关系中的"政治关系"一直是研究的"大头"，但如今国际关系研究的对象和领域日益多元化，宗教、文化、媒体、环境等都正在成为当代国际关系研究的热点领域，网络和空天这种受新技术影响且在大国关系中急速上升的话题，更堪称国际关系研究的"新疆域"。

在空天领域，卫星技术和反卫星技术的应用带来的军事能力变化以及对大国关系和战略态势的影响等问题需要进行大量的研究，因为国际关系的既有理论不会自动解释这些新技术的影响。

网络空间也是如此。国家行为体和非国家行为体是合作、博弈还是对立斗争？大家如何相互威胁、规劝、游说和输送利益？不同国家内部的互联网巨头是否可能影响国际层面上的双边和多边关系？……这些新问题都可能推动国际关系研究取得新的成果。

从研究方法看，有两大趋势目前已经相对明朗，定量研究和交叉探索将会成为国际关系学科进步的重要助力。前者可以使研究更加精细和科学，后者则会激发更多的创意与空间。

近年来，新的数理分析、计算机算法设计、机器数据模拟实验测试、应用统计软件开发等计量工具的使用都在不断丰富和发展国际关系学科的定量研究。不少科研机构、智库和学者还建设了相关领域的数据库，推动了有关战争、国际冲突、核武器、制裁、联盟和恐怖主义等议题的研究。

最近一段时间，定量研究最大的热点也是最有希望取得突破的方向是大数据技术的引入，随之而来的是可视化分析、机器学习、深度学习和云计算等更精细的新方法。这些方法不同于传统的计量工具，给国际关系研究带来新的可能性。比如，学者们可以通过搜集恐怖活动参与者在网上留下的各种数据，复原其进行恐怖行动前的活动轨迹，从而探究恐怖主义活动的规律和特点。当然，如果定量研究能与其他研究方法综合使用，取长补短，则不仅会使研究更精细，也会更深入。

在今天的国际关系研究中，继续借鉴其他学科的研究方法可以进一步发明、发展和改进国际关系的研究工具。田野调查、受控实验、话语分析等研究方法既可以为国际关系研究提供经验性数据，也能带来相关理论和知识的积累与创新。

比如,运用语言学的话语分析方法,可以分析国家领导人如何有效地利用特殊话语来寻求政策支持、渲染危机、动员社会等;将社会心理学与建构主义结合,可以分析国际承认、国际威望和国际地位是如何影响崛起国的对外政策目标和与体系大国的关系;挖掘历史档案、梳理重要案例和分类整理数据,可以为完善对外政策理论提供更广阔的案例支撑和知识来源。

总之,国际关系作为一门"朝阳学科",不管是研究议题还是研究方法都有很大的发展空间。同时,理论创新与研究方法的创新相互促进,可以开辟出更多的研究领域。[1] 国际关系爱好者和国际关系研究者仍有广阔的天地,可以大有作为。

中国要成为一个什么样的世界大国?

本书行文至此,拟将"中国要成为一个什么样的世界大国?"作为结尾。曾经在近代受苦受难的中国百年后竟具备世界大国的气象,这是近代以来世界从未有过的局面,也是中华民族五千多年来的又一高光时刻。

那么,中国应该追求什么样的"强大"?又应该成为一个什么样的世界大国?

首先,从"国"这个字或者中国自身的发展目标出发,未来的中国应该是"民本大国"。

晚清时期首任驻外公使郭嵩焘就明确提出,"国于天地,必有与立,亦岂有百姓困穷而国家自求富强之理"[2]。这意味着,让国民享

---

[1] 参见漆海霞:《国际关系理论的突破与研究方法的应用》,《国际政治科学》2021年第3期,第3—6页。

[2] 郭嵩焘:《与友人论仿行西法》,载熊月之编:《中国近代思想家文库·郭嵩焘卷》,中国人民大学出版社2014年版,第351页。

有安定、富裕的生活是国家强大的题中之义。

改革开放四十多年来，中国在改善民生方面取得的巨大成就毋庸置疑，成功实现了第一个百年奋斗目标。但"生于忧患，死于安乐"，现在仍不是沾沾自喜讲大话的时候，更何况并不是所有重要的内部指标都已达到令人满意的程度。

因此，站在新起点上的中国也需要用更高的标准，衡量国内政治、经济、社会、文化、生态发展与人民期盼之间的差距，加快深化改革、扩大开放的步伐，在追求经济高质量发展的同时，推动整个国家和社会的转型升级，为民众带来更多的福祉。

现代历史上那些真正实现崛起的世界大国都是因为在发展过程中取得了具有世界历史意义的创新突破。这些历史性创新既解决了自己的重大而紧迫的问题，同时对于世界大多数国家亦有借鉴意义，因而为人类和世界文明进步做出了重大贡献。

如果能够在十几亿人的大国实现长期可持续发展，实现社会公正和基本富裕，建立起既具有中国特色又具有普遍意义的民主和法治制度，那无疑是中国对世界和人类的最大贡献。

其次，从"世界"这个词或者处理中外关系的原则出发，未来的中国应该是"文明大国"。

无论处理人际关系还是国际关系，自信而不自傲、自谦而不自卑都是非常难做到的事情。强烈的民族情感若动员组织得当，自然是凝心聚力推动发展的关键因素，但如果任由狭隘民族主义蔓延泛滥，周边一有风吹草动就义愤填膺、怒不可遏，希望凭借强大的军事实力去"教训"他国，用武力来解决历史遗留问题，这只能为"中国威胁论"提供证据和口实，"和平发展""睦邻友好""互利共赢"很容易成为空谈。

近代以来始终主导世界体系的西方大国，过去对中国一直有居高临下的优越感，而今又对中国强盛的势头感到怀疑和恐惧。但正因为如此，中国更有必要主动避免对外部的偏见、偏激和狭隘的民族情绪，约束大国争霸和军事对抗的冲动，以开放、包容的心态推动文明交流互鉴，逐渐改变外部特别是西方对中国的无知、偏见，甚至错误的批评和评价。

正如一位学者所言，假如自鸦片战争以来所受的屈辱和悲愤，只是使我们积极地参加以西方文化为典范、以社会达尔文主义为原则的竞争而取得胜利，这种"回应"将会导致人类文明的悲剧。既保持自身文明独特性又积极推动文明互鉴是一条艰巨的道路，但若能走出来，对人类文明来说将会是史无前例的大贡献。[①]

最后，从"大"这个词或者中国追求的世界地位出发，未来的中国应该是"责任大国"。

所谓大国，不仅实力大，责任也大。近年来，中国在捍卫自身安全和国家利益的前提下积极承担国际责任，为改善国际社会的"安全赤字""发展赤字""治理赤字"提供了大量公共产品，获得了众多国际组织和国家的赞誉。

当前的全球治理依然面对艰巨难题和挑战，中国有必要提供更多更好的公共产品和服务，继续与其他国家合作推动世界体系向更合理公正的方向发展，在互惠、共赢和平等、合作中构建"人类命运共同体"。

中国在走向民族复兴的过程中会面临各种艰难坎坷，成功取决于中国坚持改革开放的定力，取决于中国社会各界同心协力的奋斗，取决于中国从决策者到全民族的理性和审慎，取决于中国与国际社会的密切联系和良性互动，取决于中国向世界展示的仁爱、道义和智慧。

[①] 参见杜维明：《现代精神与儒家传统》，生活·读书·新知三联书店1997年版，第458页。